国家社会科学基金重大项目（23VRC043）研究成果

北京外国语大学"双一流"建设标志性项目（BW202018）研究成果

"一带一路"国家文化教育大系　　　　　总主编　王定华

白俄罗斯
文化教育研究

Рэспубліка Беларусь
Культура і Адукацыя

赵鑫　著

外语教学与研究出版社

FOREIGN LANGUAGE TEACHING AND RESEARCH PRESS

北京 BEIJING

图书在版编目（CIP）数据

白俄罗斯文化教育研究／赵鑫著． —— 北京：外语教学与研究出版社，2025.3.
（"一带一路"国家文化教育大系／王定华总主编）． —— ISBN 978-7-5213-6111-7

I. G551.14

中国国家版本馆 CIP 数据核字第 2025G2U048 号

白俄罗斯文化教育研究

BAI'ELUOSI WENHUA JIAOYU YANJIU

出 版 人　王　芳
项目负责　巢小倩　姚希瑞
责任编辑　蔡　喆
责任校对　黄希玲
封面设计　李　高　锋尚设计
版式设计　李　高
出版发行　外语教学与研究出版社
社　　址　北京市西三环北路 19 号（100089）
网　　址　https://www.fltrp.com
印　　刷　北京盛通印刷股份有限公司
开　　本　787×1092　1/16
印　　张　17
字　　数　216 千字
版　　次　2025 年 3 月第 1 版
印　　次　2025 年 3 月第 1 次印刷
书　　号　ISBN 978-7-5213-6111-7
定　　价　170.00 元

如有图书采购需求，图书内容或印刷装订等问题，侵权、盗版书籍等线索，请拨打以下电话或关注官方服务号：
客服电话：400 898 7008
官方服务号：微信搜索并关注公众号"外研社官方服务号"
外研社购书网址：https://fltrp.tmall.com

物料号：361110001

记载人类文明
沟通世界文化
www.fltrp.com

别洛韦日森林

国家图书馆

国家大剧院

卡梅涅茨塔

米尔城堡

涅斯维日城堡

胜利广场

苏拉庄园

明斯克之门

弗兰齐斯克·斯科里纳（约1490—约1551）雕像

雅库布·科拉斯（1882—1956）雕像

小学课堂

中学课堂

白俄罗斯国立大学

白俄罗斯国立农业学院

白俄罗斯国立技术大学

白俄罗斯国立技术大学机械制造学院

国家科学院

白俄罗斯国立大学孔子学院

白俄罗斯教育部代表团访问北京外国语大学

出版说明

2013 年 9 月 7 日，国家主席习近平提出共建"丝绸之路经济带"重大倡议。2013 年 10 月 3 日，习近平主席提出共建"21 世纪海上丝绸之路"重大倡议。两者合称"一带一路"倡议。以 2013 年金秋为起点，"一带一路"倡议作为构建人类命运共同体的伟大设想，在开拓和平、繁荣、开放、绿色、创新、文明之路的非凡征程中，孕育生机和活力，汇聚信心和期待，在世界范围内广受欢迎和响应。

文化交流、文明互鉴是构建人类命运共同体的人文基础。文化发展，教育先行。作为"共和国外交官的摇篮"、文化教育的主动践行者、"一带一路"倡议的踊跃响应者和构建人类命运共同体的积极参与者，北京外国语大学在党委书记王定华教授的带领下，放眼世界，找准坐标，勇于担当，主动作为，深耕文化教育相关领域，研究、策划并组织编写了"一带一路"国家文化教育大系（以下简称大系）。国内相关高校和研究机构的众多专家学者献计献策，踊跃参加，形成了一个范围广泛、交流互动、共同进步的"一带一路"国家文化教育学术研究共同体。大系旨在填补国内相关研究领域的学术空白，实现"一带一路"国家教育研究全覆盖，为中国教育"走出去"和相关国家先进教育理念"请进来"提供科学理论和实践指导，具有重要的学术价值。同时，大系服务国家重大战略，通过分期分批出版，形成规模和品牌，助力教育强国建设，具有深远的意义。

作为国家社会科学基金重大项目"'一带一路'沿线国家文化教育发展状

况调查研究"、北京外国语大学"双一流"建设标志性项目"'一带一路'国家文化教育研究"的课题研究成果和北京外国语大学党委的"奋进之举",大系秉承学术性与可读性兼顾的原则,对"一带一路"国家文化教育理论与实践问题展开深入研究,从国情概览、文化传统、教育历史、学前教育、基础教育、高等教育、职业教育、成人教育、教师教育、教育政策、教育行政、教育交流等方面,全景擘画"一带一路"国家的教育风貌,帮助读者了解"一带一路"国家教育的历史与现状、经验与特点,为我国教育的发展和对外交流合作提供有益的借鉴、思考与启迪。

世界已进入新的动荡变革期,以"人类命运共同体"理念为价值导向,系统研究"一带一路"国家文化教育的历史、现状、经验、挑战等基本问题,深刻洞悉各共建国的教育政策、教育治理和教育发展前景,是扩大我国教育对外开放、提升我国教育国际影响力、响应和支持"一带一路"倡议的切实有力之举。在此,特别感谢大系总策划、总主编王定华教授,以及所有顾问、编委和作者的心血倾注、智慧贡献和努力付出。

外语教学与研究出版社对大系的编写和出版工作给予了高度重视。自2019年项目启动以来,外研社抽调精锐力量成立大系工作组,多次组织相关部门和人员召开选题论证会,商建编委会,召开全体作者大会,制订周密、科学的出版计划,以保证项目的顺利开展和图书的优质出版。目前,大系的出版工作已取得阶段性丰富成果,接下来将继续分期分批推出数量和规模可观的、具有相当科研价值和学术价值的系列专著。期望大系的编写和出版能为"一带一路"建设、中外教育交流及我国文化教育发展发挥基础性、服务性、广远性的作用。

外语教学与研究出版社
2024 年 9 月

总　序

王定华

　　改革开放以来，中国各项事业取得了巨大成就。中国经济和世界经济高度关联，中国一以贯之地坚持对外开放的基本国策，构建全方位开放新格局，深度融入世界经济体系。2013 年 9 月和 10 月，习近平主席在出访中亚和东南亚国家期间，先后提出共建"丝绸之路经济带"和"21 世纪海上丝绸之路"的重大倡议（以下简称"一带一路"倡议），得到国际社会的高度关注。其中，"丝绸之路经济带"东边牵着亚太经济圈，西边系着发达的欧洲经济圈，是世界上最长、最具发展潜力的经济大走廊；"21 世纪海上丝绸之路"串起连通东盟、南亚、西亚、北非、欧洲等各大经济板块的市场链，发展面向南海、太平洋和印度洋的战略合作经济带，以亚欧非经济贸易一体化为发展的长期目标。

一、精准把握"一带一路"倡议的时代意蕴

　　"经济带"概念是对地区经济合作模式的创新。其中经济走廊涵盖中蒙

俄经济走廊、新亚欧大陆桥、中国–中亚–西亚经济走廊、孟中印缅经济走廊、中国–中南半岛经济走廊等，以经济增长极辐射周边，超越了传统发展经济学理论。"丝绸之路经济带"概念个同十历史上所出现的各类"经济区"与"经济联盟"，同后两者相比，经济带具有灵活性高、适用性广以及可操作性强的特点，各国都是平等的参与者，本着自愿参与、协同推进的原则，发扬古丝绸之路兼容并包的精神。

"一带一路"倡议是我国在新时代推进全方位对外开放的重要举措，为当今世界提供了一个充满东方智慧、实现共同发展的中国方案，也是对历史文化传统的高度尊重，凝聚了世界各国利益的最大公约数。丝绸之路是起始于古代中国，连接亚洲、非洲和欧洲的古代陆上商业贸易路线，最初的作用是运输古代中国出产的丝绸、瓷器等商品，后来成为东方与西方之间在经济、政治、文化等方面进行交流的主要通道。1877年，德国地质、地理学家李希霍芬（F. P. W. Richthofen）在其著作《中国》一书中，把公元前114年至公元127年，中国与中亚、中国与印度间以丝绸贸易为媒介的这条西域交通道路命名为"丝绸之路"，这一名词很快为学术界和大众所接受，并正式运用。其后，德国历史学家赫尔曼（A. Herrmann）在20世纪初出版的《中国与叙利亚之间的古代丝绸之路》一书中，根据新发现的文物考古资料，进一步把丝绸之路延伸到地中海西岸和小亚细亚，并确定了丝绸之路的基本内涵，即它是中国古代与中亚、南亚、西亚以及欧洲、北非的陆上贸易交往通道。进入21世纪，海上丝绸之路也被纳入丝绸之路的涵盖范围，即从中国沿海港口过南海到印度洋并延伸至欧洲，从中国沿海港口过南海到南太平洋。随着时代的发展，"丝绸之路"成为古代中国与西方所有政治经济文化往来通道的统称。

推进"一带一路"建设既是中国扩大和深化对外开放的需要，也是加强和世界各国互利合作的需要，中国愿意承担更多责任和义务，为人类和平发展做出更大的贡献。文明交流互鉴是构建人类命运共同体的重要途径，是推动人类文明共同进步、实现世界和平发展的重要动力。共建"一带一路"要顺应世界多极化、经济全球化、文化多样化、社会信息化的潮流，秉持开放的区域合作精神，致力于推动"一带一路"各国实现经济政策协调，开展更大范围、更高水平、更深层次的区域合作，共同打造开放、包容、均衡、普惠的区域经济合作架构，维护全球自由贸易体系和开放型世界经济格局。

"一带一路"贯穿亚欧非大陆，一头是活跃的东亚经济圈，一头是发达的欧洲经济圈，中间广大腹地国家经济发展潜力巨大。根据"一带一路"走向，陆上依托国际大通道，以中心城市为支撑，以重点经贸产业园区为合作平台，共同打造新亚欧大陆桥以及中蒙俄、中国-中亚-西亚、中国-中南半岛等国际经济合作走廊；海上以重点港口为基点，共同建设通畅安全高效的运输大通道。

"一带一路"建设是有关国家开放合作的宏大经济愿景，需要各国携手努力，朝着互利互惠、共同安全的目标相向而行：努力实现区域基础设施更加完善，安全高效的陆海空通道网络基本形成，互联互通达到新水平；投资贸易便利化水平进一步提升，高标准自由贸易区网络基本形成，经济联系更加紧密，政治互信更加深入；人文交流更加广泛深入，不同文明互鉴共荣，各国人民相知相交、和平友好。

"一带一路"倡议是具有开放性和包容性的友好建议。当今世界是一个开放的世界，开放带来进步，封闭导致落后。中国认为，只有开放才能发现机遇、抓住并用好机遇、主动创造机遇，才能实现国家的奋斗目标。"一带一路"倡议就是要把世界的机遇转变为中国的机遇，把中国的机遇转变为世界的机遇。正是基于这种认知与愿景，"一带一路"倡议以开放为导向，冀望通过加强交通、能源和网络等基础设施的互联互通建设，促进经济要素有序自由流动、资源高效配置和市场深度融合，开展更大范围、更高水平、更深层次的区域合作，打造开放、包容、均衡、普惠的区域经济合作架构，以此来解决经济增长和平衡问题。"一带一路"倡议的开放包容性是区别于其他区域性经济倡议的一个突出特点。

"一带一路"倡议是超越地缘政治的务实合作的广阔平台。"和平合作、开放包容、互学互鉴、互利共赢"的丝路精神是人类共有的历史财富，"一带一路"倡议就是秉承这一精神与原则提出的新时代重要倡议，通过加强相关国家间的全方位多层面交流合作，充分发掘与发挥各国的发展潜力与比较优势，形成互利共赢的区域利益共同体、命运共同体和责任共同体。在这一机制中，各国是平等的参与者、贡献者、受益者。因此，"一带一路"倡议从一开始就具有平等性、和平性特征。平等是中国坚持的重要国际准则，也是"一带一路"建设的关键基础。只有建立在平等基础上的合作才能是持久的合作，也才会是互利的合作。"一带一路"倡议平等包容的合作特征为其推进减轻了阻力，提升了共建效率，有助于国际合作真正"落地生根"。同时，"一带一路"建设离不开和平安宁的国际环境和地区环境，和平是"一带一路"建设的本质属性，也是保障其顺利推进所不可或缺的重要因素。这些就决定了"一带一路"倡议不应该也不可能沦为大国政治较量的工具，更不会重复地缘博弈的老路。

"一带一路"倡议是政府、企业、团体共同发力的项目载体。"一带一路"建设是在双边或多边联动基础上通过具体项目加以推进的，是在进行充分政策沟通、战略对接以及市场运作后形成的发展倡议与规划。2017 年 5 月发布的《"一带一路"国际合作高峰论坛圆桌峰会联合公报》强调了建设"一带一路"的合作原则，其中就包括市场运作原则，即充分认识市场作用和企业主体地位，确保政府发挥适当作用，政府采购程序应开放、透明、非歧视。可见，"一带一路"建设的核心主体与支撑力量并不是政府，而是企业，根本方法是遵循市场规律，并通过市场化运作模式来实现参与各方的利益诉求，政府在其中发挥构建平台、创立机制、政策引导等指向性、服务性功能。

"一带一路"倡议是与现有相关机制对接互补的有益渠道。参与"一带一路"建设的国家要素禀赋各异，比较优势差异明显，互补性很强。有的国家能源资源富集但开发力度不够，有的国家劳动力充裕但就业岗位不足，有的国家市场空间广阔但产业基础薄弱，有的国家基础设施建设需求旺盛但资金紧缺。我国目前经济总量居全球第二，外汇储备居全球第一，优势产业越来越多，基础设施建设经验丰富，装备制造能力强、质量好、性价比高，具备资金、技术、人才、管理等综合优势。这就为我国与其他"一带一路"建设参与方实现产业对接与优势互补提供了现实可能与重大机遇。因而，"一带一路"倡议的核心内容就是要加强基础设施建设和促进互联互通，对接各国政策和发展战略，以便深化务实合作，促进协调联动发展，实现共同繁荣。由此可见，"一带一路"倡议不是对现有地区合作机制的替代，而是与现有机制互为助力、相互补充。实际上，"一带一路"建设已经与俄罗斯主导的欧亚经济联盟、印尼全球海洋支点发展规划、哈萨克斯坦光明之路经济发展战略、蒙古国草原之路倡议、欧盟欧洲投资计划、埃及苏伊士运河走廊开发计划等实现了对接与合作，并形成了一批标志性项目，如中哈（连云港）物流合作基地。作为新亚欧大陆桥经济走廊建设成果之一，中哈（连云港）物流合作基地初步实现了深水大港、远洋干线、中欧班列、物流场站的无缝对接。该项目与哈萨克斯坦光明之路经济发展战略高度契合。

　　"一带一路"倡议是促进人文交流的沟通桥梁。"一带一路"倡议跨越不同区域、不同文化、不同宗教信仰，但它带来的不是文明冲突，而是各文明间的交流互鉴。"一带一路"倡议在推进基础设施建设、加强产能合作与发展战略对接的同时，也将"民心相通"作为工作重心之一。民心相通是"一带一路"建设的社会根基。民心相通就是要传承和弘扬丝绸之路友好合作精神，广泛进行文化交流、学术交流、人才交流往来、媒体合作、青年和妇女交往、志愿者服务等，为深化双边和多边合作奠定坚实的民意基础。一是扩大相互间留学生规模，开展合作办学；国家间互办文化年、艺术节、电影节、电视周和图书展等活动，深化国家间人才交流合作。二是加强旅游合作，扩大旅游规模，联合打造具有丝绸之路特色的国际精品旅游线路和旅游产品。三是强化与周边国家在传染病疫情信息沟通、防治技术交流、专业人才培养等方面的合作，提高合作处理突发公共卫生事件的能力。四是加强科技合作，共建联合实验室（研究中心）、国际技术转移中心、海上合作中心，促进科技人员交流，合作开展重大科技攻关，共同提升科技创新能力。五是整合现有资源，开拓和推进参与国家在青年就业、创业培训、职业技能开发、社会保障管理服务、公共行政管理等共同关心领域的务实合作。六是充分发挥政党、议会交往的桥梁作用，加强国家之间立法机构、主要党派和政治组织的友好往来，互结友好城市。七是加强各国民间组织的交流合作，重点面向基层民众，广泛开展教育、医疗、减贫开发、生物多样性和生态环保等主题的各类公益慈善活动，改善贫困地区生产生活条件；加强文化传媒领域的国际交流合作，积极利用网络平台，运用新媒体工具，塑造和谐友好的文化生态和舆论环境；通过强化民心相通，弘扬丝绸之路精神，开展智力丝绸之路、健康丝绸之路等建设，在科学、教育、文化、卫生、民间交往等领域广泛合作，使"一带一路"建设的民意基础更为坚实，社会根基更加牢固。"一带一路"建设就是要以文明交流超越文明隔阂，以文明互鉴超越文明冲突，以文明共存超越文明优越，为相关国家人民加强交流、增进理解搭起新的桥梁，为不同文化和文明加强对话、交流互鉴织就新的纽带，推动各国相互理解、相互尊重、相互信任。

"一带一路"是促进共同发展、实现共同繁荣的友谊之路。共建"一带一路"旨在促进各国发展战略的对接和耦合，有利于发掘区域市场的潜力，推动经济要素有序自由流动、资源高效配置和市场深度融合，促进投资和消费，创造需求和就业，增进各国人民的人文交流与文明互鉴，从而让各国人民相逢相知、互信互敬，共享和谐、安宁、富裕的生活。共建"一带一路"符合国际社会的根本利益，彰显了人类社会的共同理想和美好追求，是国际合作及全球治理新模式的积极探索，将为世界和平发展增添新的正能量。中国政府倡议秉持和平合作、开放包容、互学互鉴、互利共赢的理念，全方位推进务实合作，打造政治互信、经济融合、文化包容的利益共同体、命运共同体和责任共同体。

"一带一路"倡议已经得到世界上众多国家和地区的积极响应，成为维护全球自由贸易体系和开放型世界经济的重要支撑。截至 2021 年 1 月 30 日，中国已经同 171 个国家和国际组织签署 205 份共建"一带一路"合作文件。[1] 特别是 2017 年 5 月第一届"一带一路"国际合作高峰论坛、2019 年 4 月第二届"一带一路"国际合作高峰论坛和 2019 年 5 月亚洲文明对话大会的成功举办，充分彰显了我国开放、包容的大国外交风范。在此背景下，我们一方面应致力于向世界介绍中国，推动中国文化"走出去"，讲好中国故事；另一方面也应加强对"一带一路"国家的历史、文化、语言、教育、艺术等方面的介绍和研究，让中国人民更多地了解"一带一路"国家的具体国情，特别是文化传统和教育体系。

"一带一路"倡议合作范围不断扩大，合作领域愈加广阔。它不仅给参与各方带来了实实在在的合作红利，也为世界贡献了应对挑战、创造机遇、强化信心的智慧与力量。

当今世界，新冠肺炎疫情带来诸多挑战，局部战争风险依然存在，经济增长动能不足，"逆全球化"思潮涌动，地区动荡持续，恐怖主义蔓延。和平赤字、发展赤字、治理赤字带来的严峻问题，已摆在全人类面前。这充分说明现有的全球治理体系面临结构性问题，亟须找到新的破解之策与应对方略。作为一个新兴大国，中国有能力、有意愿同时也有责任为完善全球治理体系贡献智慧与力量。面对新挑战、新问题、新情况，中国给出

---

[1] 中国一带一路网. 我国已签署共建"一带一路"合作文件 205 份 [EB/OL].（2021-01-30）[2021-02-23]. https://www.yidaiyilu.gov.cn/xwzx/gnxw/163241.htm.

的全球治理方案是：构建人类命运共同体，实现共赢共享。"一带一路"倡议正是朝着这个目标努力的具体实践。"一带一路"倡议强调各国的平等参与、包容普惠，主张携手应对世界经济面临的挑战，开创发展新机遇，谋求发展新动力，拓展发展新空间，共同朝着人类命运共同体方向迈进。正是本着这样的原则与理念，"一带一路"倡议针对各国发展的现实问题和治理体系的短板，创立了亚洲基础设施投资银行、丝路基金等新型国际机制，构建了多形式、多渠道的交流合作平台。这既能缓解当今全球治理机制代表性、有效性、及时性难以适应现实需求的困境，在一定程度上扭转公共产品供应不足的局面，提振国际社会参与全球治理的士气与信心，又能满足发展中国家尤其是新兴市场国家变革全球治理机制的现实要求，大大增强了新兴国家和发展中国家的话语权，是推进全球治理体系朝着更加公正合理方向发展的重大突破。

"一带一路"倡议涵盖了发展中国家与发达国家，实现了"南南合作"与"南北合作"的统一，有助于推动全球均衡可持续发展。"一带一路"建设以基础设施建设为着眼点，促进经济要素有序自由流动，推动中国与相关国家的宏观政策的对接与协调。对于参与"一带一路"建设的发展中国家来说，这是一次搭中国经济发展"快车""便车"，实现自身工业化、现代化的历史性机遇，有利于推动"南南合作"的广泛展开，同时也有助于增进"南北对话"，促进"南北合作"的深度发展。不仅如此，"一带一路"倡议的理念和方向同联合国《2030 年可持续发展议程》也高度契合，完全能够加强对接，实现相互促进。联合国秘书长古特雷斯表示，"一带一路"倡议与《2030 年可持续发展议程》都以可持续发展为目标，都试图提供机会、全球公共产品和双赢合作，都致力于深化国家和区域间的联系。

二、深入推动"一带一路"国家的教育交流

2020年6月印发的《教育部等八部门关于加快和扩大新时代教育对外开放的意见》指出，教育对外开放是教育现代化的鲜明特征和重要推动力，要以习近平新时代中国特色社会主义思想为指导，坚持教育对外开放不动摇，主动加强同世界各国的互鉴、互容、互通，形成更全方位、更宽领域、更多层次、更加主动的教育对外开放局面。

教育为国家富强、民族繁荣、人民幸福之本，在共建"一带一路"中具有基础性和先导性作用。教育交流为各国民心相通架设桥梁，人才培养为各国政策沟通、设施联通、贸易畅通、资金融通提供支撑。各国间教育交流源远流长，教育合作前景广阔，大家携手发展教育，合力共建"一带一路"，是造福各国人民的伟大事业。推进"一带一路"国家教育共同繁荣，既是加强与各国教育互利合作的需要，也是推进中国教育改革发展的需要，中国愿意在力所能及的范围内承担更多责任和义务，为区域教育大发展做出更大的贡献。

（一）教育合作的原则

"一带一路"国家教育合作应遵循四个重要原则。

一是育人为本，人文先行。加强合作育人，提高区域人口素质，为共建"一带一路"提供人才支撑。坚持人文交流先行，建立区域人文交流机制，搭建民心相通桥梁。

二是政府引导，民间主体。政府加强沟通协调，整合多种资源，引导教育融合发展。发挥学校、企业及其他社会力量的主体作用，活跃教育合作局面，丰富教育交流内涵。

三是共商共建，开放合作。坚持共商、共建、共享，推进各国教育发

展规划相互衔接，实现各国教育融通发展、互动发展。

四是和谐包容，互利共赢。加强不同文明之间的对话，寻求教育发展最佳契合点和教育合作最大公约数，促进各国在教育领域互利互惠。

（二）教育合作的重点

"一带一路"各国教育特色鲜明、资源丰富、互补性强、合作空间巨大。中国将以基础性、支撑性、引领性三方面举措为建议框架，开展三方面重点合作，对接各国意愿，互鉴先进教育经验，共享优质教育资源，全面推动各国教育提速发展。

1. 开展教育互联互通合作

一是加强教育政策沟通。开展"一带一路"国家教育法律、政策协同研究，构建各国教育政策信息交流通报机制，为各国政府推进教育政策互通提供决策建议，为各国学校和社会力量开展教育合作交流提供政策咨询。积极签署双边、多边和次区域教育合作框架协议，制定各国教育合作交流国际公约，逐步疏通教育合作交流政策性瓶颈，实现学分互认、学位互授联授，协力推进教育共同体建设。

二是助力教育合作渠道畅通。推进"一带一路"国家间签证便利化，扩大教育领域合作交流，形成往来频繁、合作众多、交流活跃、关系密切的携手发展局面。鼓励有合作基础、相同研究课题和发展目标的学校缔结姊妹关系，逐步深化和拓展教育合作交流。举办校长论坛，推进学校间开展多层次、多领域的务实合作。支持高等学校依托优势学科和专业，建立"产学研用"相结合的国际合作联合实验室（研究中心）、国际技术转移中心，共同应对各国在经济发展、资源利用、生态保护等方面面临的重大挑战与机遇。打造"一带一路"国家学术交流平台，吸引各国专家学者、青年学生开展研究和学术交流。推进"一带一路"国家优质教育资源共享。

三是促进语言互通。研究构建语言互通协调机制，共同开发语言互通开放课程，逐步将国家语言课程纳入各国的学校教育课程体系。拓展政府间语言学习交换项目，联合培养、相互培养高层次语言人才。发挥外国语院校人才培养优势，推进基础教育多语种师资队伍建设和外语教育教学工作。扩大语言学习国家公派留学人员规模，倡导各国与中国院校合作在华开办本国语言专业。支持更多社会力量助力孔子学院和孔子课堂建设，加强汉语教师和汉语教学志愿者队伍建设，全力满足不同国家的汉语学习需求。

四是推进民心相通。鼓励学者开展或合作开展中国课题研究，增进各国对中国发展模式、国家政策、教育文化等各方面的理解。建设国别和区域研究基地，与对象国合作开展经济、政治、教育、文化等领域研究。逐步将理解教育课程、丝路文化遗产保护纳入各国中小学教育课程体系，加强青少年对不同国家文化的理解。加强"丝绸之路"青少年交流，注重通过志愿服务、文化体验、体育竞赛、创新创业活动和新媒体社交等途径，增进不同国家青少年对其他国家文化的理解。

五是推动学历学位认证标准联通。推动落实联合国教科文组织《亚太地区承认高等教育资历公约》，支持联合国教科文组织建立世界范围学历互认机制，实现区域内双边、多边学历学位关联互认。呼吁各国完善教育质量保障体系和认证机制，加快推进本国教育资历框架开发，助力各国学习者在不同种类和不同阶段教育之间进行转换，促进终身学习社会的建设。共商、共建区域性职业教育资历框架，逐步实现就业市场的从业标准一体化。探索建立各国教师专业发展标准，促进教师流动。

2．开展人才培养培训合作

一是实施"丝绸之路"留学推进计划。设立"丝绸之路"中国政府奖学金，为各国专项培养行业领军人才和优秀技能人才。全面提升来华留学人才培养质量，把中国打造成为深受各国学子欢迎的留学目的地。以国家公派留学为引领，推动更多中国学生到"一带一路"其他国家留学。坚持"出国留学和来华留学并重、公费留学和自费留学并重、扩大规模和提高质量并重、依法管理和完善服务并重、人才培养和发挥作用并重"，完善全链条的留学人员管理服务体系，保障平安留学、健康留学、成功留学。

二是实施"丝绸之路"合作办学推进计划。有条件的中国高等学校开展境外办学要集中优势学科，选好合作契合点，做好前期论证工作，构建科学的人才培养模式、运行管理模式、服务当地模式、公共关系模式，使学校顺利落地生根、开花结果。发挥政府引领、行业主导作用，促进高等学校、职业院校与行业企业深度产教融合。鼓励中国优质职业教育配合高铁、电信运营等行业企业"走出去"，探索开展多种形式的境外合作办学，合作设立职业院校、培训中心，合作开发教学资源和项目，开展多层次职业教育和培训，培养当地急需的各类"一带一路"建设者。整合资源，积极推进与各国在青年就业培训等共同关心领域的务实合作。倡议国家之间开展高水平合作办学。

三是实施"丝绸之路"师资培训推进计划。开展"丝绸之路"教师培训，加强先进教育经验交流，提升区域教育质量。加强"丝绸之路"教师交流，推动各国校长交流访问、教师及管理人员交流研修，推进优质教育模式在各国的互学互鉴。大力推进各国优质教学仪器设备、教材课件和整体教学解决方案的输出，跟进教师培训工作，促进各国教育资源和教学水平均衡发展。

四是实施"丝绸之路"人才联合培养推进计划。推进国家间的研修访学活动。鼓励各国高等院校在语言、交通运输、建筑、医学、能源、环境工程、水利工程、生物科学、海洋科学、生态保护、文化遗产保护等国家发展急需的专业领域联合培养学生，推动联盟内或校际教育资源共享。

3．共建丝路合作机制

一是加强"丝绸之路"人文交流高层磋商。开展国家间的双边、多边人文交流高层磋商，商定"一带一路"教育合作交流总体布局，协调推动各国建立教育双边和多边合作机制、教育质量保障协作机制和跨境教育市场监管协作机制，统筹推进"一带一路"教育共同行动。

二是充分发挥国际合作平台作用。发挥上海合作组织、东亚峰会、亚太经合组织、亚欧会议、亚洲相互协作与信任措施会议、中阿合作论坛、东南亚教育部长组织、中非合作论坛、中巴经济走廊、孟中印缅经济走廊、中蒙俄经济走廊等现有双边、多边合作机制的作用，增加教育合作的新内涵。借助联合国教科文组织等国际组织力量，推动各国围绕实现世界教育发展目标形成协作机制。充分利用中国–东盟教育交流周、中日韩大学交流合作促进委员会、中阿大学校长论坛、中非高校20+20合作计划、中日大学校长论坛、中韩大学校长论坛、中俄综合性大学联盟等已有平台，开展务实的教育合作交流。支持在共同区域、有合作基础、具备相同专业背景的学校组建联盟，不断延展教育务实合作平台。

三是实施"丝绸之路"教育援助计划。发挥教育援助在"一带一路"教育共同行动中的重要作用，逐步加大教育援助力度，重点投资于人、援助于人、惠及于人。发挥教育援助在"南南合作"中的重要作用，加大对相关国家尤其是最不发达国家的支持力度。统筹利用国家、教育系统和民间资源，为相关国家培养培训教师、学者和各类技能人才。积极开展优质教学仪器设备、整体教学方案、配套师资培训一体化援助。加强中国教育培训中心和教育援外基地建设。倡议各国建立政府引导、社会参与的多元化经费筹措机制，通过国家资助、社会融资、民间捐赠等渠道，拓宽教育经费来源，做大教育援助格局，实现教育共同发展。

三、精心组织"一带一路"国家文化教育大系的编著出版

在编写"一带一路"国家文化教育大系过程中，应当全面了解国内外对"一带一路"倡议的响应情况，关注进展，总结做法；应当在新冠肺炎疫情得到控制后到对象国去走一走，看一看，实地感受其教育情况和发展变化；应当广泛收集对象国一手资料，认真阅读，消化分析，吐故纳新；应当多方检索专家学者已经开展的相关研究，虚心参阅已有的研究成果。肆虐全球的新冠肺炎疫情，给人类身体健康和生命安全带来了巨大威胁，对世界格局和世界治理体系产生了重大影响，给全球各行各业带来了巨大挑战。教育置身其间，影响十分明显。因而，对"一带一路"国家文化教育进行研究时，必须观察分析疫情对相关国家文化教育和全球教育治理的深刻影响。

"一带一路"倡议提出后，中外已形成多个"一带一路"多边大学联盟。2015 年 5 月 22 日，由西安交通大学发起的新丝绸之路大学联盟成立，迄今已吸引 38 个国家和地区的 150 余所大学加盟。该联盟是海内外大学结成的非政府、非营利性的开放性、国际化高等教育合作平台，以"共建教育合作平台，推进区域开放发展"为主题，推动"新丝绸之路经济带"国家和地区大学之间在校际交流、人才培养、科研合作、文化沟通、政策研究、医疗服务等方面的交流与合作，增进青少年之间的了解和友谊，培养具有国际视野的高素质、复合型人才，服务"新丝绸之路经济带"及欧亚地区的发展建设。

2015 年 10 月 17 日，丝绸之路（敦煌）国际文化博览会筹委会文化传承创新高端学术研讨会在敦煌举行。中国的复旦大学、北京师范大学、兰州大

学和俄罗斯乌拉尔国立经济大学、韩国釜庆大学等 46 所中外高校在甘肃敦煌成立了"一带一路"高校战略联盟，以探索跨国培养与跨境流动的人才培养新机制，培养具有国际视野的高素质人才。46 所高校当日达成《敦煌共识》，联合建设"一带一路"高校国际联盟智库。联盟将共同打造"一带一路"高等教育共同体，推动"一带一路"国家和地区大学之间在教育、科技、文化等领域的全面交流与合作，服务"一带一路"国家和地区的经济社会发展。

2016 年 9 月，中国、中亚及丝绸之路经济带沿线 7 个国家的 51 所高校共同发起成立了中国-中亚国家大学联盟，旨在打造开放性、国际化互动平台，深化"一带一路"科教合作。

此外，高等教育合作研讨会也日渐增多，既有官方推动形成的研讨会，也有民间自发举办的研讨会。比如，中外大学校长论坛、新加坡-中国-印度高等教育论坛、"一带一路"教育对话论坛，以及北京师范大学举办的"一带一路"国家教育交流与合作高端研讨会，北京外国语大学举办的"一带一路"与行业国际化人才培养高峰论坛，北京理工大学主办的"一带一路"高等教育研究国际会议，浙江大学举办的"一带一路"背景下的工程科技人才培养国际研讨会等。这些多边研讨会的召开，不仅吸引了大量"一带一路"共建国家的教育研究者与实践者参会，推动了研究与实践合作，而且创新了教育合作模式，促进了国际化高端人才培养，为"一带一路"建设奠定了民意基础。

"一带一路"倡议提出之后，中国学术界迅速开展了关于"一带一路"的研究活动，有关"一带一路"主题的图书主要有以下五类。第一类是倡议解读类图书，一般是梳理"一带一路"倡议的提出、发展及其理论内涵与外延。第二类是经济贸易类图书，专业性较强，主要为理论研究型图书。第三类是国情文史类图书，多为介绍"一带一路"国家国情概览、历史情况、发展概况的工具书，语言平实，部分图书学术性较强。第四类是丝路历史类图书，一般回顾古代丝绸之路的形成与发展、丝绸之路上的人物和大事记等，追古溯源，以便更好地开启"一带一路"新篇章。第五类是法律税收类图书，多为法律指引、税务规范手册等。

可以看出，国内对"一带一路"国家的研究已有一定基础，但是囿于语言翻译的障碍，已经出版的"一带一路"图书，大多是政策解读、数据报告、概况介绍等，对对象国的研究广度和深度还很不够，尤其是针对"一带一路"国家文化教育的系统研究还比较少。

在"一带一路"国家中，遴选具有代表性的对象，对其文化、教育进行系统性的研究，并在此基础上编写"一带一路"国家文化教育大系，分期分批出版，对于帮助中国普通读者和研究人员了解"一带一路"国家的文化教育情况，以及对于拓展我国比较教育研究领域、丰富比较教育研究文献，乃至对于促进中外文明互通、更好地参与推进"一带一路"建设，都具有重要意义。基于对选题背景与意义、相关出版产品调研和北京外国语大学比较优势的分析，"一带一路"国家文化教育大系坚持学术性、可读性兼顾原则，分批次推出，不断积累，以形成规模和品牌。

大系在内容上，一方面呈现"一带一路"国家的文化概貌，展示"一带一路"国家教育发展的文化背景和社会依托。大系采用专题形式，力求用简洁平实的语言生动活泼地介绍"一带一路"国家的自然地理、人文景观、历史发展、风土人情、文化遗产等内容，重点呈现对象国独有的文化现象和独特风貌，集中揭示其民族文化内涵、民族精神、人文意蕴。另一方面，大系重点研究、评价、介绍"一带一路"国家教育的基本情况、发展历史、发展战略、政策法规、现存体系、治理模式与师资队伍等，这方面内容占较大篇幅，是全书的重点和主要内容。

"一带一路"倡议正在成为我国参与全球开放合作、改善全球治理体系、促进全球共同发展繁荣、推动构建人类命运共同体的中国方案。作为国家社会科学基金重大项目"'一带一路'沿线国家文化教育发展状况调查研究"的部分研究成果和北京外国语大学"双一流"建设重大标志性成果，

"一带一路"国家文化教育大系已在 2021 年中国共产党建党 100 周年和北京外国语大学建校 80 周年之际推出首批图书，在 2023 年"一带一路"倡议提出 10 周年时推出该项目二期成果。同时积极参与党和国家相关主题纪念活动，以及国家重大图书项目的申报评选工作。

北京外国语大学以外语见长，国际交往活跃，被誉为"共和国外交官的摇篮"，先后培养了 400 多位大使、2 000 多位参赞，以及更多的外交外事外贸工作者。凡是有五星红旗飘扬的地方，都能看到北外人的身影。北外不仅承担着培养各类国际化人才的任务，更担负着向中国介绍世界、向世界介绍中国的历史使命。迄今为止，北外已获批开设 101 种外国语言，成立了 37 个区域与国别研究中心，丰富的涉外资源正在助力"一带一路"国家的研究。

大系由外研社具体组织实施。外研社隶属北外，多年来致力于"一带一路"国家的合作交流，服务讲好"中国故事"，在中华思想文化传播、打造中外出版联盟、推动中外学术互译等方面积累了丰富经验，对于协助研究、编著、出版"一带一路"国家文化教育大系具有良好的工作基础。这也是北外及外研社的使命和担当之所在。

大系编著者以北外教师为主。服务国家重大战略，北外人责无旁贷。同时，国内有研究专长和研究意愿的专家学者也踊跃参与，他们或独自撰著一书，或与北外同仁合作。大系还邀请了驻外使领馆的同志和对象国的学者参加撰写或审稿，他们运用一手资料，开展实地调研，力图提升大系的准确性。

四、结语

"一带一路"倡议植根历史，更面向未来；源于中国，更属于世界。"一带一路"作为文明互鉴的桥梁，从亚欧大陆延伸到非洲、美洲、大洋洲，与世界各国发展战略及众多国际和地区组织的发展实现对接联通，在通路、通航的基础上更好地通商，进而开展文化教育交流与沟通，加强商品、资金、技术、文化、教育流通，达成互学互鉴的文明愿景。"一带一路"倡议的目标是中国与"一带一路"国家在互联互通基础上分享优质产能，共商项目投资，共建基础设施，共享合作成果，内容包括政策沟通、设施联通、贸易畅通、资金融通、民心相通"五通"。"一带一路"倡议肩负重大使命，它要探寻经济增长之道，将中国自身的产能优势、技术与资金优势、经验与模式优势转化为市场与合作优势，实行全方位开放，共享中国改革发展红利；它要实现全球化再平衡，鼓励向西开放，带动西部开发以及中亚、蒙古等内陆国家和地区的开发，在国际社会推行全球化的包容性发展理念，主动向西推广中国优质产能和比较优势产业，惠及沿途、沿岸国家，避免西方国家所开创的全球化造成的贫富差距和地区发展不平衡情况，推动建立持久和平、普遍安全、共同繁荣的和谐世界；它要开创地区新型合作，强调共商、共建、共享原则，超越了马歇尔计划和传统的对外援助活动，给21世纪的国际合作带来了新的理念。所以，新时代中国的教育学者应当将"一带一路"国家文化教育研究作为比较教育新的增长点，全面深入开展研究，以自己的聪明才智丰富学术，为国出力，服务国家重大发展战略；在加强与"一带一路"国家的交流合作中，推动"一带一路"建设高质量发展，努力建设高质量的中国教育体系，并积极参与新时代全球教育治理体系改革，加快构建以国内大循环为主体、国内国际双循环相互促进的新发展格局。

2024 年 9 月
于北京外国语大学

（王定华，北京外国语大学党委书记、博士、教授、博士生导师，国家督学。历任河南大学教师、中国驻纽约总领事馆教育领事、教育部基础教育一司司长、教育部教师工作司司长等。）

本书前言

白俄罗斯，东欧平原上的一颗璀璨明珠，拥有悠久的历史和深厚的文化底蕴。它犹如宝石般镶嵌在广袤的大地上，处处展现着自然的馈赠和人文的积淀。这里的每一寸土地都风景如画，让人心驰神往，吸引着无数旅人驻足流连。为了充分展现白俄罗斯的文化与教育风采，我们精心策划并撰写了这部关于白俄罗斯文化与教育的书籍。

本书共分为十一章，第一章从国情概览入手，详细介绍了白俄罗斯的自然地理、国家制度、社会生活等方面，为读者展现了一个立体的白俄罗斯形象。第二章则聚焦于文化传统，梳理了白俄罗斯的文化历史沿革、风土人情以及文化名人等，带领读者领略白俄罗斯文化的独特魅力。接下来的章节，从第三章到第十章，分别对白俄罗斯的教育历史、学前教育、普通教育、高等教育、职业教育、成人教育、教师教育、教育行政与教育政策进行了全面而深入的介绍。这些章节不仅详细描述了白俄罗斯教育体系的各个阶段，还提炼了各阶段的特点和挑战，为读者提供了全面了解白俄罗斯教育体系的宝贵资料。在第十一章中，我们特别关注了中白教育交流。通过梳理中白教育交流的历史、现状、模式与原则，旨在增进两国人民之间的友谊与理解，推动中白教育事业的共同发展。

自建交以来，中国与白俄罗斯的关系稳步攀升，展现出一系列鲜明的发展特征。两国政治互信日益巩固，高层互动频繁，形成了多层次合作机制。在国际舞台上，双方携手并肩，坚定维护全球公正与地区和平。尤其近年来，两国将双边关系提升至全天候全面战略伙伴关系，实现了历史性的飞跃。中白在机械制造、汽车制造、农业生产和生物技术等诸多领域深度合作，推动了双边经济的协同增长。共建"一带一路"倡议下的经贸与投资合作更是如火如荼，经贸合作硕果累累，成就斐然。

人文交流是两国关系的纽带。随着关系的深化，教育、文化和旅游等领域的合作愈发紧密。教育合作涵盖人文交流、学术交流、学生交换及联合研究，不仅推动了学术进步，还培养了具备国际视野的人才。两国间的文化交流通过艺术展览、演出、文献共享等途径，加深了民众的文化理解和友谊。旅游业的繁荣，使双方人民有机会体验对方的风土人情，进一步拉近了距离。体育合作则在竞赛、培训等方面增强了两国体育界的联系，增进了友谊。在高等教育领域，中白人文交流尤为独特。两国高校凭借深厚的文化底蕴，通过举办展览、音乐会、学术研讨会等形式，展开深度文化交流，展现各自文化的魅力，增进相互尊重与理解。2023 年，在两国教育部的牵头下，成立了中白高校联盟，为两国高校的合作建立了一个更加广阔的舞台。学术与教育合作方面，双方高校通过科研合作、人员互访和研究生联合培养等举措，推动知识共享和人才培养，培育未来的国际交流使者。高校间的人文交流体现了务实合作精神，不仅限于文化交流，还扩展到教育资源共享和人才培养等多个层面，通过签订协议和建立机制保障合作的实施和成果的实现。同时，开放包容的态度贯穿始终，尊重文化多样性，遵循平等互利原则，为增进两国人民的理解与友谊发挥了重要作用。相信未来双方将在更广阔的领域内深化务实合作，共同书写中白关系新篇章。

本书系国家社会科学基金重大项目"'一带一路'沿线国家文化教育发展状况调查研究"的部分研究成果和北京外国语大学"双一流"建设重大标志性成果。笔者在写作过程中得到了北京外国语大学党委书记、"一带一路"国家文化教育大系总主编王定华教授及俄语学院院长戴桂菊教授、副院长何芳教授等多位专家学者的悉心指导，外语教学与研究出版社有关编审人员给予了得力的专业支持，众多同仁朋友在搜集整理资料方面提供了大力的帮助，在此一并表示衷心的感谢！

在本书编写过程中，我们力求准确、客观地呈现白俄罗斯文化和教育的真实面貌，为广大读者提供一个全面、深入了解白俄罗斯文化和教育的窗口，激发更多人对白俄罗斯文化和教育产生兴趣、予以关注。受作者水平所限，本书可能存在很多不足之处。笔者诚恳地希望广大读者不吝赐教，为笔者提出宝贵的修订意见。

赵 鑫
2025 年 1 月于北京外国语大学白俄罗斯研究中心

目　录

第一章 国情概览

白俄罗斯共和国简称白俄罗斯，首都明斯克。国土面积 20.76 万平方千米，南北长 560 千米，东西宽 650 千米。白俄罗斯的工农业基础稳固，机械制造、电子工业、光学仪器、化学石化工业、木材加工和食品工业均较为先进。农业和畜牧业也相当发达，马铃薯、甜菜和亚麻等产量在独联体国家中名列前茅。白俄拥有丰富的森林、钾盐、泥炭和水资源，有"欧洲之肺""万湖之国""万河之国"等美誉。[1]

白俄罗斯民族众多，包括白俄罗斯族、俄罗斯族、波兰族、乌克兰族和犹太族等。官方语言是白俄罗斯语和俄语。

第一节 自然地理

一、地理位置

白俄罗斯位于东欧平原西部，东邻俄罗斯，北、西北与拉脱维亚和立

---

[1] 中华人民共和国商务部. 对外投资合作国别（地区）指南：白俄罗斯（2023 年版）[EB/OL].（2023-08）[2024-06-18]. http://www.mofcom.gov.cn/dl/gbdqzn/upload/baieluosi.pdf.

陶宛交界，西与波兰毗邻，南与乌克兰接壤。白俄罗斯是内陆国家，平均海拔 159 米，最高峰捷尔金斯卡娅山高达 345 米，而涅曼河低地海拔仅 80 米。中部地区地势较高，向北和向南地势逐渐下降，70% 的领土为低矮平原，而高地占据国土总面积的 30%，构成了一幅由河流切割的山丘和平原交织的地理画卷。[1]

白俄罗斯的地理位置非常特殊，是连接东欧和西欧、黑海和波罗的海沿岸国家的重要交通走廊，具有十分重要的战略意义。同时，白俄罗斯也拥有便利的交通网络，为其经济发展提供了有力的支持。

二、自然气候

白俄罗斯的气候受地理位置和地形结构的双重影响。其气候为温带大陆性气候，但同时也受海洋性气候的影响，冬无严寒，多温暖和融雪天气，夏无酷暑，潮湿多雨。白俄罗斯各地区的平均气温各不相同，北部地区七月平均气温 17℃，南部地区 18.5℃；一月平均气温西南部为 -4.5℃，东北部 -8/℃（2024 年）。白俄罗斯的部分地区，零下温度持续时间超过全年的三分之一。[2]

降水方面，年均降水量稳定在 600—700 毫米，集中在 4—10 月，大约占总量的 70%。降雪的天数和积累深度呈现出地域性差异，西南部地区约有 75 天降雪，而东北部可达 125 天，积雪深度在 15—30 厘米。[3]

---

[1] 中华人民共和国外交部. 白俄罗斯国家概况 [EB/OL].（2024-10）[2024-11-18]. https://www.mfa.gov.cn/gjhdq_676201/gj_676203/oz_678770/1206_678892/1206x0_678894/.

[2] 资料来源于白俄罗斯共和国体育旅游部官网。

[3] 资料来源于白俄罗斯共和国体育旅游部官网。

三、自然资源

（一）生物资源

白俄罗斯自然资源丰富，珍稀动植物种类繁多，尤其是一些濒临灭绝的物种受到相关保护组织的密切关注。联合国环境规划署和世界自然基金会等通过国际合作，支持白俄罗斯政府设立自然保护区，以保护和恢复濒危物种的栖息地。其他国际组织也为白俄罗斯提供资金和技术支持，用于濒危物种的检测、研究和保护工作等。联合国开发计划署及其合作伙伴在白俄罗斯共同致力于保护 86 个濒危和稀有物种。自 2010 年起，联合国开发计划署在全球环境基金的资助下，成功在白俄罗斯的 28 个栖息地重新引入了 9 种动物和 2 种植物。监测研究显示，23 个种群的重新安置工作取得了显著成效。同时，开发署与白俄罗斯自然资源和环境保护部合作，为恢复种群制定了登记证书和保护计划，以确保这些物种在移交给地块和水体使用者后得到妥善保护。据统计，《白俄罗斯共和国红皮书》详尽记录了境内生长的 274 种珍贵植物。为了维护这些生态宝藏，国家积极实施自然保护项目，设立了一系列国家公园和野生动物保护区，如别列津斯基生物圈保护区等，据白俄罗斯相关领域专家介绍，截至 2023 年 1 月 1 日，白俄罗斯的保护区系统已涵盖 1 335 个保护对象，具体包括 1 个自然保护区、4 个国家公园、99 个国家级自然保护区、275 个地方级自然保护区、322 个国家级自然纪念物和 634 个地方级自然纪念物。这些保护区的总面积占国土总面积的 9.1%，这一比例超过塞浦路斯共和国面积的两倍，更是卢森堡面积的七倍之多"[1]，彰显出白俄罗斯对生态环境的高度重视。

白俄罗斯拥有近 83.5 万公顷的森林，森林覆盖率为 40.2%[2]，在独联体

---

[1] 资料来源于白俄罗斯通讯社官网。

[2] 资料来源于白俄罗斯总统网。

中仅次于俄罗斯，居第二位。森林以针叶林为主，主要树种是松类，还有云杉、白桦、橡树、赤杨、塔树和榆树等。占地面积 1 165 平方公里的别洛韦日自然森林保护区在欧洲享有盛誉，被誉为"欧洲之肺"。白俄罗斯药材种类达 290 余种。以蘑菇为主的生物资源达 7.03 万吨。动物 3.1 万种，其中最珍贵的森林动物有欧洲野牛、黑鹳、棕熊、欧亚猞猁等。[1]

（二）水资源

白俄罗斯水资源丰富，境内河流繁多，据统计约有 20 800 条，总长度计90 600 千米，展现了丰富的地理多样性。其中，第聂伯河（全长超过 500 千米）、西德维纳河、涅曼河等十余条河流对国家水资源贡献显著。中型河流有 41 条，长度介于 101 千米—500 千米，总计 6 700 千米，构成了国家水系的重要组成部分。白俄罗斯的河流分布适中，平均每 100 平方千米有 44 千米长的河流。小型河流占据了全国河流的绝大多数，约占 93%。[2]

白俄罗斯河流的水源补给主要源自融雪、雨水和地下水。各河流的补给比例受气候、地质、地形和土壤条件影响，呈现出季节性变化：春季以雪水为主，夏秋两季雨水和地下水并重，冬季由于河面冰封，降水较少，以地下水为主，形成了混合水源系统。

被誉为"万湖之国"的白俄罗斯拥有约 11 000 个湖泊，以小型浅水湖泊为主，长湖（位于维捷布斯克州）以其 53.7 米的深度成为最深湖泊。北部地区湖泊密度高，大型湖泊如纳罗奇湖（79.6 平方千米）等分布广泛，而南部地区湖泊相对稀少，多为低洼地区的退化湖泊，如切尔沃诺耶湖（40.8 平方千米）。[3] 中东部湖泊资源也较为匮乏，沼泽地带则覆盖超过 2.5 公顷的土

---

[1] 中国驻白俄罗斯大使馆经济商务处. 对外投资合作国别（地区）指南：白俄罗斯（2023 年版）[EB/OL].（2023-08）[2024-06-18]. http://www.mofcom.gov.cn/dl/gbdqzn/upload/baieluosi.pdf.

[2] 资料来源于白俄罗斯共和国国家投资和私有化署。

[3] 资料来源于 BELTA+ 新闻网。

地。全国范围内的湖泊群落共同塑造了独特的水文地理景观，丰富了白俄罗斯水资源系统的生态多样性和区域特异性。

地下水，包括矿泉水，也是白俄罗斯重要的水资源。全国被划分为五个水文分区，涵盖了奥尔沙、布列斯特等地域。国家地下水资源（150 米深度内可再生年均流量）约为 4 450 万立方米 / 日，可开采地下水量约为每天 4 430 万立方米，不同区域的开采潜力差异显著。[1]

在白俄罗斯地下水的消耗中，全国地下水消耗量约为每天 260 万—270 万立方米，占总用水量的约 40%。其中，城市消耗量为每天 170 万立方米（其中 67% 用于人口需求，33% 用于工业）。农村则每天消耗 90 万—100 万立方米，（其中 47% 用于生产需求，40% 满足人口需求，13% 用于灌溉），主要用于居民和工业用水。[2] 长期开采和人类活动导致白俄罗斯地下水资源面临枯竭和污染问题，政府正采取措施保护和恢复地下水资源，包括水文地质监测、水源保护区设立和水资源管理等。

白俄罗斯拥有约 30 处矿泉点，日产超过 430 万立方米 [3]，为疗养业提供了水疗资源。各地区矿泉水类型不同，如维捷布斯克州的乌沙奇地区是氯化钠水疗资源，戈梅利和格罗德诺等地是碘溴矿泉水和氡矿泉水。

（三）矿产资源

白俄罗斯的矿产资源的主要特点是：非金属矿丰富，黑色金属和有色金属矿稀少，石油天然气能源矿藏少。[4] 目前已探明的主要有三类矿产资源，

[1] 中国驻白俄罗斯大使馆经济商务处. 对外投资合作国别（地区）指南：白俄罗斯（2023 版）[R/OL].（2024-08）[2024-06-03]. http://www.mofcom.gov.cn/dl/gbdqzn/upload/baieluosi.pdf.

[2] КАРОПА Г. Н. Физическая география Беларуси[M]. 2-е изд., перераб. и доп. Гомель: ГГУ им. Ф. Скорины, 2010: 36.

[3] КАРОПА Г. Н. Физическая география Беларуси[M]. 2-е изд., перераб. и доп. Гомель: ГГУ им. Ф. Скорины, 2010: 36.

[4] 中国驻白俄罗斯大使馆经济商务处. 对外投资合作国别（地区）指南：白俄罗斯（2023 版）[R/OL].（2024-08）[2024-06-03]. http://www.mofcom.gov.cn/dl/gbdqzn/upload/baieluosi.pdf.

分别是能源矿产、非金属矿产和金属矿产。

1. 能源矿产

白俄罗斯的能源矿产资源包括石油、天然气、泥炭、褐煤和油页岩。石油和天然气的开采量不大，只能满足本国一小部分需求，自1952年起，白俄罗斯的石油产业便开始了其发展历程，但初期石油资源的质量不尽如人意且储量相对有限。1964年雷奇察油田的发现，无疑为白俄罗斯的石油产业注入了新的活力。该油田所产出的石油品质优良，低硫含量，并富含汽油和石蜡馏分，使其成为国内乃至国际上重要的石油产区。此外，奥斯塔什科维奇斯科耶等油田的石油，亦呈现出相似的优质特征。

普里皮亚季海槽地区分布着50余座油田，这些油田的总储量达到9 000万吨，虽然近年来产量有所下降，但其累积贡献的石油总产量已突破1亿吨大关。[1]

整体而言，白俄罗斯的石油储量不多，因此，白俄罗斯石油开采量一直不大。自2013年起，年产量保持在164.5万吨的水平，自2017年起，年产量略有增长。2023年，年产量增至185万吨。[2] 白俄罗斯的伴生天然气累计产量（自1966年起计算）已达150亿立方米。1975年石油伴生天然气回收量达到最大值——6.68亿立方米，但自1980年，年产量降至2.5亿立方米。2018年年产量为1.86亿立方米，之后天然气的开采量每年约2亿立方米，需从俄罗斯大量进口。[3]

白俄罗斯拥有丰富的煤炭资源，1952—1958年，该国首次进行了煤炭

---

[1] КАРОПА Г. Н. Физическая география Беларуси[M]. 2-е изд. , перераб. и доп. Гомель: ГГУ им. Ф. Скорины, 2010: 27.

[2] 资料来源于白俄罗斯石油官网。

[3] 资料来源于白俄罗斯石油官网。

勘探与开采工作。经过勘探，在石炭纪、侏罗纪、古近纪和新近纪的沉积物中均发现了含煤煤层。其中，普里皮亚季海槽的含煤系统尤为显著，蕴含了多达 20 余个褐煤层，且这些煤层的厚度达到了 2 500 米，均分布于盐穹间的洼地之中。[1]

此外，白俄罗斯的泥炭储量丰富，贮量 44 亿吨[2]。主要分布在白俄罗斯的南部和中部地区。

2. 非金属矿产

白俄罗斯的非金属矿产资源丰富多样，拥有钾盐、岩盐、磷酸盐等各种非金属矿产资源，这些非金属矿产资源构建了国家经济的重要支柱。白俄罗斯钾盐储量巨大，是白俄罗斯最具价值的矿产，其工业储量排名欧洲第一位。[3] 估计总量约 75 亿吨，其中已探明超过 22 亿吨。斯塔罗宾斯科耶矿床拥有 4 个矿层，钾含量丰富，年产量达 4 000 万吨。[4] 集中在普里皮亚季海槽的岩盐，储量约 223 亿吨，莫泽尔斯科耶矿藏自 1963 年起开始勘探，现正处于积极开发阶段。该矿藏的盐岩位于地下近 800 米深处，厚度超过750 米，氯化钠含量高达 94%—98.6%，每年供应 40 万吨。[5] 富含磷酸盐的沉积岩在白俄罗斯分布广泛，主要分布在白垩纪和古近纪的青铜石-石英砂中，莫吉廖夫州的姆斯季斯拉夫和洛布科维奇矿床储量总计约 4 亿吨，具有开发潜力。

---

[1] КАРОПА Г. Н. физическая география Беларуси[M]. 2-е изд. , перераб. и доп. Гомель: ГГУ им. Ф. Скорины, 2010: 28.

[2] 对外中国驻白俄罗斯大使馆经济商务处. 对外投资合作国别（地区）指南：白俄罗斯（2023 版）[R/OL]. (2024-08)[2024-06-03]. http://www.mofcom.gov.cn/dl/gbdqzn/upload/baieluosi.pdf.

[3] 农雪梅，李允华. 白俄罗斯 [M]. 2 版. 北京：社会科学文献出版社，2021: 100.

[4] КАРОПА Г. Н. Физическая география Беларуси[M]. Гомель: ГГУ им. Ф. Скорины, 2008: 30.

[5] КАРОПА Г. Н. Физическая география Беларуси[M]. Гомель: ГГУ им. Ф. Скорины, 2008 : 32.

3．金属矿产

白俄罗斯的主要金属矿产以铁矿和碳特铝石铝硅资源为主。1966 年，位于格罗德诺州的诺沃谢尔基矿床首次开采，富含钛–岩浆矿，埋深 156—800 米，矿体厚度变化大，从 2.4—28 米不等，磁铁矿和钛铁矿为主要成分。在明斯克州斯托尔措夫区，奥克洛娃和沙士金村附近的铁矿资源如奥克洛沃矿床预测储量 15 亿吨，含铁 26%。碳钠铝石矿富含铝硅资源，尤其在普里皮亚季海槽的煤矿中，藻泽尔纳亚和奥斯塔什科维奇地区储量丰富，深度 400—1 200 米，有用层厚 1.5—7 米，年产量可达 70 万吨氧化铝和 8 万吨苏打。[1]

第二节 国家制度

一、行政区划

白俄罗斯行政上划分为六个州和 118 个行政区。六个州分别是布列斯特州、格罗德诺州、明斯克州、维捷布斯克州、莫吉廖夫州和戈梅利州，以及首都是明斯克市。

（一）明斯克市

明斯克是座历史悠久的欧洲城市，历史可追溯至 1067 年。尽管多次遭

---

[1] КАРОПА Г. Н. Физическая география Беларуси[M]. 2-е изд., перераб. и доп. Гомель: ГГУ им. Ф. Скорины, 2010: 34.

遇破坏，但每次都能顽强重建。在二战中几乎被完全摧毁的明斯克，战后迅速重建。因其在反法西斯战争中的卓越贡献，于1974年被授予"英雄城市"称号。明斯克是白俄罗斯的行政、经济、科学和文化中心，其地理位置相当重要，既是白俄罗斯的重要交通枢纽，也是独联体东西和南北运输干线的交汇点、莫斯科至华沙铁路干线的枢纽，同时又是欧盟和独联体之间以及波罗的海诸国到黑海主航线的交汇点，历来是联系周边地区的贸易中心，素有"交易之镇"之称。

明斯克的标志性建筑独具魅力。胜利广场上的胜利纪念碑高耸入云，自由广场上洁白的市政厅庄重典雅，白俄罗斯国家图书馆大楼宏伟壮观。明斯克还拥有众多国家纪念地和纪念馆，承载着深刻的历史记忆。除了建筑遗产，这座城市散发着首都特有的热情与文化氛围。市中心是文化活动聚集地，每年五月举办的民族节日博览会和旅游季热闹非凡。

明斯克还会定期举办包括"古老的明斯克"国际历史重建节、"尤里·巴什梅特"国际艺术节、"利斯特帕德"（意为：十一月）国际电影节等大型文化活动，这些活动不仅丰富了市民的文化生活，也吸引了世界各地的游客。

（二）主要州府

白俄罗斯每个州均设有行政中心，布列斯特州为布列斯特市，维捷布斯克州为维捷布斯克市，戈梅利州为戈梅利市，格罗德诺州为格罗德诺市，明斯克州为明斯克市，莫吉廖夫州为莫吉廖夫市。全国共有110个城市和101个城市型居民点，其中6个城市人口在10万—20万，6个城市人口在20万—50万。[1]

---

[1] 资料来源于白俄罗斯总统网。

1. 布列斯特州

布列斯特州位于白俄罗斯西南部，该州保存了不同时期的建筑风貌，并拥有白俄罗斯的首家造币厂和印刷厂。布列斯特州与乌克兰和波兰交界，总面积 3.28 万平方千米，地势平坦。截至 2023 年 1 月 1 日，下辖 16 个区，包括巴拉诺维奇区、别列佐夫斯基区等。经济上，布列斯特州在农业和工业方面拥有巨大潜力。[1]

文化上，布列斯特州拥有超过 2 500 处文化、历史和建筑遗迹，两个著名的遗址——"别洛韦日大森林"和"斯特鲁维测地弧"被联合国教科文组织列为世界遗产。卡梅涅茨区的白塔是白俄罗斯的标志性建筑。此外，布列斯特的文化生活也十分丰富，享有盛名的有"一月音乐晚会"和"白塔"戏剧节。[2]

2. 维捷布斯克州

维捷布斯克州，位于白俄罗斯北部，是一个风景如画、历史悠久的地区。

该州的自然景观独特，拥有巨石和冰川地貌。该地区也因亚麻产业而闻名，拥有独联体最大的亚麻加工厂，其产品在全球范围内享有盛名。文化遗产方面，该州拥有 3 000 多处历史、文化和建筑遗迹。[3] 其中，奥尔沙区的别利科维尔城堡遗址和德鲁茨克镇的土堡防御工事都极具历史价值。此外，还有两处遗址被列入联合国教科文组织暂定名录。

该州每年都会举办约 50 个艺术节，吸引了国内外的众多团体参与。其中，

---

[1] 资料来源于白俄罗斯总统网。

[2] 资料来源于白俄罗斯总统网。

[3] 资料来源于白俄罗斯总统网。

著名的"维捷布斯克斯拉夫集市"国际艺术节已成为该地区的标志性活动。

3．戈梅利州

戈梅利州，白俄罗斯东南部的瑰宝，以其丰富的自然资源、悠久的历史底蕴和蓬勃的经济发展潜力闻名遐迩。

戈梅利州与乌克兰和俄罗斯交界，其4.04万平方千米的土地上散布着丘陵和高地，海拔206米的莫济里山脉赋予该地独特的自然风貌。目前，州内划分为21个行政区，包括戈梅利市在内的多个城市和农村居民点，构成了一幅多元化的地域图景。[1] 戈梅利州是一个融合了历史遗产、现代经济活力和自然美景的地区，其多元发展和不断增长的旅游吸引力使之在白俄罗斯乃至国际舞台上占据着重要地位。

4．格罗德诺州

格罗德诺州，位于白俄罗斯的西部，以其丰富的自然资源、深厚的历史底蕴和蓬勃的发展潜力闻名于世。格罗德诺州以食品、饮料和烟草业为主导，化工、木材加工和机械制造业也发挥着重要作用，工业产值占全国10.3%，且拥有众多知名企业。[2]

格罗德诺州拥有20个博物馆、3个剧院和一个爱乐协会，其中包括9座古城堡如皇家城堡，以及数十座古教堂、修道院和家族庄园。更有700多件珍贵文物被列入《白俄罗斯历史文化珍品名录》。这些丰富的历史文化资源使得格罗德诺州对众多国内外游客具有极大的吸引力。[3]

---

[1] 资料来源于白俄罗斯总统网。

[2] 资料来源于白俄罗斯总统网。

[3] 资料来源于白俄罗斯总统网。

5．明斯克州

明斯克州地形多样，包括起伏的高地、广阔的平原和低洼地带，行政上划分为 22 个区、24 个城市和多个不同类型的人口聚居点，居民总数达 1 462 021 人，城乡人口比例协调。作为白俄罗斯经济的重要支柱，明斯克州工业与农业并肩发展。这里有 4 000 余家知名企业，产值占据共和国工业的五分之一。[1] 农业方面，涵盖肉类、乳制品、家禽养殖和多种作物种植，特别是西南部的甜菜和周边地区的水果蔬菜生产。

地理位置上，明斯克州坐拥东西欧交汇的交通枢纽，明斯克国际机场是重要的航空枢纽，连接俄罗斯、欧洲以及波罗的海和独联体国家。体育方面，该州活跃着 38 种运动项目，孕育出众多奥运冠军，旅游业发展多元，包括历史文化、健康生态和农业观光。[2]

明斯克州的文化遗产丰富，拥有 27 座博物馆、2 座剧院和 1 座城堡，其中斯卢茨克腰带作为白俄罗斯民族艺术瑰宝，承载深厚的艺术价值。涅斯维日拉齐威尔家族宅邸等历史建筑被列入世界文化和自然遗产名录。此外，诸如伯纳德修道院、斯坦科沃的宫殿和普里卢基的贵族建筑群等，都是游人探寻历史的宝库。[3]

明斯克州不仅是历史的积淀，更是现代发展的引擎，其独特的地理、经济和文化优势使其在全球舞台上独具魅力。

6．莫吉廖夫州

莫吉廖夫州，见证着旧石器时代中期尼安德特人的足迹，以及随后智

---

[1] 资料来源于白俄罗斯总统网。

[2] 资料来源于白俄罗斯总统网。

[3] 资料来源于白俄罗斯总统网。

人克罗马农人的繁衍生息。在 8—9 世纪，斯拉夫部落如德列戈维奇、拉迪米奇和克里维奇在这里建立了繁荣的城镇，奠定了现今国家的基础。

最古老的城镇如姆斯季斯拉夫尔（建于 1135 年）、普罗波伊斯克（即今天的斯拉夫戈罗德）和克里切夫（自 1136 年起闻名）见证了莫吉廖夫州的发展历程。根据《莫吉廖夫编年史》，该州在 1267 年由第聂伯河畔崛起，到 16 世纪，莫吉廖夫已发展成为白俄罗斯省份的重要城市，并逐渐成为手工业和贸易的中心。1986 年的切尔诺贝利核灾难对该地区造成了严重影响，南部尤其遭受严重辐射污染。经过不懈的努力和重建，莫吉廖夫州如今焕发新生，重新屹立。

地理位置上，莫吉廖夫州与俄罗斯的斯摩棱斯克州和布良斯克州接壤，东至霍季姆斯克市，总面积达 29 100 平方公里，地形平坦。州内共划分为 21 个区、17 座城市、6 个城乡结合区，以及众多农村社区，总人口达到989 703 人，城市居民和农村居民构成各有特色。[1]

莫吉廖夫州的文化和旅游资源丰富多样，包括文化旅游、体育赛事、美食体验、宗教朝圣、生态农业旅游，以及疗养设施。其中，别霍夫城堡、白俄罗斯国立农业学院等历史遗产展示了深厚的文化底蕴和教育传统。

莫吉廖夫州的文化遗产丰富，拥有 24 家博物馆、3 家剧院和一支爱乐乐团。别霍夫城堡是该州独特的城堡建筑，受到精心保护。白俄罗斯国立农业学院，创建于 1840 年，是独联体和欧洲最古老的农业大学之一，其历史建筑群承载了深厚的历史和教育价值。[2]

州内举办各类文化活动，如"库帕尔耶——亚历山德里亚召集朋友"共和国节日，以及国际音乐体育节等，展示了丰富的节日文化和艺术氛围。莫吉廖夫人民珍视传统，积极修复历史遗迹，如 1698 年的石质市政厅和"布伊尼奇战场"纪念碑，这些都象征着地方精神的复苏和自豪感的延续。

---

[1] 资料来源于白俄罗斯总统网。

[2] 资料来源于白俄罗斯总统网。

二、国家象征

白俄罗斯国旗形状为长方形，由上下两个长条组成，旗面上半部为红色宽条，占国旗高度的三分之二，下半部为绿色窄条，占高度的三分之一。旗面左侧为具有民族特色的红白花纹竖条，占国旗长度的九分之一。

白俄罗斯国徽呈圆形，顶头正上方是一颗红色五角星。正中心是白俄罗斯的版图，叠加在金色及呈放射状的太阳光之上。光束的源头是一个太阳，但它的大部分被一个地球遮盖。地球同样不完整，上面以紫色和蓝色分别显示部分欧亚大陆及水域。国徽的左右两侧被衬托上鲜花的小麦秸秆包围，左方的鲜花是三叶草属植物，右方则是亚麻花。萦绕着两边小麦秸秆的是一道长长的彩带，彩带像白俄罗斯国旗一样以红绿水平相间；彩带的正中部分以白俄罗斯文写上"白俄罗斯共和国"的字样，字体呈金黄色。

白俄罗斯国歌为《我们白俄罗斯人》。作曲家 H. 索科洛夫斯基为这首国歌谱曲，而诗人 M. 克利姆科维奇和 B. 卡利兹娜共同创作了歌词。

三、政治体制

1990 年 7 月 27 日，白俄罗斯最高苏维埃正式通过了主权宣言。随后，在 1991 年 8 月 25 日，白俄罗斯宣布了其国家独立。同年 12 月 19 日，该国正式更名为"白俄罗斯共和国"，通常简称为"白俄罗斯"。

1994 年 3 月 15 日，白俄罗斯最高苏维埃通过并颁布独立后的第一部宪法《白俄罗斯共和国宪法》。《白俄罗斯共和国宪法》规定白俄罗斯是一个统一、民主、法治的国家。该宪法是白俄罗斯最核心的法律文件，后于1996 年、2004 年、2022 年经全民公决修正。

在政治结构层面，白俄罗斯实行总统制，国家元首由白俄罗斯总统担任。行政权力的行使由政府负责，政府首脑为总理，由总统负责任命。立法权则归属于国民议会的两院制议会，尽管如此，总统仍有权颁布法令，这些法令在执行上享有与法律同等的效力，并且总统可自主决定其生效时间。根据 1994 年宪法的相关规定，总统选举每五年举行一次。然而，在 1996 年，总统任期由原先的五年一届更改为七年一届。国民议会的下议院由 110 名成员组成，而上议院则由 64 名成员组成。

第三节 社会生活

一、经济与贸易

白俄罗斯，作为出口导向型经济体，凭借服务业和农业的多元化产业结构，构建了以社会福祉为导向的市场经济。尽管面临地缘政治压力和制裁，白俄罗斯经济仍表现出强大的适应能力，2023 年国内生产总值（GDP）维持正增长，工业部门在国际市场的驱动下实现稳健复苏。

农产品方面，2023 年 1—9 月的产量与去年同期相当，谷物和豆类产量降低，但马铃薯、蔬菜、甜菜产量有所增加。牲畜产量也有所增加。运输业受制裁和限制措施的影响，货运量持续下降，2022 年下降 25%，2023 年 1—9 月同比下降 20%。[1]

制裁对白俄罗斯信息和通信等行业造成负面影响，使其对 GDP 的贡献继续下降。而建筑业在投资活动复苏的推动下，2023 年 1—9 月建筑和安装工程支出同比增长 6.4%，整体固定资本投资同比增长 11.9%。机械、设备和车辆

---

[1] 资料来源于白俄罗斯发展银行。

投资增长迅速，同比增长 27.4%，克服了制裁带来的融资和设备供应难题。[1]

总体而言，尽管面临诸多挑战，白俄罗斯经济仍在逐步复苏，各行业的表现也呈现出积极的变化。

2023 年上半年，白俄罗斯实体经济部门吸引了 45 亿美元的外国投资，其中 36 亿美元为直接投资。投资主要用于工业（占 36%）、贸易（31%）、运输（12%）、信息通信（9%）及建筑（6%）领域。最大的投资来自俄罗斯（占 57%），其次是塞浦路斯（20%）、荷兰（3%）和德国（2%）。至 2023 年 7 月 1 日，白俄罗斯累计外国直接投资总额达 141 亿美元，占国内生产总值的 19.3%。[2]

白俄罗斯的投资优势包括以下几方面：地理位置优越，位于欧洲中心，是连接欧盟与欧亚经济联盟、中亚和东亚的重要通道；享有欧亚经济联盟五国共同市场及与多个国家的自由贸易制度；劳动力素质高，90% 以上的年轻人受过高等教育；法律保障国内外投资者的平等权利，为投资者提供多项支持，包括在自由经济区建立特别法律制度，签订投资协议提供舒适工作条件和资本保护，以及国家投资和私有化署提供"一站式"服务，协助投资者获取经商信息、谈判支持和选择项目；投资收益无障碍汇回和使用，禁止无偿国有化或征用；白俄罗斯还是多边投资担保机构成员，与其他国家签订约 60 项双边投资保护协议。[3]

二、医疗与卫生

白俄罗斯坚持并灵活适应社会经济变革以调整保健资金预算，其卫生政

---

[1] 资料来源于白俄罗斯发展银行。

[2] 资料来源于白俄罗斯发展银行。

[3] 资料来源于白俄罗斯发展银行。

策展现出对国家民众福祉的深厚关切。该国政府对卫生系统的财政支持，已占据 GDP 的 4%，这一比例已达到世界卫生组织所建议的社会保障投入标准。

自 2013 年起，白俄罗斯保健体系注重推广健康生活方式和预防疾病，致力于提高医疗质量和可及性，确保居民健康。2017 年，成立了专门的制药公司，整合药品生产商、科研机构和医疗器械厂商，推动制药业现代化。至 2022 年，医疗行业快速发展，本土企业贡献 60% 的药品产量，出口强劲，覆盖俄罗斯等多国市场。[1]

为了增强药品竞争力，白俄罗斯对生产设备进行现代化改造，实施超过 25 亿美元的项目。白俄罗斯的药品品种丰富多样，包括非专利药、原创药物，涵盖了多种疾病领域，如抗癌、心血管疾病等。

医疗服务方面，白俄罗斯有种类齐全的医院门诊部、各种专业的医务人员和医学研究机构。其医疗机构的基本建设和现代化改造主要由国家预算和总统基金拨款。国有医疗中心提供免费服务，包括诊断和治疗；私立医疗机构则提供高端收费服务，拥有世界级专家团队。紧急情况下，无论是本地居民还是外国公民，都能得到紧急医疗援助，但后续治疗则按需付费。白俄罗斯的医疗保险体系允许居民根据需求选择，外国公民必须参加强制保险。

白俄罗斯的医疗体系，相较于欧洲其他国家，以其优质服务和相对低廉的价格闻名，吸引了国际患者的关注。其医疗专家在全球范围内受到认可，国家屡获医疗服务评级。救护车服务全天待命，法律保障所有公民享有平等的紧急医疗救援权利，部分有医保覆盖。

白俄罗斯的保健政策和医疗体系以其全面、高效和高性价比，展现出强大的吸引力，不仅在国内，也在国际舞台上展示了其医疗服务的优势。

---

[1] 资料来源于白俄罗斯发展银行。

三、科学与技术

科学与技术对国家安全与进步至关重要，白俄罗斯在这些领域表现出色。白俄罗斯在纳米技术、核能与可再生能源、航空航天、人工智能、数字化、生物制药、精密机械、智能农业和新药物研发等领域具有强大的科研实力。

白俄罗斯国家统计委员会数据显示，截至 2022 年，白俄罗斯有 445 个研发机构，163 210 名科研人员，其中青年科研力量占 20.7%。[1] 这些科研人员分布于工业部、国防委员会、科学院、教育和卫生等部门，为国家科技进步提供了有力保障。白俄罗斯还吸引许多国际知名科学家前往，使其科研水平与国际接轨，在器官移植、量子研究、机械建模等领域甚至处于前沿地位。

科研投入的稳健与持续性体现在国家预算中，2021 年占研发总支出的 41.9%[2]，凸显了对基础和应用研究的重视，以及对人才培训和认证的支持。白俄罗斯科学院是白最高科研机构。它是一个智力和分析中心，在确定国家发展方向和国家发展路径上发挥着重要作用，是形成现代知识和创新系统的核心。科学院归总统直接管理，需向部长会议汇报工作，其主席团主席由总统直接任命。强化了科研在国家战略中的核心地位。

在机械工程和电子学领域，白俄罗斯在引进微电子、仪器仪表和信息技术现代发展成果的基础上，继续全面发展电动汽车和无人驾驶汽车技术。根据 2021—2022 年的数据，白俄罗斯已研制出多种先进车型，其中包括 90 吨电池动力和 220 吨柴油电车型自卸卡车样品。此外，还有一款重达 130 吨的混合动力自卸卡车，它结合了低功率柴油发动机、蓄电池和能量回收系统，创新性地提升了运行效率。[3]

---

[1] 资料来源于白俄罗斯共和国总统直属行政学院。

[2] 资料来源于白俄罗斯共和国总统直属行政学院。

[3] 资料来源于白俄罗斯共和国总统直属行政学院。

同时，白俄罗斯还成功研发了有效载荷达 4 吨的电动货运卡车样机。此外，还有一款载重量为 10 吨的电动货运卡车原型，计划安装无人控制系统，该项目得到了白俄罗斯国家科学院的支持。

目前，白俄罗斯已启动 450 吨自卸车的生产，其有效载荷高达 450 吨，配备机电变速箱、4×4 车轮布置和两台总功率为 3 430 千瓦的柴油发动机。该车能够克服高达 12% 的纵向长坡度和 18% 的短坡度，最高时速为 64 公里。新款自卸车的性能比现有最高容量的矿用自卸车高出 25%。[1]

2022 年 12 月，白俄罗斯开始自主研发笔记本电脑，生产商称其在质量和性能方面可与知名品牌媲美。无论是办公还是家用，或是执行高负荷任务，都能流畅、高速运行，同时保持出色的自主性。

白俄罗斯正积极推动现代空间技术的发展，现已能生产世界顶级地球遥感卫星，成功跻身航天大国行列。自 2012 年白俄罗斯地球遥感空间系统运行以来，已对 1 550 万平方千米的土地进行成像，实现进口替代总额 2 790 万美元。2024 年 3 月，白俄罗斯宇航员进入国际空间站。[2]

白俄罗斯明确科研导向，即致力于提升国家竞争力和可持续发展能力，科技政策注重稳健创新，以科技推动经济和社会转型。未来，白俄罗斯将加强科研投入和人才培养，为科技进步注入更多动力。

四、旅游与名胜

2022 年，白俄罗斯旅游业持续繁荣，境内超过 1 200 家旅游实体积极运营，同时农业生态旅游项目也呈现出蓬勃发展的态势，总数超过 3 000 项。[3]

---

[1] 资料来源于白俄罗斯共和国总统直属行政学院。

[2] 资料来源于白俄罗斯共青团真理报官网。

[3] 资料来源于白俄罗斯经济部官网。

这些成果充分展示了白俄罗斯在旅游领域的强大潜力和广阔前景。

白俄罗斯以其丰富的文化遗产和壮丽的自然景观吸引着众多游客。其中，涅斯维日城堡以其独特的艺术收藏和历史背景成为拉齐威尔家族的象征；米尔城堡则是一座集哥特式与文艺复兴风格于一体的综合建筑；普斯洛夫斯基城堡紧邻塔德乌什·科斯奇斯科庄园博物馆，以其童话般的豪华建筑而著称；鲁缅采夫和帕斯克维奇宫殿公园则是一个融合了宫殿、教堂和花园的历史建筑群；布列斯特要塞作为二战时期的英雄城，展现了白俄罗斯人民抵抗侵略的坚定决心；哈廷纪念建筑群则是战争悲剧的见证，提醒人们珍惜和平；明斯克伟大卫国战争历史博物馆则是记录白俄罗斯卫国战争历史的中心；白俄罗斯国家图书馆以其现代化的设施和丰富的藏书吸引着广大读者；热尔维亚蒂三一教堂以其新哥特式的建筑风格被誉为"小瑞士"；而斯帕索·叶夫罗西尼耶夫斯基修道院则是东正教的重要中心，拥有悠久的历史和深厚的文化底蕴。

这些名胜古迹不仅体现了白俄罗斯深厚的文化底蕴，还展示了白俄罗斯人民对和平与自由的追求与坚守。无论是艺术爱好者、历史学者还是普通游客，都能从这些名胜古迹中找到属于自己的乐趣和感悟。

五、传媒与出版

白俄罗斯致力于加强其国家媒体的发展。涵盖印刷、电视、广播以及网络媒体等各个领域。《白俄罗斯共和国大众传媒法》为媒体领域奠定了基本法律框架。截至 2024 年 6 月，在白俄罗斯相关机构注册并运营的媒体总数达到 915 家。其中，国有媒体占 399 家，非国有媒体为 516 家。在通讯社领域，共有 7 家机构，其中 2 家为国营，5 家为私营。在网络出版物方面，总计有 57 家单位，其中 49 家为国有，8 家为私营。此外，电视和广播媒体总数为 177 家，其中国家媒体（涵盖广播和电视）为 98 家，非国家媒体为 79 家。[1]

在白俄罗斯，主要的媒体机构包括国家广播电视公司、白俄罗斯广播电台、首都电视台股份公司、白俄罗斯通讯社和星出版社。随着世界信息空间的变化以及技术和信息传播方式的飞速发展，白俄罗斯媒体行业正加快数字化转型。

国内媒体仍是白俄罗斯人获取信息的主要途径。主要媒体如白俄罗斯广播公司、第二国家电视频道等都在各自领域发挥重要作用。随着数字化转型，媒体行业正努力适应全球信息空间变化和技术进步。

白俄罗斯独立初期，全国的广播电视活动由国家广播电视局统一管理。1994 年 8 月，基于国家广播电视局，白俄罗斯组建了国家广播电视公司，标志着无线电广播进入新的发展阶段。2000 年以后，白俄国内广播电视市场逐渐形成，国家广播电视公司陆续创建了多个电视频道，如国家第一频道和国际卫星频道 "白俄罗斯 -TB"。国家电视频道有白俄罗斯 1 套、白俄罗斯 2 套（青年）、白俄罗斯 3 套（社会文化）、白俄罗斯 5 套（运动）等，以及国家电视台（OHT）、首都电视（CTB）。地方电视频道有 2015 年 9 月开播的白俄罗斯 4 套以及国际卫星频道白俄罗斯 24 套，后者在 100 个国家拥有 2.7 亿观众，全天 24 小时播放国内外新闻、重大事件以及其他电视节目和电影，主要使用白俄罗斯语和俄语，互联网用户可以在线观看这些节目。[2]

电台方面，白俄罗斯共包含数十家电台，如白俄罗斯广播电台、半径电台、联合之星电台（UNISTAR，白俄罗斯和德国的合作项目）以及欧洲加电台等。其中，白俄罗斯广播电台是该国最大的广播电台，采用俄语、白俄罗斯语两种语言广播，覆盖乌克兰、波兰、立陶宛、拉脱维亚与白俄罗斯相邻地区及俄罗斯乌拉尔以西地区。此外，为满足国外听众需求，白

---

[1] 资料来源于白俄罗斯总统网。

[2] 农雪梅，李允华. 白俄罗斯 [M]. 2 版. 北京：社会科学文献出版社，2021: 224.

俄罗斯国际电台还以白俄罗斯语、俄语、德语、英语、中文、法语、西班牙语和波兰语对全球进行广播播报。

在白俄罗斯境内，可接收到 200 多个国外频道。到 2015 年 6 月，白俄罗斯地面电视已完成从模拟到数字化的转换。目前，数字广播（包括 8 个电视节目和 1 个广播节目的第一个多路传输）几乎覆盖了白俄罗斯全境。[1]

白俄罗斯通讯社（BELTA）作为该国最大的通讯社，已走过百余年的历程，始终保持其官方地位，是权威的信息源，发布国家最高当局的活动信息。该通讯社实时更新，以俄语、白俄罗斯语、英语、德语、西班牙语和中文在网站上发布新闻。BELTA 在白俄罗斯各地及俄罗斯均设有通讯处和通讯员，与独联体国家、国内外机构、网络出版物和媒体资源建立了广泛的合作关系。在独联体国家新闻机构中，白俄罗斯通讯社的世界媒体引用率名列前茅。该通讯社不仅提供新闻服务，还是一家多元化企业，旗下出版物包括《7 天报》《白俄罗斯思想》（月刊）和《白俄罗斯经济》（季刊），还出版图书并承接印刷业务。BELTA 还专注于国家机关、企业和组织网站的开发、技术支持、推广和优化，并开发视听内容，制作多媒体项目、播客和视频。该机构经常在自己的新闻中心举办新闻发布会、介绍会等活动，并在社交网络和视频网站等平台上十分活跃。

星出版社成立于 2012 年，由"文学和艺术"编辑出版机构和《星报》编辑部合并而成。现旗下拥有多种出版物，如社会和政治报纸《星》、杂志《祖国的大自然》等。其中，《星》于 1917 年 8 月由共和国委员会、国民议会代表院和部长会议共同创立，是白俄罗斯历史最悠久的报纸。一个多世纪以来，它始终全面报道国家政策、领导人和行政机构的活动，同时关注民族特性、语言纯正性和传统保护。此外，星出版社还致力于出版具有社会意义的文学作品，涵盖白俄罗斯语儿童读物、地方历史志以及各类小说。

---

[1] 农雪梅，李允华. 白俄罗斯 [M]. 2 版. 北京：社会科学文献出版社，2021：224.

第二章 文化传统

白俄罗斯位于西欧和东欧精神文化的交汇之地，其文化遗产独具魅力。封建时代的城堡和中世纪教堂的防御性设计，体现了深厚的历史底蕴和精湛的建筑技艺。同时，波兰-立陶宛联邦时期的独特制度对白俄罗斯的建筑风格产生了深远影响，这一时期留下的众多宏伟的宫殿与园林，展现了其独特的文化魅力。

白俄罗斯不仅具有悠久的文化传统，也孕育了众多杰出的人物，如叶夫罗西尼娅·波洛茨卡娅和弗兰齐斯克·斯科里纳、列夫·萨皮耶哈等人。这些杰出人物在教育启蒙和法律体系构建方面均做出了卓越的贡献，其影响深远且持久。例如，列夫·萨皮耶哈[1] 参与修改和编撰的法律汇编——1588 年颁布的第三部《立陶宛大公国法规》。该法规自签署后一直使用至 1840 年，被视为当时最全面的法律汇编。后期，许多中欧和东欧国家的法典都以此法规为蓝本。[2]

民间艺术和传统习俗在白俄罗斯文化中占据至关重要的地位，如口述故事、歌曲与舞蹈，反映出深厚的文化底蕴。手工艺方面，木雕、骨艺和稻草编织的艺术品尤为精美，斯卢茨克腰带与拉扎尔·博格沙的十字架并

---

[1] 列夫·萨皮耶哈（1557—1633），白俄罗斯历史上显赫的政治家、军事领袖、外交家及思想家。在立陶宛大公国担任重要职务。他凭借卓越才能，从基层迅速崛起，曾任白俄罗斯民主联盟议长，1629 年成为大盖特曼，达到权力巅峰。

[2] 资料来源于白俄罗斯论据与事实报。

称民族瑰宝，体现了白俄罗斯人民的智慧与技艺。

白俄罗斯文化的历史发展进程大致可分为七个关键阶段：（1）公元前10万年至9世纪的文化奠基；（2）9—13世纪，图罗夫公国与波洛茨克公国的文化兴盛；（3）14—16世纪，立陶宛大公国时代的文化繁荣；（4）17—18世纪，波兰–立陶宛联邦时代的文化交融与转型；（5）18世纪末至20世纪初，俄罗斯帝国时期的文化融合与巩固；（6）20世纪初至20世纪80年代末，苏联时期现代文化的崛起；（7）20世纪90年代以来现代文化的发展和国际化。

第一节 文化沿革

白俄罗斯的文化深深根植于其历史传统与民族特色之中，在受欧洲大陆文化影响的同时，又保留了自身独特的民族元素。

一、公元前10万年至9世纪的文化奠基

自人类诞生之初，文化与艺术便相伴相生。据史料记载，公元前10万年，白俄罗斯土地上有人类居住，至9世纪，文化与艺术始终影响着白俄罗斯境内人类社会的秩序与观念。原始社会的白俄罗斯人的信仰建立在对自然界的敬畏之上，如天地、日月、水火。

在石器时代，人类艺术的种子开始萌发，木雕人物的创作展示了人类的创造智慧。原始的饰品，如由动物牙齿精心串制而成的项链，不仅作为装饰增添美感，更寄托了人们对抗风险、追求生存的坚定信念与力量。当历史推进至石器时代晚期，白俄罗斯地区的陶器艺术取得了显著的

发展。这些陶器上的装饰图案，如太阳、天体、生殖和自然循环等元素，充满了象征意义，无不体现出人类对宇宙秩序的深刻理解和敬畏之心。这一时期，原始社会的文化与艺术不仅体现在白俄罗斯人的日常生活中，更深入到信仰体系和艺术表达中，为研究人类历史和精神世界提供了珍贵的视角。

二、图罗夫公国和波洛茨克公国时期的文化兴盛

9—13 世纪是白俄罗斯文化历经融合与发展的重要历史时期。在这一阶段，白俄罗斯地区深受东斯拉夫传统与拜占庭文化的影响，二者相互交融，共同为白俄罗斯国家概念的构建奠定了坚实基础。在此期间，白俄罗斯地区历经了数次政治与文化变革，这些变革不仅推动了文化的交流与融合，更在塑造文化认同与国家意识方面发挥了至关重要的作用。

这一时期，编年史成为书面文化的重要载体。波洛茨克和图罗夫等地编年史及经典文献广为流传，不仅为后人提供了丰富的历史资料，也充分展示了白俄罗斯文字在社会生活中的普及程度。铅印铭文、十字架和石纺锤等考古文物证明了文字技术的进步。波洛茨克的索菲亚大教堂和塞尔茨的主显圣容大教堂等建筑展示了卓越的艺术成就，而拉扎尔·博格沙的金银丝蟠花十字架则是珠宝工艺精品。在实用艺术方面，白俄罗斯吸收了拜占庭艺术，发展出独特的雕刻和镶嵌艺术，石雕、骨制品和金属制品上的图案精美绝伦。

尽管白俄罗斯在历史冲突中失去了许多宝贵的文化遗产，令人痛心。然而，那些幸存的丰富文化遗存仍为我们提供了宝贵的视角，使我们能够洞察那个时代的繁荣与创新。它们不仅是历史的见证，更是对那个时代的人们的智慧和创造力的永恒纪念。

三、立陶宛大公国时代的文化繁荣

14—16 世纪，立陶宛大公国的文化生活深受文艺复兴影响，白俄罗斯文化的发展也深受其影响。此时欧洲文化交融与创新，古典知识复兴与现代应用结合，人文主义思想广泛传播，推动精神生活世俗化，催生众多改革理念和运动。

虽然当时的白俄罗斯的经济发展相对滞后，封建制度也限制了文化的全面转型，但是在这一过程中，东西方传统的融合、宗教的宽容以及邻近民族文化的交流互动，共同塑造了其文学作品的多语言特性。

13—14 世纪也是白俄罗斯文学的萌芽期。白俄罗斯的文学起源于丰富的民间口头文学和基辅罗斯文学。弗兰齐斯克·斯科里纳（1490—1541）是一位杰出的文化活动家和启蒙学家，以其深厚的人文精神在历史上留下了深刻的印记。他在维尔纳[1]创办的印刷厂，不仅推动了当地印刷技术的进步，更对当地文化产生了广泛而深远的影响，为后世留下了宝贵的文化遗产。

尼古拉·古索夫斯基和西蒙·布德尼延续并丰富了人文主义传统，创作了不少诗歌和宗教著作，前者以《野牛之歌》表达爱国情感和道德理想，后者则首次出版了用白俄罗斯文印刷的《教义问答》《新约》《福音书》等著作，推动了白俄罗斯文学语言的革新。在历史编纂学领域，斯塔雷科夫斯基的《立陶宛大公纪事》等和 16 世纪下半叶科密特-切尔诺贝利斯基的《书信》、新格鲁特法官叶夫拉舍夫斯基的回忆录等作品见证了历史叙事由传统的历史-编年史文学向历史-回忆录文学的转变。

建筑艺术方面，白俄罗斯融合了古俄罗斯和哥特式、罗马式、巴洛克等多种风格，同时展现了地区特色。14—16 世纪，白俄罗斯文化受立陶宛

---

[1] 维尔纳，立陶宛首都维尔纽斯的旧称。

大公国影响，展现出独特的文艺复兴特质和本土传统融合的风貌，体现了多元与变迁的历史进程。16 世纪末，巴洛克风格盛行，新格鲁多克等地的城堡等军事防御设施崭露头角。

四、波兰-立陶宛联邦时代的文化交融与转型（17—18世纪）

16—18 世纪，立陶宛大公国与波兰共同构建了波兰-立陶宛联邦。在此期间，白俄罗斯文化受到了立陶宛、波兰以及北欧的多重影响。随着联邦的扩张，17—18 世纪下半叶，波兰化在东部地区逐渐加强，导致白俄罗斯语的官方书面语使用受到限制，最终在 17 世纪末被禁止，官方文件被强制翻译成波兰语。

17 世纪，欧洲语言书籍的印刷量激增，波兰文、法文、拉丁文等语言在书籍出版中占据主导地位。然而，到了 17 世纪后期，知识生活出现了退步，中世纪思想重新占据主导地位。这一时期也是白俄罗斯建筑艺术的繁荣时期，众多教堂、宫殿等建筑物得以大量建设，巴洛克、洛可可与古典主义共存，其中巴洛克建筑尤为引人瞩目，其双塔设计更是独具特色，鲁扎尼宫殿和格罗德诺新城堡是巴洛克建筑的瑰宝。同期的城市规划体现了民族特色，布列斯特、斯卢茨克等城市也迎来了快速的发展。白俄罗斯文化以其多语言民间传统为显著特色。白俄罗斯语主要使用者为农民、城市下层阶级、部分贵族和神职人员，是白俄罗斯文化独特而重要的组成部分。

18 世纪前半叶，修道院在教育领域占据主导地位，由耶稣会负责管理，拉丁语是主要的教学语言。在这一时期，维尔纳和波洛茨克耶稣会学院成为重要的教育中心。然而，自 1773 年起，白俄罗斯的教育领域发生了显著变化，世俗教育逐渐兴起，宗教色彩有所减弱。

在思想界，卡齐米日·莱辛斯基倡导无神论。18世纪，启蒙思想传入，科学家和哲学家 K. 纳尔布特等人支持理智派，推动着自然科学的发展。

西梅翁·波洛茨基是文学领域中的杰出代表，其作品丰富多样，跨越多种语言。在18世纪的白俄罗斯文学中，多元化成为显著特点，深受民间艺术的影响与熏陶。

18世纪，是白俄罗斯历史上的困难时期，大北方战争[1] 的肆虐对国家的经济和文化造成了巨大的破坏。直到18世纪20年代，白俄罗斯的经济和文化才逐渐开始复苏。绘画方面，白俄罗斯的画作以巴洛克风格为主，并融入民族元素。书籍插图方面，苏普拉斯尔和莫吉廖夫印刷厂技艺高超，洛可可与古典主义风格交替影响。

学术方面，波洛茨克学院成立，标志着学术进步，为专业人才培养提供平台。整体来看，17—18世纪白俄罗斯经历了文化交融与转型。

五、18世纪末至20世纪初俄罗斯帝国时期的文化融合与巩固

18世纪末至20世纪初，白俄罗斯文化经历了显著的繁荣期，尤其是在民族复兴的浪潮中，民间传统与古老文字成为驱动民族觉醒的重要力量。新白俄罗斯文学和民族戏剧作品如雨后春笋般涌现，新白俄罗斯文学的代表人物有维肯季·伊万诺维奇·杜宁-马尔钦凯维奇，扬·巴尔舍夫斯基，扬·切乔特，弗朗齐歇克·博古舍维奇，扬卡·卢齐纳等，此外19世纪白

---

[1] 大北方战争（1700年2月22日至1721年9月10日），又称为第三次北方战争，是俄罗斯帝国为了夺取波罗的海的出海口及与瑞典王国争霸的战争。战争的结果是俄罗斯帝国从此称霸波罗的海，而瑞典则自此衰落，从欧洲列强的名单上消失。

俄罗斯的匿名文学盛行，比较著名的代表作如长诗《反面的埃涅伊德》[1] 等。此时，越来越多的学者及文学创造者开始对白俄罗斯的民间生活进行深入探索与表达。随着民族意识的觉醒，白俄罗斯人开始积极挖掘和研究自己的历史文化遗产，寻求区别于当时占主导地位的俄罗斯文化和波兰文化的文化特色。

亚历山大一世时期，白俄罗斯的波兰化趋势加剧。归因于建立波兰国家的政策，该政策得到了波兰贵族和波兰化精英阶层的支持，波兰语成为知识阶层的主要语言，渗透到启蒙、文学和戏剧领域。

1803—1804 年的俄罗斯帝国发动的教育改革重塑了白俄罗斯的教育体系，从省城的文科中学到乡村的教会学校，都遵循着统一和连续的原则，被纳入维尔纽斯教育区的管理体系。然而，1863 年起义后，沙皇政府转而采取压制策略，关闭了许多波兰语学校，学校内禁止使用波兰语和白俄罗斯语。根据 1864 年的规定，白俄罗斯的小学由东正教神职人员管理。俄罗斯帝国推行的"专制制度、东正教和人民性"的三位一体政策思想四处蔓延，限制了教育自由，导致教育发展受限。

1886 年，白俄罗斯的出版业开始崭露头角，其中《明斯克小报》（后更名为《西北边疆报》）尤为引人注目，成为独立声音的象征。尽管受到了严密的监控，但该报仍然坚持通过对话形式呈现匿名手写的艺术作品，对社会不公和统治者压迫进行了深刻的批判。直到 19 世纪 80 年代晚期，经过严格审查的报刊才开始逐渐接纳白俄罗斯语文学作品，为白俄罗斯文学的发展铺平了道路。

文学方面，白俄罗斯小说家如 Ф.博古舍维奇和 Я.卢奇纳成为时代的代表，博古舍维奇的《白俄罗斯木笛》，卢奇纳的《帕尔纳斯上的塔拉斯》等

---

[1]《反面的埃涅伊德》是白俄罗斯的一首戏仿幽默滑稽诗，以维吉尔的《埃涅伊德》情节为基础，用当时的现代方式对其进行改写，在英雄的特征中可以看到农民、地主等人物形象。一切都以戏仿和幽默的形式表现出来，创作于 19 世纪 20 年代左右。

作品揭示社会现实。在民间诗歌中，反封建的主题尤为突出，深刻体现了农民在封建制度下的苦难生活以及他们坚忍不拔的反抗精神。民间戏剧如《巴特利卡》讽刺了当时的权贵。

革命民主思想的传播促使艺术更加贴近人民生活，П. 博尔科夫斯基等画家描绘了改革后农村的新面貌。音乐方面，民歌收集和创作活跃，建筑风格从巴洛克向古典主义转变，维尔纽斯绘画学校培养了一大批杰出艺术家，如约瑟夫·奥列什凯维奇 [1]，弗拉基米尔·万科维奇 [2] 等，雕塑领域也涌现出优秀作品，当时最负盛名的雕塑家是科罗尔·叶利斯基及其两个儿子：扬和卡济米尔，以及拉斐尔·斯利津。

尽管面临波兰化和俄罗斯化的压力，白俄罗斯人民仍坚守民族特性，通过文学、艺术和语言的保护与发展，成功塑造了独特的民族文化标识。这段历史时期的成就，不仅是文化复兴的见证，也是白俄罗斯民族认同与独立斗争的重要篇章。

六、20 世纪初至 20 世纪 80 年代末苏联时期现代文化的崛起

20 世纪 20 年代的民族振兴政策有力地推动了本土文化的繁荣。1922 年，基于科学术语委员会的构想，白俄罗斯文化研究所成立，1929 年，白俄罗斯科学院建立，首批院士阵容包括 Я. 库帕拉、Я. 科拉斯、Вл. 皮切塔、Я. 列西克和 H. 日鲁诺维奇。与此同时，国家电影制片局的成立标志着影视领域的兴起。

---

[1] 约瑟夫·奥列什凯维奇（1777—1830），帝国艺术学院成员，曾为 A. 恰尔托雷斯基，M. 拉齐维尔，萨别哈，密茨科维奇等众多贵族、名人绘制肖像。

[2] B. 万科维奇（1800—1885），浪漫主义派代表，曾为诗人普希金、戈列茨基，钢琴家希马诺夫斯基等绘制肖像。包括《岩石上的密茨凯维奇》也是出自万科维奇之手。

白俄罗斯文学在这一时期蓬勃发展。1923 年，无产阶级文学运动中诞生了一个名为"青年人"（莫洛德尼亚克）的组织，其激进言论在当时产生了广泛的影响。由于有些成员经常使用极端革命的措辞，1926 年，一批作家和诗人选择离开"青年人"（莫洛德尼亚克），并创立了"乌兹维沙"文学团体，倡导高雅艺术，与"青年人"（莫洛德尼亚克）形成鲜明对比。"乌兹维沙"文学团体批判"青年人"（莫洛德尼亚克）组织对古典遗产虚无主义的态度，并十分注重民族性。A. 巴巴莱卡、Э. 比亚杜利亚等创始人备受瞩目。1927 年，"火焰"文学协会成立，由中老年作家组成，成员有 Я. 克拉斯、Я. 库帕拉等人，旨在平衡文学界的极端立场。1928 年，白俄罗斯无产阶级作家协会成立，致力于支持社会主义文化建设。

美术方面，白俄罗斯也取得显著成就，维捷布斯克成为艺术中心，汇聚了至上主义画家 K. 马列维奇和 M. 夏加尔等艺术力量：《与缪斯的自画像》（夏加尔，1918 年）《城市上空》（夏加尔，1918 年），雕塑家如 Э. 利西茨基、A. 格鲁别. 等人也在这一时期崭露头角，代表作有：海报《以红楔攻打白军》（利西次基，1920），《利尔尼克》（格鲁别，1925 年）和《红军战士》（格鲁别，1929 年）等。

二战后，白俄罗斯文化面临严峻挑战，纳粹入侵导致了不可弥补的损失。然而，即使在艰难时期，白俄罗斯的文化与教育活动在一定程度上继续开展。明斯克解放后，科研活动逐步重回正轨。A. P. 热布拉克这样的科学家仍凭借他们的才华和努力，在国际科研领域赢得了崇高的声誉。而在文学和艺术领域，爱国主义和英雄主义成为主流，如 И. 阿克雷姆奇克的《布列斯特要塞的防御》和 B. 沃尔克夫《明斯克，1944 年 7 月 3 日》等人的作品。音乐和电影艺术也记录了战争和战后的岁月，如《游击队员的孩子们》和《红叶》等。

20 世纪 50—80 年代，白俄罗斯经历了教育、科学与文化的转型，催生了一批具有批判性思维的新锐作家，如 A. 阿达莫维奇和 B. 贝科夫等，他们的作品深刻探讨了战争与现代性的复杂主题，如阿达莫维奇的《屋檐下的战争》《上战场的儿子们》等。在军事散文中，"战争中的人"成为主要主题，贝科夫的《高山谣》《鹤的呐喊》《第三枚火箭》等获得了普遍认可。伊·沙米亚金的小说《心在你的手掌心》《我来承受你的痛苦》等闻名遐迩。1981年，被授予社会主义劳动英雄称号。建筑艺术回归古典主义，纪念碑艺术达到高峰，而绘画风格则转向简洁明快，反映了历史与现代生活的交织。总之，这一时期，白俄罗斯的文化发展既展示了民族自豪感的提升，也经历了种种挑战与变革，为后世留下了丰富的文化遗产。

七、20世纪90年代以来现代文化的发展和国际化

社会民主化与国家主权的强化对文化与科学发展产生了深远影响。民族文化的底蕴是国家主权的基石，尤其是在文化去民族化背景下，20世纪90年代白俄罗斯文化复兴运动应运而生，强调了白俄罗斯语言在历史、民族文化和身份认同中的核心地位。

尽管经济波动曾导致文化投入相对较少，但20世纪90年代的白俄罗斯文化生活依然丰富多彩。A.姆季瓦尼和B.叶利扎里耶夫的芭蕾舞剧《激情》，以及E.格列博夫的歌剧作品，都为文化生活增添了亮点。剧院如库帕拉国立模范剧院通过历史剧作，如《维·库帕拉王子》，展示了对传统的挖掘和传承。

文学领域开始向历史、现代主义和后现代主义转向，新一代作家在融合传统与创新中取得了显著成就。沙依巴克的作品《圣诞节前夜的谋杀案》（1990年）和索科洛夫的作品《监狱的围墙附近总是一片光明》（1991年）等展现了独特的文学魅力。高等教育机构中的文学社团活跃，作家们关注历史叙事，如伊帕托娃的《普拉德斯拉瓦》和达内科的《维亚卡王子的剑》等作品。

现代题材作品聚焦现实，探讨道德议题，代表性的如贝科夫的《战争残酷的真相：一个步兵的回忆》，吉列维奇的《明媚的爱》等作通过文字表达公民意识和人文关怀。同时，文化保护工作得到重视，1993 年 5 月《历史文化遗产保护法》出台，众多博物馆和古迹成为国家的宝贵财富，如米尔城堡。

艺术和手工艺的复兴，以及私人剧院和非国有画廊的崛起，充分展现了艺术生态的多元化发展趋势。在绘画领域，白俄罗斯的艺术家们注重色彩的运用与创新。而在雕塑领域，艺术家们既继承传统，又积极探索新材料的应用。戏剧界迎来了私人剧院的崭露头角，电影艺术也呈现出多样化的特点。平面艺术教育体系日趋专业，同时雕塑传统也得到了有效的传承。

在建筑设计领域，现代建筑追求原创性和与环境和谐共生的理念，如明斯克残疾儿童康复中心和行政办公楼等建筑作品，都体现了这一特点。一些建筑在设计中汲取了俄罗斯传统元素，比如在设计东正教教堂时，广泛采用了 15—17 世纪俄罗斯东正教建筑的图案，并将其与现代风格相融合，形成了独特的艺术风格。此外，白俄罗斯在文化遗产保护、体育设施建设和纪念碑建设等方面也取得了显著的进步，为国家的文化繁荣和社会发展注入了新的活力。

纵观白俄罗斯的文化发展历程，白俄罗斯的艺术文化独具一格，经过几个世纪的积淀形成。这期间，人类最丰富的精神价值被代代传承，其中包括对善良与正义的崇高追求、对他人的尊重，以及对邪恶与暴力的坚决摒弃。在历史长河中，白俄罗斯因其独特的建筑艺术流派、音乐与文学作品而熠熠生辉。

《白俄罗斯共和国文化法典》明确了国家文化政策的主要方向，涵盖了文化活动的法律、组织、经济和社会基础。它规范了白俄罗斯文化财产的保护与发展，涉及历史、文化和考古遗产的法律关系，以及图书馆、博物馆业务、电影制作、民间工艺品、业余艺术团体等方面。该法典不仅有利于文化活动的组织与居民休闲娱乐的开展，更进一步激发了文化领域的创新与发展潜力。

2016—2020 年，白俄罗斯实施了《2016—2020 白俄罗斯文化国家计划》，旨在保护白俄罗斯人民的历史记忆、民族和文化特性及传统，激发公民积极参与国家文化生活，发挥创造潜力，并促进保护海外白俄罗斯人的民族和文化特性。

白俄罗斯的当代文化生活充满活力与多样性，艺术展览、音乐会、戏剧和电影节等丰富多彩的活动吸引了众多白俄罗斯本土游客和世界各地的旅游者。在文化领域，数千个国家组织活跃其中，包括 2 291 个俱乐部、2 241 个公共图书馆、156 个博物馆、52 个戏剧和娱乐组织（28 个剧院，23 个音乐会组织团体、2 个马戏团）、12 个公园、5 个动物园以及 12 所民间艺术指导中心等。[1]

值得一提的是，白俄罗斯成功保留了文化领域的完整教育体系，为培养文化人才奠定了坚实基础。这一体系包括 398 所儿童艺术学校、20 所中等专业教育机构和 3 所高等院校，为文化事业的发展提供了源源不断的人才支持。[2]

历史和文化遗产中，联合国教科文组织的世界文化和自然遗产名录收录了多个重要遗址。其中包括别洛韦日大森林 [3]、米尔城堡建筑群、涅斯维日的拉济维尔住宅建筑文化综合体和斯特鲁维测地弧。

同时，非物质文化遗产名录也收录了多项传统仪式，如塞梅热沃村的圣诞庆祝仪式"颂歌国王"、布德斯拉夫（明斯克州米亚岱尔区）举行的"布德斯拉夫节"圣像纪念活动以及波戈斯特村（戈梅利州日特科维奇区）

---

[1] 资料来源于白俄罗斯总统网。

[2] 资料来源于白俄罗斯总统网。

[3] 1991 年 12 月宣布苏联解体的有名的《别洛韦日协议》就在此签订。

的"尤里耶夫斯基圆舞曲"春季仪式等。

白俄罗斯共和国的国家历史和文化珍品清单列有 5 683 个文物，其中不乏具有世界意义的遗产，如戈梅利的宫殿和公园建筑群（公元 18—19 世纪晚期）、格罗德诺的鲍里索格列布斯卡娅教堂（12 世纪）、奥古斯托夫运河（19 世纪），以及众多防御型教堂等。[1]

截至 2023 年，白俄罗斯境内共有 67 座艺术纪念碑，2 226 处考古遗迹，1 839 处建筑遗迹，1 217 处历史古迹。[2]

综合来看，白俄罗斯文化在挑战与机遇中前行，凭借教育体系、信息技术发展和文化遗产保护，呈现出多元、繁荣的景象。2020 年，白俄罗斯担任独联体世界遗产保护基地组织专家委员会主席，其专家理事会在该年的工作重点是协调独联体国家在国际舞台上宣传优秀遗产的工作。随着白俄罗斯在国际舞台上的文化影响力不断提升，以及白俄罗斯在世界遗产保护和非物质文化遗产的保护中所做出的努力，展示出其深厚的历史文化底蕴。

第二节 风土人情

白俄罗斯民族以温和、友善、坚韧、热情、淳朴著称，这样的品质深深根植于其文化传统之中。

一、饮食

饮食文化是白俄罗斯文化的重要部分。白俄罗斯的饮食文化不仅是味

---

[1] 资料来源于白俄罗斯总统网。

[2] 资料来源于白俄罗斯总统网。

蕾的享受，更是历史、传统与地域特色的生动体现。丰富的农业资源滋养了白俄罗斯人的烹饪艺术，从立陶宛大公国时代的多元融合，到波罗的海、犹太和德国风味的交融，肉类逐渐成为节日餐桌上的主角，尤其是在梭子鱼、鲟鱼等河鲜的运用上。

农村菜肴简单纯粹，以本地新鲜食材为主，热食丰富，而贵族阶层的用餐更为精致和创新，如精致的带馅梭子鱼佳肴。随着历史变迁，苏联时期引入了乌克兰和高加索元素，至20世纪，小麦粉制品和各式沙拉渐入白俄罗斯菜谱，但土豆始终保持着核心地位，被誉为"第二面包"，用土豆制作的美食"德拉尼基"和酱汁浓郁的"马昌卡"等，都是备受喜爱的经典之作。

"德拉尼基"这一道深受白俄罗斯人民喜爱的传统美食，不仅是该国的代表性菜肴，更是其文化身份的象征。它以其纯粹的土豆质地而闻名，摒弃了过多的面粉，保留了土豆的原始风味。经典的享用方式往往伴有酸奶油，口感醇厚，令人垂涎。作为一道地道的配菜，"德拉尼基"常与白俄罗斯特色菜肴"马昌卡"相得益彰，共同构建出丰富而深厚的味觉体验。这种简单而又不失精致的菜肴，不仅满足了人们的口腹之欲，也承载了白俄罗斯人对于家乡味道的深深热爱与自豪感。

"马昌卡"这一源自白俄罗斯的独特美食，以其浓郁的民族韵味和丰富的口感在美食文化中独树一帜。它的名字源于其独特的食用方式，作为一种不可或缺的蘸料，常常与厚实的煎饼或薄饼搭配食用。"马昌卡"的独特魅力在于其创新的烹饪手法，通过运用剩余食材和临近保质期的材料，如肉类、香肠或排骨，将其融合成一道具有层次感的大杂烩。

值得一提的是，白俄罗斯人展现出了烹饪的灵活性，他们不仅制作经典的肉类"马昌卡"，还研发了素食版本，以蘑菇代替肉类，体现了高超的烹饪智慧，以及对传统美食的革新与传承。

在饮品方面，白俄罗斯的酒精饮品丰富，伏特加和斯比滕、克拉姆班布拉酒、祖布罗夫卡酒及辣根酒等，各具特色，历史悠久，深受民众喜爱。

作为传统饮品，蜂蜜酒见证了从古法发酵到工业化生产的历史变迁，现在是低度碳酸饮料，口感独特，与食物搭配广泛。蜂蜜酒曾是神圣饮品，而现代蜂蜜酒通过改良工艺普及。克拉姆班布拉酒结合了伏特加和香料，既有热饮也有冷饮。祖布罗夫卡酒源于野牛草的烈性酊剂，从森林猎户的餐桌上逐渐走向大众市场，生产技术和配方有所创新。

在今日的白俄罗斯，传统民族菜肴在餐厅里焕发新生，不仅保留了乡村风情，还再现了昔日贵族佳肴的风采。无论是在农庄还是旅游景点，游客都能品味到地方特色菜肴，如新鲜面包、肉肠、自制奶酪和水果蜂蜜甜点，深度体验白俄罗斯的饮食文化。在现代餐饮环境中，白俄罗斯菜肴与高加索、东欧其他地区和西欧的美食交融，变得更加丰富、美味、多元。

二、服饰

白俄罗斯民族服饰所蕴含的文化底蕴深厚且独特，已然演变成一种独具特色且引人注目的视觉象征。其发展历程受到多重因素影响，包括自然环境、气候变化、社会经济背景、民族传统以及跨文化交流等。作为民族身份的重要标志，民族服饰承载着集体记忆和世代传承的经验，它清晰地体现了民族特色、社会阶层、历史时代和地域特色。在日常生活中，民族服饰扮演着多重角色，如区分性别、年龄、社会地位，以及在各类仪式场合中彰显其重要性。

白俄罗斯服饰的起源可追溯到与乌克兰和俄罗斯民间服饰的交融，同时亦受到立陶宛和波兰传统服饰的影响。其独特之处在于将实用性与艺术性巧妙地融为一体。尽管白俄罗斯领土相对狭小，但其各地的服饰却呈现出丰富多样的特点。

历经数个世纪的沉淀，白俄罗斯传统服饰在 19 世纪末至 20 世纪初达到成熟阶段。其艺术风格突出体现在繁复的装饰，如袖口、衣领、围裙和头饰上的刺绣、编织、蕾丝和贴花等技艺。服饰的剪裁、材质、制作工艺以及染色技术，都是古老传统的延续。此外，在白俄罗斯人的传统服饰中，腰带具有举足轻重的地位，它是一种多功能且不可或缺的服饰配件。作为服装的组成部分，它不仅在日常生活中发挥着各种作用，还承载着丰富的象征和礼仪意义。

这种传统服饰与白俄罗斯人的生活方式紧密相连，深深烙印在他们的日常之中。直到 20 世纪初，男女服装依然保持着传统风貌，男装如宽松衬衫、长裤和无袖外套，女性则有绣花衬衫、各式裙子和丰富的头饰。

白俄罗斯女性服饰向来以多样化和丰富性著称，夏季轻薄透气，冬季厚重保暖，体现了女性对于服饰的精致追求和独特审美。头饰作为一种重要的装饰元素，不仅承载着礼仪的意义，更是女性年龄的显著标志。刺绣作为服饰设计的核心要素，既传承了古老的几何图案，又融入了鲜艳的植物花卉元素，使得女性服饰在现代审美中焕发出新的生机与活力。

现代社会中，白俄罗斯传统服饰元素被广泛应用于广告和时尚设计中，赋予民族文化现代表达。女性在不同场合展示着多样化服饰，如工作装、节日装扮和产后服饰，而刺绣技艺作为民族遗产，赋予现代服装深厚的文化底蕴和优雅气息。

三、节庆

在苏联解体后，新生的白俄罗斯面临着一项艰巨的文化融合任务，其目标在于构建一个既能彰显民族传统，又能适应独立国家特性的节日体系。白俄罗斯人民对节日的热爱始终如一，无论是世俗节日还是宗教节日，都在他们的日常生活中扮演着重要的角色。

　　白俄罗斯的节日丰富多彩，既涵盖了国家层面的重要纪念日，也包含了宗教、社会及职业方面的庆祝日。在国家层面，有宪法日（3月15日），用以纪念共和国宪法的颁布；俄白民族团结日（4月2日），见证白俄罗斯与俄罗斯悠久的历史联合；胜利日（5月9日），用以纪念抵抗纳粹的辉煌胜利；独立日（7月3日），庆祝国家的独立；国徽和国旗日（5月第二个星期日）等，彰显国家的尊严与荣耀。

　　在宗教领域，白俄罗斯人庆祝圣诞节（天主教为12月25日，东正教为1月7日）和复活节等重要节日，体现了其信仰的多元性。

　　社会节日方面，新年（1月1日）、祖国保卫者和武装力量日（2月23日）、家庭日（5月15日）和母亲节（10月14日）等节日，旨在强调家庭的价值与温馨；青年节（6月最后一个星期日）和老人节（10月1日）则致力于促进社会各年龄层的交流与互动。

　　职业节日方面，白俄罗斯不忘对各行各业人民的辛勤付出表示敬意，军人的伞兵节（8月2日）、坦克兵节（9月第二个星期日），以及国际主义战士纪念日（2月15日）等，均是对职业精神的赞美与传承。

　　此外，还有一些具有深刻纪念意义的节日，如切尔诺贝利悲剧日（4月26日）和阿富汗战争撤军纪念日（2月15日），这些节日提醒着人们铭记历史，汲取教训，不断前行。

　　白俄罗斯的节日并非仅仅是一系列丰富多彩的庆祝活动，它们构成了国家身份认同的核心要素，并且鲜明地反映出社会内部的和谐氛围与团结精神。新年、妇女节、劳动节、十月革命日等公历节日与民间节日如伊万·库帕拉日等，共同构建了白俄罗斯丰富多彩的文化景观。值得注意的是，虽然有多个节日，但只有8个法定假日，包括新年、圣诞节、妇女节、拉多尼察节 [1]、劳动节、胜利日、独立日和十月革命日，这些节日成为民族

---

[1] 白俄罗斯、俄罗斯等地区的纪念祖先的日子，相当于中国的清明节。

自豪感和团结的象征。[1]

第三节 文化名人

几个世纪以来，白俄罗斯丰饶的土壤孕育出了一批批卓越人才，他们在全球舞台上熠熠生辉，对人类文化遗产产生了深远影响。这些杰出人物，无论身处何方，始终心系故土，以实际行动推动了本国乃至世界的进步，他们的贡献与传奇故事至今仍被世人铭记。

一、叶夫罗西尼娅·波洛茨卡娅

叶夫罗西尼娅·波洛茨卡娅（约 12 世纪初至 1167 年），出身于大公弗谢斯拉夫·布里切斯拉维奇家族，以其早慧闻名，专注于抄写与翻译神学文献。作为她所处的那个时代的教育先驱，她被尊奉为白俄罗斯的精神象征，推动了教育与和平事业的发展。

叶夫罗西尼娅将一生献身于慈善事业。她慷慨解囊，资助教堂建设，并创建了男女双修道院。这些修道院不仅提供了宗教修行的场所，还配备了学术设施，如图书馆、学校，以及涵盖圣像画作与珠宝制作等多个领域的艺术工坊。叶夫罗西尼娅的善举无疑为当地的宗教、教育和艺术发展做出了重要贡献。1161 年，她委托名匠拉扎尔·博格沙打造的六角十字架，成为白俄罗斯国宝，可惜在二战期间不幸失落。1167 年 5 月 25 日，叶夫罗西尼娅在耶路撒冷去世。

---

[1] 资料来源于白俄罗斯总统网。

即使在动荡中，叶夫罗西尼娅仍坚守启蒙使命。人们用各种方式纪念她，明斯克的纪念碑，以及白俄罗斯国立大学和波洛茨克市中心广场的雕塑，都是对她的永久致敬。

二、弗兰齐斯克·斯科里纳

弗兰齐斯克·斯科里纳（约1490—约1551），这位文艺复兴时期的全才，集哲学家、教育家、作家与科学家于一身，诞生在白俄罗斯波洛茨克这个当时的学术重镇并崭露头角。斯科里纳以出版《诗篇》（1517年）闻名世界，他在布拉格开创的印刷厂仅两年即推出23部装帧精美、附有彩图和他个人注解的《圣经》。16世纪20年代，他移居维尔纳，创办了立陶宛首座印刷厂，发行的包括日食日历与占星术内容的"小旅行书"以其卓越的工艺和书籍品质著称。斯科里纳的手抄本书籍对白俄罗斯的文化传承影响深远，他的印刷成就至今仍被铭记。明斯克国家图书馆和波洛茨克的纪念碑见证了他作为书籍艺术先驱的不朽贡献。他的名字成为那个时代科学与艺术的象征。

三、雅库布·科拉斯

雅库布·科拉斯（1882—1956），被誉为"人民诗人"，荣膺白俄罗斯国家科学院院士。他的文学生涯始于20岁尼亚斯维日师范学院毕业后在平斯克地区任教期间。1906年，其诗歌处女作《故乡》问世。一战后，他致力于科研与文学创作。库拉斯的著作丰富多样，包括诗集、散文集、小说和其他抒情作品。他擅长描绘乡土自然，深入洞察农民心理，对普通人的日常生活进行真实而细腻的刻画，因而深受读者喜爱。

维捷布斯克的戏剧院就是以这位诗人的名字命名的，平可维奇村的博物馆和明斯克的国家文学和纪念博物馆也展示了大量关于这位白俄罗斯诗人生平和作品的展品，供人们了解和学习。

四、扬卡·库帕拉

扬卡·库帕拉（1882—1942），本名伊万·卢采维奇，是白俄罗斯文学巨匠，诗人、翻译家、政论家及剧作家。他的创作被誉为国宝，获"人民诗人"的殊荣，同时担任白乌两国科学院院士。1941 年，库帕拉因文学成就卓著荣获斯大林一等奖。[1]

生于贵族家庭的库帕拉在艰苦环境中成长，即便劳作繁重，仍坚持自学。1908—1909 年，他在维尔纳的"我们的田野"报社任职，后赴圣彼得堡和莫斯科深造，直至一战爆发。库帕拉的作品深刻描摹了战争与革命的轨迹，展现了个体与国家命运的交织。他的创作风格集象征主义、新浪漫主义以及社会主义现实主义之精髓，如他用白俄罗斯语创作的诗歌《我的命运》。

库帕拉的贡献被永久铭记，首都明斯克设有国家诗人纪念碑。1945 年，扬卡·库帕拉国家文学博物馆在明斯克成立，并在多个村庄设立分馆，在维亚琴卡村还设有家庭博物馆。

---

[1] 斯大林奖是根据 1939 年 12 月苏联人民委员会决议设立的一项奖，旨在鼓励科学技术发明和文学艺术创作。从 1941 年起开始颁发，一年一次。由有关单位和各方面的著名人士组成委员会，对已提出的候选人进行评选，在十月革命节时颁发。

五、斯维特兰娜·亚列山德罗芙娜·阿列克谢耶维奇

斯维特兰娜·亚列山德罗芙娜·阿列克谢耶维奇生于1948年，是白俄罗斯的一名杰出作家和记者。她出生于乌克兰西部的斯塔尼斯拉夫市（今伊万诺–弗兰科夫斯克市），随后全家迁往白俄罗斯戈梅利州定居。2000年，她迁居法国巴黎，但2013年后又返回白俄罗斯首都明斯克居住。

阿列克谢耶维奇于1972年毕业于白俄罗斯国立大学新闻系，随后在州立报社《农村报》工作至1976年。之后，她加入了文学杂志社"涅曼"，并于1984年开始了个人的写作生涯。她的主要作品包括《战争的非女性面孔》《最后的见证人》《锌皮娃娃兵》《切尔诺贝利的祈祷》和《二手时代》等。这些作品深刻揭示了社会灾难和个人苦难，展现出强烈的人道主义情怀和忧患意识。她的作品已被翻译成50多个国家的文字并广泛出版，多次荣获苏联和其他国家的重要文学奖项。2015年，阿列克谢耶维奇荣获诺贝尔文学奖，成为白俄罗斯历史上首位获此殊荣的作家。

第三章 教育历史

白俄罗斯的教育发展历程与其民族文化和国家建构紧密相连，形成了自己独特的教育风貌。在白俄罗斯的历史中，东斯拉夫文化与拜占庭文化相互交融，多神教向基督教传统的转变，对白俄罗斯的语言文字、教育体系以及文化传播产生了深远影响。

9世纪下半叶，基里尔与梅福季兄弟为斯拉夫民族创造了格拉戈里字母，并在此基础上发展出了纪念基里尔兄弟的基里尔字母。这一创新对10世纪东正教在东斯拉夫地区的广泛传播产生了深远影响，并对白俄罗斯的教育思想产生了深远影响。因此，这一事件成为白俄罗斯民族文化繁荣的重要源泉，不仅为民族文化的传承提供了新的载体，且随着基里尔字母的广泛应用，白俄罗斯地区的读写能力得到了显著的提升，极大地推动了该地区教育的普及，强化了民族认同感和自豪感。

自10世纪末起，位于现今白俄罗斯境内的修道院与教堂便开始承担起教育的重要职责。12世纪，波洛茨克公国的公主叶夫罗西尼娅·波洛茨卡娅，在教堂内创立了一个图书教育中心，致力于出版手抄本的《圣经》以及其他经典宗教著作。同期，许多修道院和主教堂都设有手稿出版机构，并且附带有启蒙识字学校以及传授科学知识的场所。这些早期的教育中心可视为白俄罗斯教育历史的开端。

第一节 历史沿革

在白俄罗斯现今疆域内，人类活动的历史可追溯至公元 10 万年至 4 万年前。[1] 随时间的推移，这片土地上逐渐孕育出丰富的部落文化。6—9 世纪，伴随着社会的持续演进，原始氏族公社制度逐渐瓦解，而早期阶级社会的崛起与社会分工的细化，深刻地改变了东斯拉夫人的教育格局。教育的核心功能、既定目标、教授内容及传授形式，在不同社群中开始呈现出显著的差异性，其重心日渐向家庭内聚拢。在此过程中，启蒙教育逐渐失去了其普遍性，转而成为精英阶层的专属。尤其值得关注的是，东斯拉夫人部落联盟实现了统一，原本分散的部落凝聚成一个整体的古罗斯民族，进而催生了封建制的基辅罗斯国家。此时期，克里维奇、德列戈维奇以及拉季米奇等部落，在白俄罗斯的地域内繁衍生息。这些部落在相当长的一段时间里，维持着自身的政治组织架构——公国，并拥有独立的领袖与武装力量。[2] 然而，随着历史的推移（9—10 世纪），它们陆续被纳入基辅罗斯的版图。

一、前基辅罗斯时期的教育（6 世纪至 882 年）

前基辅罗斯教育，特指 6 世纪至基辅罗斯国家形成期间（882 年）东斯拉夫人所接受的教育，可划分为两个阶段：首先是父系氏族公社时期的氏族教育，其次是父系氏族公社解体阶段的家庭教育。氏族教育深受氏族习俗影响，教育主体根据氏族血缘关系确定，以成年人的引导和指导为核心，传授生活与生存的基本知识、经验和技能。7 岁之前，儿童主要由母亲看管，

---

[1] 科瓦列尼亚. 白俄罗斯简史 [M]. 赵会荣，译. 北京：社会科学文献出版社，2016：1.

[2] 科瓦列尼亚. 白俄罗斯简史 [M]. 赵会荣，译. 北京：社会科学文献出版社，2016：13.

母亲承担其教育。7 岁后儿童开始接受氏族教育，主要由亲族内的其他夫妇进行，研究者把这一教育形式称为"库莫夫斯特沃"（即干亲[1]）。亲族内被选中的男性教育者被儿童称为"库姆"（кум），是儿童的教育的主要承担者。12 岁后的少年被视为成年人，需在氏族里进一步接受全面教育。随着父系氏族公社的解体，家庭教育逐渐取代氏族公育，教育目的和内容因社会阶层而异。……总体而言，前基辅罗斯的教育以非正式、无文字记录及口述传授为特点。[2]

基辅罗斯国家成立后，推行教育成为国家治理的重要内容，东正教的引入为教育实施提供了契机，大公将教育任务委派给东正教，以教会及其组织为载体推行学校教育。

二、基辅罗斯时期至沙俄帝国前的教育（9 世纪末至 18 世纪末）

（一）白俄罗斯学校教育的萌芽时期（9 世纪末至 13 世纪）

随着东正教会的发展，加之教会拥有丰厚的经济基础[3]，教会开始在基辅罗斯境内兴建教堂。教会以主教堂（主教区主教办公、举行宗教仪式、

---

[1] 由于在父系氏族公社大家庭中，对于亲戚的界限划分不是很明显，对于每一个成员来说彼此都是亲戚。因此，在"库姆"选择上东斯拉夫人采取就近原则，从氏族内部离自己居所最近的邻居中选择。

[2] 曹文明. 基辅罗斯时期教育研究 [D/OL]. 长春：东北师范大学,2016: 21. [2024-07-11] https://kns.cnki.net/kcms2/article/abstract?v=UjEBX92ALNGCjeJ8jtXpG8qxFPgz3rVGvCz1w6xzheNg4-Oi47t5mUkz__bDE-NPwjd0pCNm8IYcusy4R4PaD-xEZbXkAeNTFAO8QOB824cnwnY4jGgasVtIRFU_UQ97Q9q01A14-uKgrdcTMpNMVcMH-c1-mwcsI10x9DlZ87jk3aVJrfrsRA==&uniplatform=NZKPT.

[3] 在基辅罗斯时期，东正教会的经济主要来源是"什一税"。弗拉基米尔一世引入东正教后，第二年下令在基辅建设圣母升天大教堂（又称"什一教堂"，创建时间为 989—996 年）。竣工以后，弗拉基米尔一世下令以其所征收税收的十分之一作为该教堂的经费。这一政令以文本誓约的形式保存在圣母升天大教堂里。为东正教会带来了丰厚的经济来源。

教导信徒的教堂，又称主教教堂）为场所创办学校，实施教育。东正教早期的教堂主要是由世俗政权出资兴建的，这些教堂是御用的，是供大公及封建贵族举行宗教仪式的地方。后期，教会开始出资兴建教堂，教堂在基辅罗斯各主教区兴建起来。"孩子们来教堂接受教育。这里的教学分为两种类型：其一是专门培养教会人才；其二是培养世俗人才。这些学生学完规定的知识和课程后，他们不必再学专门用于培养教会人才的课程。他们也不必从事教会事业。但这两种学生均要学习阅读、拼写和识字、唱诗等基本课程。"[1]

随着东正教推行的深化，修道院制度被引入到基辅罗斯，修道生活兴起。在教会的支持下，修道院在基辅罗斯各大城市修建起来。东正教会以修道院为场所创办修道院学校，修道院学校是教会实施教育的又一股中坚力量。早期的修道院主要是由封建王公出资修建的。修道院兴建选址多位于人口集中和经济实力较强的城市。随着修道院的出现，修道院成为教育和文化的传播中心。

9—13世纪是白俄罗斯学校教育的萌芽阶段。这一时期是白俄罗斯的波洛茨克与图罗夫公国时期。根据文献记载，11—13世纪，白俄罗斯已拥有35座城镇，其繁荣的经济活动，包括城镇建设、手工业进步以及活跃的贸易往来，催生了教育需求的显著增长。基督教文化的广泛传播，对教育启蒙运动的发展也起到了重要的推动作用。

在当时的文化领域，修道院的成员与王室宫廷的贵族均扮演着举足轻重的角色。他们不仅致力于创建学校和图书馆等关键的文化设施，更为文化传承做出了巨大贡献，通过培养一批专业的书籍抄写人员，为后世留下了丰富的文化遗产。通过考古发掘及文献记载，我们可以清晰地看到当时社会各界对学习知识的重视。无论是在维捷布斯克和姆斯季斯拉夫尔地区

---

[1] ВЫСОЦКИЙ С. А. Средневековые надписи софии киевской: По материалам граффити XI-XVIIвв[M]. Киев: Наукова думка, 1976: 42.

出土的年鉴、桦树皮文书，还是 11 世纪图罗夫的珍贵手抄本福音书，抑或是建筑遗址上的碑铭文字，都充分证明了当时无论是王公贵族还是普通民众，都具备一定的读写能力。

据史料记载，修道院学校的教育体系包含两类学生：首先是"内部生"，他们是未来教会人员、修士和宗教领导者的潜在候选人，这类学生在修道院内食宿；另一类是"外培生"，他们在完成学业后无需为教会或其组织服务，可自由选择离开修道院，投身世俗领域。这两类学生虽居住情况不同，但都需要学习基础知识，如教会斯拉夫语、斯拉夫语的阅读和书写等。除此之外，他们还需掌握教会神职人员的基本技能，包括教会祈祷和礼仪等方面的知识。完成这一阶段的学习后，"内部生"会进一步接受更高级的知识教育，涵盖"七艺"[1]、哲学、神学等领域。[2] 修道院制度确立后，创办学校和实施教育成为其一项重要职责。修道院因此成为培养教会和世俗人才的摇篮，更是基辅罗斯教育文化传播的核心阵地，为推动基辅罗斯教育事业的发展作出了卓越贡献。[3] 具体到白俄罗斯地区，这一时期波罗茨克公国的索菲亚大教堂及救世主变容教堂，男、女修道院及图罗夫公国的修道院等，均设有图书馆、学校、经文室，是当时白俄罗斯地区的主要教育文化传播中心。

此外，波洛茨克公国主动与西方国家及拜占庭帝国构建了商贸纽带及文化交流桥梁，这无疑为白俄罗斯本土教育体系的建立与完善注入了新的

---

[1] 是七门课程，包含"三科""四学"，合称"七艺"。"三科"：文法、修辞、辩证法。"四学"：算术、几何、天文、音乐。

[2] 曹文明. 基辅罗斯时期教育研究 [D/OL]. 长春：东北师范大学，2016：21. [2024-07-11]. https://kns.cnki.net/kcms2/article/abstract?v=UjEBX92ALNGCjeJ8jtXpG8qxFPgz3rVGvCz1w6xzheNg4-Oi47t5mUkz__bDE-NPwjd0pCNm8IYcusy4R4PaD-xEZbXkAeNTFAO8QOB824cnwnY4jGgasVtIRFU_UQ97Q9q0lA14-uKgrdcTMpNMVcMH-c1-mwcsI10x9DlZ87jk3aVJrfrsRA==&uniplatform=NZKPT.

[3] 曹文明. 基辅罗斯时期教育研究 [D/OL]. 长春：东北师范大学，2016：75. [2024-07-11]. https://kns.cnki.net/kcms2/article/abstract?v=UjEBX92ALNGCjeJ8jtXpG8qxFPgz3rVGvCz1w6xzheNg4-Oi47t5mUkz__bDE-NPwjd0pCNm8IYcusy4R4PaD-xEZbXkAeNTFAO8QOB824cnwnY4jGgasVtIRFU_UQ97Q9q0lA14-uKgrdcTMpNMVcMH-c1-mwcsI10x9DlZ87jk3aVJrfrsRA==&uniplatform=NZKPT.

动力，进一步推动了地区文明的发展与进步。

（二）白俄罗斯学校教育的发展时期（13 世纪下半叶至 18 世纪末）

13 世纪下半叶至 1569 年立陶宛大公国统治时期，白俄罗斯语作为官方语言之一，在编年史和外交文件中得到了广泛的运用。尽管当时的教育启蒙运动主要由教会主导，但教会并未完全垄断教育领域。在这一阶段，宗教文献与世俗文献均得到了相应的丰富。

14 世纪起，随着天主教在白俄罗斯的传播，天主教教堂与学校体系开始建立和完善，小学教育涵盖了基础读写、算术以及祷告教学。城市中的三年制天主教大教堂学校如维尔纽斯、波洛茨克、布列斯特和明斯克等地的学校，则进一步教授语言文学（拉丁语、波兰语、希腊语）、算术、语法及音乐。同时期兴起的克拉科夫大学成为科学文化中心，对立陶宛大公国教育产生了深远影响。

16—17 世纪，白俄罗斯的教育启蒙运动及其思想体系，在一个多元文化及宗教并存且时常发生冲突的环境下逐渐形成。这一过程受到了多种宗教的影响，其中包括罗马天主教、新教（特别是加尔文派）、东正教等。因此，学校按照不同教派分化为拉丁学校、天主教学校、新教学校、联合教派学校以及兄弟会学校等。天主教地位的提升、教会间的对抗以及民族主义情绪的增长，共同塑造了这一时期的多元教育格局。

16 世纪 20—60 年代，宗教信仰的包容性呈现出逐渐增强的趋势。尽管天主教在这一时期得到了一定的支持与发展，但东正教在当地精神生活中仍然占据主导地位，并持续发挥着深远的影响。新教特别是加尔文主义在白俄罗斯迅速传播，但在 16 世纪中期内部发生分裂，阿里安派从加尔文派中分离，创建了自己的学校。

《卢布林联盟条约》[1] 于 1569 年所订立，据此条约，波兰与立陶宛结成联邦，此举促成波兰化政策的推行并导致白俄罗斯语的地位降低。至 16 世纪末，东正教会与天主教会为解决宗派纷争及巩固国家政权，缔结了联合协议，创设了联合教会。然而，信徒的反对声音促使教会创设新的传教士培训机构及面向基层民众的联合学校，以应对挑战。

18 世纪初，罗马天主教会内创立了一所仿照耶稣会模式的免费学校。该学校因其高质量的教育服务而备受贵族阶层的青睐。至 18 世纪中叶，波兰人卡纳尔斯基对波兰立陶宛联邦的（白俄罗斯的所有领土此时位于波兰立陶宛联邦）天主修道会学校（皮亚尔学校）进行了改革，并出版著作阐释了学校的规章制度、教学方法和课程内容，强调学科的实用性和多样性。

18 世纪 70—90 年代成立的波兰立陶宛联邦教育委员会对当时的教育系统进行全面改革，试图去除教会对学校的影响，推行无阶层差异且世俗化的教育制度，强化自然科学、数学以及人文学科的教学。尽管委员会在这段时间内设立了若干所学校，但由于师资匮乏、内部矛盾重重以及保守势力的反对，新的教育章程未能彻底落实，尤其是在女性受教育权的问题上未能涉及。最终，由于波兰-立陶宛联邦的三次分割，上述教育改革计划未得到充分实现。白俄罗斯被并入沙俄帝国，自此开启了其教育启蒙运动的新篇章。

白俄罗斯在并入沙俄帝国之前的教育发展历程充分展示了文化多样性和宗教多元化的特点。这种多样性和多元化不仅为白俄罗斯的教育体系带来了丰富的内涵和活力，也为其后来的发展奠定了坚实的基础。尽管历史上的各种政治变革和外部因素对教育体系产生了一定的冲击和改变，但白俄罗斯的教育事业始终保持着对知识和文化的追求，这种教育传统值得尊重和传承。

---

[1]《卢布林联盟条约》又称卢布林联合（立陶宛语 Liublino unija；波兰语 Unia lubelska）是在 1569 年 7 月 1 日成立的一个共主邦联。随着卢布林联合的成立，波兰立陶宛联邦诞生。立陶宛大公国与波兰王国两国合并。

三、沙俄帝国时期到苏联时期的教育（18 世纪末至 20 世纪 80 年代末）

（一）白俄罗斯地区学校教育的改革阶段（1795—1917 年）

18 世纪末，随着波兰-立陶宛联邦的解体及沙俄帝国、普鲁士和奥地利三国对其领土的瓜分，白俄罗斯地区被纳入了沙俄帝国版图。面对财政资源匮乏、师资力量不足以及缺乏适应新教育体系的教材等问题，沙皇政府并未立即废除白俄罗斯原有的教育结构，而是采取了一种渐进式的改革策略。叶卡捷琳娜二世为此设立了一个公立学校组织委员会，并于 1786 年批准实施《俄罗斯帝国公立学校章程》。据此，波洛茨克省与莫吉廖夫省的部分城镇开始设立四级体制的五年制公立学校，同时开办两年制的小型公立学校。这些学校打破了年龄、性别、宗教和社会背景的限制，向城市居民广泛开放，课程设置包括但不限于宗教、俄语语法、俄罗斯历史、俄罗斯地理、通史、算术、几何、物理、机械学、自然史、建筑学、外语（拉丁语、古希腊语、波兰语）和绘画等，其中宗教教育占据较大比重。圣彼得堡师范学院则负责为这些公立学校培养教师队伍。此外，沙俄政府高度重视教科书供应问题，在 18 世纪末将 1.7 万余种由俄罗斯出版商出版的教科书运送至白俄罗斯，并且允许继续使用部分来自波兰立陶宛联邦时期的科学类教材。[1] 自 19 世纪初开始，白俄罗斯境内已建有 45 所教育机构，这些机构包括专科学校、寄宿学校以及各级中小学校，共计接纳了超过 5 000 名来自贵族、市民及农民家庭的学生。[2]

亚历山大一世统治时期（1801—1825 年），白俄罗斯教育体系经历了最为显著的发展阶段。通过一系列关键性改革（如 1803 年、1807 年及 1828 年

---

[1] 资料来源于利达历史艺术博物馆官网。

[2] 资料来源于利达历史艺术博物馆官网。

的教育改革），原本较为零散的教育系统得以系统化整合。1803 年，所有白俄罗斯的教育机构并入维尔纽斯教育区，直接受维尔纽斯大学管理。随后，维捷布斯克州和莫吉廖夫州的学校及文科中学经历短暂隶属于圣彼得堡教育区，最终形成了独立的白俄罗斯教育区，覆盖了明斯克、维尔纽斯和格罗德诺省的各类教育机构。

根据 1803 年颁布的《维尔纽斯大学及其地区学校章程》，白俄罗斯建立起一套完整的教育层级体系，包括小学、县立学校、（文科）中学、教区学校以及女子教育机构，原有的教育机构亦经过调整改造，归入维尔纽斯教育区管理，并改造成古典七年制文科中学 [1]。这一系列举措标志着白俄罗斯教育体系逐步实现了规范化与专业化。

沙俄政府重视西部省份高等教育发展。1812 年，在戈利岑亲王支持下，波洛茨克耶稣会学院转型为大学级学术机构。学院设有神学系、哲学系和语言艺术系，涵盖神学、哲学、法学、历史、外语及艺术等多个领域。这一杰出的教育机构，不仅有效地管理了白俄罗斯境内的耶稣会教育网络，其影响力更是遍及整个俄罗斯帝国的同类教育机构。学院依托的教育资源颇为丰富，其中包括一座藏有大量珍贵文献的图书馆以及自主运营的印刷厂，旨在确保必要的教育材料和学术著作能够及时编撰、印刷并广泛传播。尽管波洛茨克学院仅存在了 8 年，但其在推动白俄罗斯地区教育现代化进程中所发挥的关键作用却不容忽视。该学院对当地民众的知识体系构建和价值观塑造产生了深远且重大的影响，为后来教育事业的蓬勃发展奠定了坚实的基础。

基于"维尔纽斯主校"的坚实基础，维尔纽斯帝国大学于 1803 年建立，这所大学在白俄罗斯教育历史上占据重要地位。其章程仿照俄罗斯大学模

---

[1] 在白俄罗斯学制为 7 年的古典文科学校，如斯卢茨克文科学校，教授以下科目：初级班教授阅读、写作、计算，并开始学习拉丁语；中年级主要学习逻辑学、修辞学、历史、古代作家作品研究、诗学和数学；在高年级，语言学习与逻辑学和修辞学相结合。经过 7—8 年的学习，学生们可以用拉丁语写诗。文科学校之所以被称为古典学校，是因为它是一所人文主义的古典式教育机构。语言学科被认为是主要科目，其他科目不太受重视。

式，并加入神学院作为其特色。大学结构完备，包括物理数学、人文、医学及道德政治科学四个学院。大学理事会负责关键事务，如校长、院长及教授的选拔。

维尔纽斯帝国大学不仅是俄罗斯帝国西部地区的学术核心，更是科学和教育的重要枢纽，众多国际著名科学家如 И.巴雅努斯、И.弗兰克、И.达尼洛维奇、И.列弗莱克、Ю.亚罗舍维奇、И.阿纳切维奇等人曾在此执教。大学配备了一系列先进的教学设施，如植物园、动物博物馆、医学研究所、兽医学研究所、农学研究所、大型图书馆及天文台。

在 1830—1831 年的波兰起义后，维尔纽斯大学因涉及宣传叛乱思想而被关闭，仅医学、外科学院和天主教神学院短暂运营。此事件引发白俄罗斯教育变革，天主教神学院被关闭，教学语言转为俄语，全面推行俄罗斯化。新时期教育政策对教学大纲进行限制，侧重神学、《圣经》和习字学习，禁锢自然科学和政治学科。

为了弥补本土教育资源的不足，政府采取措施，以优厚待遇吸引圣彼得堡和莫斯科大学的毕业人才（尤其是白俄罗斯籍）前往白俄罗斯从事教育工作。同时，诸如维捷布斯克师范学院等本地师资培训机构开始兴起，旨在培养本地居民成为合格教师。随后，多个城市如莫洛德奇诺（1864 年）、涅斯维兹（1875 年）、斯维索洛赫（1876 年）以及波洛茨克（1872 年）等地均设立了师范学院。

19 世纪上半叶，白俄罗斯逐步建立起专注于职业教育的专业教育机构。1839 年，莫吉廖夫州的高尔基村建立了一所农业学校，旨在培养掌握现代农业技术和管理的人才，并于 1848 年升级为高尔基农业学院，专注于种植业、林业及畜牧业等领域研究，成为俄罗斯早期同类教育机构的典范。

19 世纪中叶，白俄罗斯教育体系重组。1850 年，旧教育区结束，维尔纽斯教育区接管明斯克、格罗德诺、科夫诺等州的教育机构，维捷布斯克州和莫吉廖夫州则归属圣彼得堡教育区。此时，底层儿童入学率上升，小学数量增多，各类学校学生构成不同，反映了社会阶层对教育资源的不同需求。

20 世纪初，白俄罗斯的学校、工艺学校和文科中学得到显著发展，尽管如此，仅约 20% 的适龄儿童才有机会在这些学校接受教育。[1] 这反映出教育机会的不平等现象，底层民众尤其是农民子弟被剥夺了接受正规教育的权利。

在沙俄统治时期，从整体上看，白俄罗斯的教育水平仍然相对滞后，大部分居民仍处于文盲状态，尤其是农村地区的居民。然而，在这样的困境下，白俄罗斯人民对教育的渴望愈发强烈。

（二）白俄罗斯地区学校教育的普及阶段（20 世纪上半叶至 20 世纪 80 年代末）

1917 年十月革命带来了深刻的社会变革，彻底颠覆了沙俄时期白俄罗斯的教育体系。在新生苏维埃政权的领导下，为构建社会主义国家，白俄罗斯针对教育制度进行了深刻而全面的改革：废除了旧有的不平等教育机构，进而创立了全民免费的新型学校体系。这一体系秉持学生自治的理念，摒弃了等级划分、证书依赖和传统考试等束缚，使教育更加公平、开放和包容。同时，白俄罗斯也简化了高等教育入学流程，为更多有志于求学的青年提供了便利，进一步推动了社会主义教育事业的蓬勃发展。

面对当时普遍存在的文盲问题，苏维埃政府在白俄罗斯发起了大规模扫盲运动。1919 年底成立的特别委员会负责创建成人学校与扫盲中心，并将此模式推广至共和国所有地区。广泛动员包括教师、文化工作者、红军指战员、党员、团员在内的社会各界力量参与扫盲工作，通过宣传和制定

---

[1] КОВАЛЕВА Т. Л. Социально-философские проблемы женского образования в Беларуси в начале XX века[J]. Научные труды республиканского института высшей школы, 2017(16): 252.

必要的惩罚措施确保扫盲行动的有效实施。

然而，仅靠扫盲措施不足以构建完善的教育体系。据此，苏维埃当局根据《苏维埃俄罗斯社会主义联邦共和国统一劳动学校条例》（1918 年）及立陶宛和白俄罗斯相关法令（1919 年），在白俄罗斯推行九年制免费劳动学校制度，分设为五年制初级阶段和四年制高级阶段，实行男女同校且无考试与家庭作业的规定。

虽然受到苏波战争的影响，但教育改革并未停滞。战后，针对初等和中等教育阶段的调整持续进行，虽然一度出现了七年制学校的设置，导致部分青少年在完成学业后无法直接进入高等教育机构，但是这一问题通过增设两年制课程的劳动学院得以缓解，为青年提供进一步深造的机会。

1926 年，苏维埃社会主义共和国最高苏维埃通过了一项决议——关于对 8—15 岁儿童《实行全民义务教育》的决议——确立了 8—15 岁儿童的义务教育制度，农村地区实行初级教育，城市则设立七年制学校，并以四年级制小学为主要载体。至 20 世纪 20 年代末，白俄罗斯已拥有 5 000 多所此类学校 [1]，并在地区文化部门设置了公共教育督学以优化管理和教学指导。随着义务教育的普及，师资短缺问题凸显，为此各地设立了师范学院以培养小学和学前教育师资力量，但鉴于实际困难，部分学院转型为教育技术学校，并开设夜校以更高效地输送合格教师。

同一时期，白俄罗斯高等教育机构网络逐步建立。1919 年，戈里-戈列茨基农业学院恢复运营，后合并为白俄罗斯国立农业学院。1921 年，白俄罗斯国立大学成立，起初设有社会科学、医学和劳动系，次年增设师范系，涵盖多个专业。在首任校长皮切特教授的引导下，1924 年维捷布斯克兽医学院成立，高等教育结构得以进一步完善。

20 世纪 30 年代初，白俄罗斯境内的高等教育体系经历了一系列深刻变

---

[1] 资料来源于明斯克新闻网。

革。当时有三所主要的高等院校——白俄罗斯国立大学、白俄罗斯农业学院和维捷布斯克兽医学院，它们在录取政策上优先考虑工农速成系毕业生，并按农民占比 50%、工人占比 30%、劳动知识分子及职员占比 20% 的比例分配剩余名额。[1]

白俄罗斯化政策在该时期对民族学校的发展起到了关键作用，该政策致力于强化白俄罗斯语的地位、促进民族文化经济建设，并任命白俄罗斯人担任重要职务以复兴和推广母语。20 世纪 30 年代初，苏联建立了统一的普通教育学校体系，包括小学、不完全中等学校和中等学校，并引入了班主任制度以加强教学和学生纪律管理。1935 年颁布的法令进一步规范了学校的教学组织与内部管理。

在第二次世界大战期间，纳粹德国的侵略行为对白俄罗斯的教育设施造成了严重破坏。战争结束后，重建学校网络成为一项至关重要的任务，并在 1950 年前后基本得以完成。进入 20 世纪 50 年代末，苏联教育系统经历了一次重大改革，其中包括延长义务教育年限、增加生产培训内容，并对各级学校的学制进行了相应的调整。这些举措旨在推动教育的全面恢复与发展，以适应国家建设和社会发展的需要。

20 世纪 80 年代，白俄罗斯教育领域呈现出复杂局面：一方面，九年义务教育得到普及，新的高等教育机构相继建立，文化水平整体提高；另一方面，教育体系暴露出教条主义、命令式教学法和行政管理僵化等问题，对白俄罗斯语教学的重视程度也有所下降，导致社会对教育的兴趣和教师威望相对下滑。

总体而言，20 世纪前半叶至 80 年代末，白俄罗斯的教育发展历程深刻反映了国家政策、政治环境变迁以及经济社会发展的需求。这期间，虽然取得了显著成就，但也面临着不少问题和挑战。苏维埃政权建立后，特别

---

[1] ЖУК А. И, КАЗИМИРСКАЯ И. И, ЖУК О. Л. и др. Основы педагогики: учеб. пособие[M]. Минск: Аверсэв, 2003: 64.

值得指出的是白俄罗斯民族文化的传承与发展，创办了以白俄罗斯本族语言——白俄罗斯语教学的民族学校，这一举措对白俄罗斯意义重大。

四、白俄罗斯共和国的教育（20世纪90年代至今）

白俄罗斯独立后，继续实行免费教育制度。1991年，白俄罗斯共和国通过《教育法典》作为白俄罗斯共和国的首部教育法规，共包含6章41条，确立了新法律框架规范教育系统，明确了国家教育政策核心原则、目标、结构、师生权益及经费筹集等。该法规定，白俄罗斯的教育目标是为国家建设培养人才，普通学校实行十二年制免费义务教育（相较于苏联时期的十一年制）。高等院校学制为四至五年，教育形式包括公费和自费，以公费为主。[1]同期，《教育和培养方案》《高等教育发展方案》《国立学校培养方案》及《儿童和学生培养方案》等文件相继出台，为连续教育系统各环节提供规范指引。1991—1993年，基于欧洲教育传统的新式中学迅速崛起，成为教育革新的焦点。1994年宪法第49条明确规定：每个人都享有受教育的权利，普通中等教育和职业技术教育是免费的，每个人可根据自身能力接受中等专业教育和高等教育，并可通过竞争在国家教育机构获得免费教育。

1994年卢卡申科总统上任后，白俄罗斯的教育政策维持不变。但白俄罗斯教育体系随政治、社会经济变革进入持续变革阶段。20世纪90年代中期，虽然新建学校速度放缓，但国家对教育机构的控制加强，注重提升教育质量。

这一时期，白俄罗斯教育体系经历了显著变化，学校教育领域的改革尤为突出。新型教育机构的出现以及公立与私立学校的共同发展，为整个

---

[1] 农雪梅，李允华. 白俄罗斯 [M]. 2版. 北京：社会科学文献出版社，2021：206.

学校教育体系的结构性重组奠定了基础。同时，教育机构积极开展创新活动，技术应用范围不断扩大，推动了白俄罗斯学校进入长期且大幅度的改革进程。在 1998 年对学校实施改革之前，白俄罗斯政府已先行通过立法筹备工作进行了周密的规划。其中，包括制定并颁布了《普通教育学校改革方案》及其配套的实施方案。该方案详尽地列举了改革的主要阶段，并明确了各阶段的组织管理与资源保障措施，同时还重点指出了普通教育水平发展的主要方向，为改革的顺利实施提供了坚实的理论基础与操作指南。

此外，随着教育国际化趋势的发展，白俄罗斯高等教育也经历了深刻变革，其综合性大学和专业大学成为主导力量，不断推动教育质量和专家培训水平的提升。然而，教师队伍人员不足、结构失衡、老龄化、人才流失严重等问题日益突出。近十年来，教职员工的社会地位、工资和养老金不断下滑，导致了"人才流失"、青年教师流失以及专业水平下降等一系列问题。当前，半数科学博士已退休，仅约 42% 的教师拥有副博士、博士学位。[1]

2011 年 1 月 13 日，白俄罗斯总统签署了新的《白俄罗斯共和国教育法典》，旨在建立统一、全面的教育关系法律调节机制，系统化法律规范，减少该领域的法令数量，并弥补监管中的不足。同时，该法典确保了教育领域法律规范的连续性。白俄罗斯的教育立法不仅与国家社会经济发展计划相结合，还与联盟国、独联体和欧盟的计划相协调。

2015 年，白俄罗斯加入欧洲高等教育区（博洛尼亚进程），展现了其高质量的教育水平。尽管如此，白俄罗斯仍保留了苏联教育体系的优良传统，如国际化、国家支持、无障碍、免费及稳定运营等特点。教育系统主要依赖预算资金，被视为对人力资本的重要投资。

2022 年 9 月 1 日，白俄罗斯实施了新教育法典，引发多重积极变革。

---

[1] 资料来源于世界知识网。

首先，义务教育由 9 年级延长至 11 年级，确保所有初中生都能继续接受高中全面教育，从而提升整体教育水平和学生的未来发展机会。其次，新法典虽不再设立完全以少数民族语言授课的学校，但规定了少数民族语言班级，保障了多样化语言教育的可持续性。此外，远程教育被正式确立为一种独立教育形式，适用于职业教育、中等专业教育和大学教育，从而拓宽了学习渠道。同时，网络合作形式的引入允许教育机构间签订协议，共同实施教育项目，例如白俄罗斯国家信息大学与内务部学院的合作，为学生提供更丰富的学习资源和机会。新的中央考试简化了考试形式，统一了毕业和大学入学评估标准，提升了教育公平性。包容性教育也被确立为国家教育政策的一部分，以确保所有学生都能获得适当的教育资源。新法还要求所有高中提供住宿设施，以更好地服务学生需求。同时，班级人数的灵活调整使教育机构能根据实际情况优化教学安排。

新立法为教育系统注入了更多正能量。学前和普通中等教育机构的设立程序更加规范，严格的国家认证和许可要求确保了教育机构的高质量。2022 年 8 月 31 日，部长会议规定所有学校必须在第一年内完成国家认证，以提升办学质量。对补充教育的严格要求也保证了教育计划的高标准和规范性，从而确保学生接受优质教育资源。同时，国家统一了学生行为和着装标准，强化了学生的纪律性和责任感。2023 年 5 月，兵役法的修订合理调整了兵役延期政策，鼓励学生通过政府定向计划进入国外大学，以保障人才的合理流动和维护国家利益。教育部还在 2023 年通过决议，引入了包含对学生全面发展评估的统一毕业生评估形式，以促进学生的综合素质提升。[1]

近年来，白俄罗斯与周边国家，特别是俄罗斯、乌兹别克斯坦和蒙古等国展开了广泛的教育合作。同时，白俄罗斯与中国的科学、教育和文化

---

[1] 资料来源于上海师大国际与比较教育研究院官网。

合作也日益加强，高等教育领域的合作尤为突出。两国高校合作项目不断增多，如学生交换、教师交流和联合科研等。白俄罗斯国立大学与中国高校如北京大学、清华大学建立了紧密的合作关系，定期进行学术交流和联合研究。此外，多所白俄罗斯高校与中国高校合作开设汉语课程和文化交流项目，增进了学生对中国文化的了解和兴趣。两国在教育科技领域的合作也成果显著，计划共建基础研究中心以推动科技创新。白俄罗斯总统在近期访华时表达了在教育领域进一步深化与中国伙伴关系的意愿，并提议将双方合作推向新高度。这些合作将有力提升两国的教育质量和科技水平，同时增进两国人民的相互理解和友谊。

第二节　教育家

一、叶夫罗西尼娅·波洛茨卡娅

叶夫罗西尼娅·波洛茨卡娅（约 12 世纪初至 1167 年）是中世纪白俄罗斯文化的关键人物，对社会与教育影响深远。身为波洛茨克大公之女，她才华出众、性格坚韧、热爱知识，却违背家庭期望投身宗教，获"叶夫罗西尼娅"圣名。她打破传统，成为首位在圣索菲亚大教堂从事古籍抄写的女性，复制了大量宗教文献，并创作文学作品。此外，她还在教堂引入了希腊语和拉丁语教学。叶夫罗西尼娅创建了两所修道院，推动文化传播，并委托建造了独特的救世主教堂。她的教育实践影响广泛，成为推动启蒙教育的标志性人物，其成就至今仍受世人敬仰。

二、西梅翁·波洛茨基

西梅翁·波洛茨基（1629—1681）是一位杰出的教育启蒙家、诗人、翻译家和社会活动家，其卓越的贡献在历史上留下了不可磨灭的印记。

1664 年，波洛茨基受邀前往莫斯科，成为沙皇的智囊团成员和沙皇儿女的导师。在沙俄期间，他主持希腊语–拉丁语学校，对当地教育体系产生了深远的影响，并为外交人才培养基地的建设奠定了基础。他还为俄罗斯最早的高等教育机构之一斯拉夫语–希腊语–拉丁语学院的创建奠定了基础。此外，他创办莫斯科印刷厂，出版大量教育、儿童读物等书籍，如《诚挚的午餐》等，深入阐述自己的教育理念。

波洛茨基被公认为早期教育理论的奠基人之一，他构建了一套完整且创新性的教育观念体系，该体系的核心原则是自然适宜性原则。他的著作涉及众多教育学议题，包括但不限于教育的功能与意义、环境在教育过程中的角色、家庭教育的重要性、教育对于个体性格塑造的作用、道德教育与公民教育，以及教育工作者的角色定位及其素养等。

尤其值得注意的是，在约翰·洛克提出著名的"头脑是一块白板"（也称"塔布拉罗莎"理论）之前 20 年，波洛茨基就已有力地论述了人类自出生时并不携带任何固有观念的观点，他认为儿童的大脑就如同一块"白板"，教育者和父母可以在上面书写他们所希望灌输的一切知识与价值观。这块"白板"将随着个体与环境的互动和学习进程逐渐填充和完善。

三、拉夫连季·齐赞尼·图斯坦诺夫斯基

拉夫连季·齐赞尼·图斯坦诺夫斯基（约 1570—1633）作为 16—17 世纪杰出的语言学家与人文学者，其学术影响力跨越了国界，在全球语言学、

教育学和哲学领域产生了深远的影响。他的开创性语法理论构筑了科学研究的基础，并且深入探讨了语法与演讲学、逻辑学、哲学间的内在关联。

《词典》是图斯坦诺夫斯基的杰作，这部书不仅对词汇进行解释，还教授易懂的日常语言，涵盖广泛的知识。《词典》的编纂不仅借鉴了弗兰齐斯克·斯科里纳的《布拉格圣经》和其他作品如《诗篇》《使徒书》及诺夫哥罗德词典的经验，而且规模更大，收录了 1 061 个单词，用 2 000 多个词汇解释。

图斯坦诺夫斯基在收集历史、地理和生物学资料时，深受亚里士多德著作和科兹马·因迪科普洛夫研究的影响。他还特别关注了马丁·沃尔斯基的《世界纪事或宇宙学》（1550 年），借鉴其专业视角。凭借这些学术积累，他的《词典》成为综合知识宝库，推动了语言学及相关领域的进步。

四、布罗尼斯瓦夫·阿达莫维奇·塔拉什凯维奇

作为一位杰出的教育家、语言学家、翻译家以及社会与政治活动家，布罗尼斯瓦夫·阿达莫维奇·塔拉什凯维奇（1892—1938）对白俄罗斯文化教育领域做出了重大贡献。他不仅是苏联科学院的院士，而且在构建现代白俄罗斯语教育体系方面起到了关键作用。

塔拉什凯维奇的核心学术成就体现在他对白俄罗斯语标准化和规范化的工作中。其于 1918 年编纂并出版的《白俄罗斯语学校语法》一书，在当时具有极高的实用价值和科学意义。这部著作系统地阐明了现代白俄罗斯语的语音体系、正字法则及语法构造，并且基于广泛收集的民间口语资料和书面文献进行严谨编撰。该书因其权威性和实用性而广受欢迎，历经六次再版，时至今日仍被尊奉为白俄罗斯语语法研究的经典之作。

此外，塔拉什凯维奇在文学翻译领域的建树亦不可忽视。他成功地将

希腊古典史诗巨作荷马的《伊利亚特》以及波兰文学名著亚当·密茨凯维奇的《潘·塔德乌什》译介成白俄罗斯文，极大地丰富了本国文学宝库，促进了文化交流。

五、雅库布·科拉斯

雅库布·科拉斯（1882—1956），本名康斯坦丁·米哈伊洛维奇·密茨凯维奇，是一位多才多艺的公众人物，集作家、诗人、科学家、教育家和天才教师于一身。科拉斯在涅斯维日师范学院毕业后，投身波列西耶地区的民间教育事业，以其对学校民主化及教师权益拓展的不懈努力而著称。

科拉斯撰写了多篇关于教学法的文章。他编写了首部白俄罗斯语教科书《白俄罗斯儿童的第二阅读》，旨在培养学生的多种品质。1926 年，他的著作《母语教学法》成为白俄罗斯首部系统性的教学方法手册，全面梳理了阅读和写作教学的基础理论。科拉斯的艺术创作涉及多个领域，包含诸多宝贵思想和深刻见解。他鼓励批判性思考和自我行为反思，重视基于具体事实和本土环境的爱国主义教育。

此外，科拉斯对白俄罗斯文学的发展亦做出了不可磨灭的贡献。时至今日，其深远影响不仅体现在留存下来的作品中，也通过众多以他名字命名的公共设施得以传承，例如维捷布斯克国家学术剧院、中央科学图书馆、明斯克大型广场以及白俄罗斯多个城市的十多条街道等，皆以这位伟大作家的名字命名。

第四章 学前教育

白俄罗斯第一个孤儿院性质的学前教育机构起源于 1802 年，最初形式为孤儿院和婴幼儿养护教育机构。随着时间的推移，这一体系逐步转型为更系统化的公共教育体系，并在苏联时期经历了显著的变革与发展。到 20 世纪后半叶，学前教育在理论和实践层面均有了长足发展，更加注重教育公平和教育质量的发展。

白俄罗斯 15 岁及以上人口的识字率一直位居世界前列，高达 99.9%。[1] 根据 2019 年的人口普查数据，该国 15 岁及以上人口接受普通初等教育、普通中等教育、职业教育、中等职业教育、高等教育和科研教育的总覆盖率达到了 97.8%。自 2012 年起，该国对教育的投入显著增加，已将至少 5% 的 GDP 用于教育系统。[2] 这一比例已达到世界高水平。在这样的教育环境下，学前教育作为儿童教育的起点，其重要性不言而喻。目前，白俄罗斯拥有一套健全的学前教育体系，虽然并非强制，但多数儿童在入学前都会接受学前教育。

---

[1] 资料来源于白俄罗斯共和国总统网。

[2] 资料来源于白俄罗斯共和国总统网。

第一节 学前教育的发展和现状

纵观白俄罗斯学前教育的发展历程，整体可以划分为白俄罗斯共和国成立前（1991 年之前）的学前教育和白俄罗斯共和国成立后（1991 年至今）的学前教育两个阶段。

一、独立前的学前教育

白俄罗斯共和国成立前学前教育体系的形成和发展可以大致分为三个阶段：第一阶段为学前教育的萌芽阶段，即 19 世纪初至苏联卫国战争前；第二个阶段为学前教育的中断阶段，即卫国战争时期（1941—1945 年）；第三个阶段为学前教育的重建和发展阶段，即卫国战争后到白俄罗斯共和国成立前（1946—1991 年）。

（一）学前教育的萌芽阶段：9 世纪初至苏联卫国战争前的学前教育

19 世纪初，白俄罗斯主要城市如明斯克建立了基于城市自治体协会和私人慈善捐赠支持的现代化孤儿院系统。随着 19 世纪 70—90 年代的社会经济与文化变迁，沙俄政府当局出台了一系列改善儿童收容所活动的法规。其中，1888 年颁布的《关于改进弃儿与私生子监护制度措施》的官方文件标志着白俄罗斯在儿童权益保护方面的重要立法进展。19 世纪末至 20 世纪初，孤儿院和婴幼儿养护教育机构增至约 50 所，这些机构得到社会富裕阶层和宗教团体的资助，为现代公共教育服务体系的完善奠定了基础，尤其在儿童保育和启蒙教育方面。此时，政府虽未直接参与办学，但对此类活动持支持态度。

沙俄时期，儿童监护制度在彼得大帝和叶卡捷琳娜二世的推动下得以构建，并于 19 世纪 30—40 年代得到强化。1839 年的《儿童庇护所管理规程》为弱势儿童的照顾与教育提供了法律依据。

20 世纪初，随着工业化和女性参与度的提升，日托中心的需求激增。1905 年，明斯克妇女保护合作组织建立的日托中心成为学前照护领域的重要里程碑。这一时期，白俄罗斯政府致力于推动教育公平，特别关注工人及最贫困人口的子女教育问题。为此，政府设立了人民幼儿园，以免费的方式接收这些家庭的孩子。同时，为了满足不同家庭的需求，政府也提供收费的学前班，以供富裕家庭的子女选择。这些措施共同构成了政府在教育领域的基本规划，旨在确保所有儿童都能享受到平等的教育机会。

第一次世界大战期间，白俄罗斯资产阶级慈善志愿协会（非政府组织）加强学前教育机构建设，为学龄前儿童设立了孤儿院和托儿所。同时，一种创新的学前教育模式儿童中心出现。儿童中心在宗旨、任务及活动内容上与传统幼儿园相似，但显著增加了儿童日间照护时长，确保儿童每日在中心参与活动不少于 8 小时，强化了全天候教育与关怀。这些儿童中心的发展不仅积极适应时代发展的需求，更是汲取并融合了福禄贝尔、蒙台梭利 [1] 等教育巨匠的思想精髓。

然而，儿童中心的运营也面临困境，如缺乏土地资源以致户外活动和学习空间受限，场所过度拥挤和卫生条件不佳缩短了儿童在园时间。许多儿童的实际停留时间仅 6 小时或更短，远低于理想的 8 小时。这种情况既难以满足双职工家庭的需求，也限制了儿童接受全面教育与照护的可能性。而且，这些儿童中心普遍超员，每位看护人员需照料 40—50 名儿童，教育质量和个体关注度受到挑战。因此，为确保儿童在安全卫生的环境中获得

---

[1] 福禄贝尔倡导通过游戏与手工活动的方式，全面促进儿童的身心发展；蒙台梭利则强调尊重儿童的自然成长节奏，并提供一个适宜其发展的环境。

充足的在园时间和高质量的教育资源，增进儿童的健康发展和社会福祉，改善儿童中心设施、降低生师比、增加活动场地成为当务之急。

1917 年 12 月，社会保障人民委员会成立了母婴保护部，专注于照护和教育 0—3 岁的儿童，并为此类儿童建立了专门的机构。同年 11 月，学前教育作为独立部分被纳入统一的公共教育体系。1918 年，具有里程碑意义的《关于学前教育决议》等学前教育相关法案通过，进一步确立了学前教育在国家教育体系中的地位与发展方向。这些学前教育的纲领性文件强调儿童公共教育的重要性，并着手构建与正规学校教育紧密相连的免费连续教育体系。

20 世纪 20 年代，白俄罗斯开始深入研究和探索学前教育，这得益于教育研究所和中央学前教育博物馆的创立。这一时期，白俄罗斯的教育理念受到了西欧启蒙主义，特别是卢梭、裴斯泰洛齐、福禄贝尔、蒙台梭利等教育家的思想以及现代教育理论的广泛影响。同时，白俄罗斯还结合本土实践，形成了独特的学前教育理念。此时的学前教育机构形式多种多样，包括托儿所、孤儿院、幼儿园、保婴堂 [1] 等，以满足不同家庭和社区的需求。

在师资配备方面，1919 年，保护儿童理事会正式成立，并通过了保护母亲和儿童的法令。鉴于国家物力和财力有限，且急需为学前教育机构配备人员，为期一个月、三个月和六个月的课程成为热门的培训形式，同时俄罗斯苏维埃联邦社会主义共和国教育人民委员会也积极采取措施培养更高水平的学前教育专家。

1920 年 8 月，莫吉廖夫人民教育学院学前教育系发布招生通知。1921 年，明斯克人民教育学院设立了幼儿园教师培训部。除国民教育学院外，其他师范院校也相继设立了学前教育系。1928 年，《学前教育》杂志开始出版。1938 年，高尔基明斯克师范学院举办了首届学前教育专业毕业典礼。

---

[1] 或育婴堂，与孤儿院不同的是，儿童只能在保婴堂待一段时间，一般不超过三个月。之后或者被领养或者达到法定务工年龄去工作，或者被送去孤儿院。

然而，这些学院培养的学前教育教师数量有限。因此，部分中等师范院校也增设了学前教育系。在卫国战争前夕，共有六地致力于培养幼儿园教师：明斯克、莫吉廖夫、博布鲁伊斯克、波洛茨克、克里切夫、维索扬斯克。之后几年里，课程培训在学前教师教育体系中继续占据核心地位。

至 20 世纪 30 年代，白俄罗斯对早期教育科学体系有了更深刻的认识，颁布了如《幼儿园计划草案》《幼儿园计划与内部管理规定》等文件，为学前教育提供了详细的指导原则和实践框架。

19 世纪初至苏联卫国战争前，学前教育体系实现了由孤儿院向现代化教育体系的跨越式发展。在教育模式与策略的持续优化中，教育公平与教育质量愈发受到重视。尽管取得了显著进步，但学前教育在普及化和专业化方面仍面临重重挑战。

（二）学前教育的中断阶段：卫国战争时期的学前教育（1941—1945 年）

卫国战争前夕构建的独具特色的学前教育体系，对于建立具有特色鲜明的幼儿园起到了至关重要的作用。然而，在卫国战争期间，该体系遭受了毁灭性的冲击，大量学前教育机构遭受严重损毁，导致学前教育事业遭受重创。

卫国战争期间，学前教育工作的复杂性显著上升，一方面几乎全部的学前教育机构都遭到了被摧毁的厄运，另一方面，随着大批居民疏散至东部地区，以及大量妇女投身工作，对幼儿园和托儿所的需求急剧增长。为满足这一需求，新的学前教育机构通常在协助疏散的企业和机构中设立。鉴于儿童在相关机构中的逗留时间已自动延长，提供 24 小时全天候服务的儿童团体机构已成为一种普遍现象。这一变化旨在确保儿童在机构内得到持续、稳定的关怀和监护，以满足其日常需求。

此时，一种新型的教育机构——学前寄宿学校应运而生，为暂时与父母失联的儿童提供教育。学前孤儿院也开始广泛建立。受战争影响，一些被围困城市以及遭受飞机轰炸区域的学前教育机构的工作条件变得尤为艰难。在这些地方，教师和孩子们大部分时间都不得不躲避在防空洞里。

1944 年白俄罗斯解放后，学前教育迅速恢复与重建。政府出台了《关于安置无父母儿童法令》《关于 7 岁儿童入学法令》《集体农庄花园条例》等一系列法规文件，为学前教育的复兴提供了政策支持。到 1944 年底，共有 19 295 名学龄前儿童在 284 所幼儿园就读，但学前教育机构网络直到 1958 年才恢复到战前水平。[1]

（三）学前教育的重建和发展阶段：卫国战争后至独立前（1946—1991 年）

卫国战争结束后，国家进入重建时期，学前教育也经历了显著的变革与发展。至 1958 年，学前教育机构的数量已恢复至战前水平。《幼儿园教师手册》及其后续版本为教育工作者提供了丰富的教育内容和方法指导。1959 年，加强儿童教育体系整合的法令颁布，同时强化了医疗预防工作以及家庭与教育机构之间的联系。托儿所和幼儿园作为主要服务机构，重视儿童的健康发展。

同时，教育工作者的培养体系也得到了重构。原莫吉廖夫和明斯克两所历史悠久的师范学院迅速恢复并强化了教育职能，新的学前教育院系也陆续建立，如平斯克师范学院于 1960 年、波洛茨克师范学院于 1967 年相继增设了专门的学前教育系，扩大了专业教育人才的培养。1984 年的法令强

---

[1] ДРОЗДОВА С. И. Основы управления дошкольным образованием: курс лекций для студентов специальности 1-01 01 02-03 «Дошкольное образование. Иностранный язык (английский)»[M]. Новополоцк: ПГУ, 2015: 12.

调了为六岁以下儿童创造良好教育环境的重要性，并促进了幼儿园与小学之间的紧密联系。

截至 20 世纪 90 年代初，白俄罗斯已成功构建了一个覆盖约 68% 的学龄前儿童的学前教育体系，该体系规模宏大且结构完备。[1] 多数学前教育设施均受省级行政单位管辖，确保了丰富的物质资源和高标准的技术装备。然而，该体系存在过度集中化的倾向，导致班级规模普遍偏大，且教育技术进展相对滞后，在一定程度上制约了教育工作者的创新实践，也无法充分发掘和培育儿童的个性化潜能。此外，由于公共教育资源相对于家庭教育而言具有优先地位，父母的教育角色在一定程度上被边缘化，这影响了家庭教育与学校教育的均衡发展，并导致部分教育问题被片面归咎于教育机构。

总之，这一时期，学前教育管理体系亟须进行优化和改革，以实现教育资源的合理分配、提升教育环境的适应性，并更好地满足儿童个性化教育的需求。

二、独立后的学前教育

1990 年，白俄罗斯有学前教育机构 5 350 所，受教育儿童为 60 万人入学率为 68%。[2]1991—1995 年，白俄罗斯经历了生产下滑和社会经济压力的加剧，人口数量减少，且大部分人口的生活质量显著下降。这场宏观经济

---

[1] СОЛОВЬЯНОВ А. П. Тенденции в развитии детских дошкольных учреждений Беларуси (1991—2005 гг.): Сборник материалов Международной конференции молодых ученых. В 2-х частях. Часть 2[C]. Минск: Издательский дом «Белорусская наука», 2017: 220-224.

[2] ДРОЗДОВА С. И. Основы управления дошкольным образованием: курс лекций для студентов специальности 1-01 01 02-03 «Дошкольное образование. Иностранный язык (английский)»[M]. Новополоцк: ПГУ, 2015: 15.

困境直接且深远地影响了学前教育体系，使省级及以下层级的学前教育机构网络大幅减少。五年内，近 800 家学前教育机构被迫关闭。1995 年，学前教育机构降为 4 600 所，受教育儿童为 50 万人（入学率为 59%）。[1]

20 世纪 90 年代，白俄罗斯建立了统一的学前教育机构体系，由国家设立的托儿所、幼儿园、学前儿童发展中心等构成，这些机构按照全国统一的标准规程运营。为满足社会对提升教育质量的要求，学前教育机构在不增加家长费用的前提下，扩展了诸如医疗保健、体育锻炼、娱乐活动等服务内容。

针对 2 个月至 3 岁的婴幼儿，白俄罗斯设立了托儿所，致力于提供早期教育与特殊教育服务，同时注重儿童的健康促进和日常照料，确保他们在成长的早期阶段得到细致的关怀。为了满足更广泛年龄段儿童的教育需求，白俄罗斯创建了托幼一体化机构，融合了托儿所和幼儿园的功能，为 2 个月至 7 岁的儿童提供学前教育和特殊教育支持，同时强调健康维护和提升，确保儿童在教育过程中的全面发展。此外，白俄罗斯还设立了常规幼儿园，专为 3—7 岁的幼儿设计，作为学前教育的主要场所，实施全面的教育课程和特殊教育服务，同时关注儿童健康管理，促进他们的身心健康。

针对需要特殊康复和调养的儿童，白俄罗斯特别开设了疗养型托幼一体化机构，这些机构不仅提供托育和教育服务，还专注于儿童的康复治疗和身心休养，让他们在接受教育的同时得到专业的医疗照顾。特别是疗养幼儿园，专门为 3—7 岁的幼儿提供特殊教育环境和康复支持，旨在通过综合性的教育干预手段，改善和促进儿童的健康状况，帮助他们更好地融入学习和生活。

同时，白俄罗斯政府特设学前儿童发展中心，该中心旨在为 2 个月至

---

[1] 农雪梅，李允华. 白俄罗斯 [M]. 2 版. 北京：社会科学文献出版社，2021：206.

7 岁的幼儿提供全方位的教育服务。中心不仅关注满足幼儿的特殊教育需求，还努力推动儿童健康状况的提升以及创造性能力的全面发展。为了满足不同家庭的实际需求，学前儿童发展中心精心设计了多样化的短期逗留项目，如"母亲学校"亲子互动课程，旨在增强家长与幼儿之间的情感纽带；适应性训练，帮助幼儿更好地适应幼儿园生活；步行活动组、晚间托管组以及周末活动组，提供多样化的活动选择，丰富幼儿的课余生活；此外，还有季节性活动与游乐场计划，为孩子们带来欢乐与成长。此外，学前儿童发展中心还提供便捷的接送服务，以确保儿童能够安全、舒适地往返于家庭与幼儿园之间。这一举措不仅方便了家长，也进一步提高了中心的服务质量和增强了教育效果。

自 1995 年以来，儿童发展中心在不断地发展与壮大，为儿童提供了丰富多样的服务和活动。这些中心不仅为儿童组织了各种长期和临时的活动，还在学前教育方案的基础上，为儿童的个人发展制定了专门的方案，提供了一系列的教育、健康改善服务以及补救援助。它们与学校和校外机构的互动也为儿童提供了更广阔的发展空间和机会。

"循序渐进"科学团体所开发的"开放"教育机构模式，特别强调了与家庭的互动和家长在教育过程中的参与，这无疑是一个非常有前瞻性和创新性的教育模式。家长的参与和家庭的支持对于儿童的成长和发展具有不可估量的价值。而《雪莲花》[1]杂志的创刊和"雪莲花"计划的制定（1991 年），更是为学前教育领域提供了科学的指导实践的方向。该杂志刊载了关于学龄前儿童家庭和社会培养的多方面文章，包括科学方法论和新闻文章，以及心理学家、教师、医生和社会学家对学前教育的建议，这无疑为家长和教育工作者提供了宝贵的资源和参考。

"雪莲花"计划的主要目标也非常全面和具体，旨在保护和增强儿童的

---

[1] 该杂志是专门为学前教育开办的杂志。雪莲花是第一朵在冬日之后绽放的娇嫩蓝眼花，它不仅预示着春天的到来，更象征着每个人心中那份最纯粹、最珍贵的存在——孩子。因此取名"雪莲花"。

健康，培养他们健康的生活方式；确保儿童心理发展的及时性和全面性；教育儿童的个性、创造潜力和能力的形成；与亲属建立关系，确保每个儿童的情感健康；并向他们介绍普遍的和民族的文化价值观，使用白俄罗斯本土教育学的方法、形式和手段进行教育。这些目标涵盖了儿童发展的多个方面，体现了对儿童全面发展的关注和重视。

同期，白俄罗斯在教育领域进行了广泛深入的改革。1990年，在融合了国内外前沿成果与本土教育实践者经验的基础上，《白俄罗斯共和国学前教育发展构想》发布，为学前教育确立了职能定位、战略规划以及至2010年的阶段性改革目标。改革目标包括强化国家学前教育体系、实施统一质量标准、推动课程及教学技术创新、构建新型组织架构、建立灵活响应机制，并加强教育工作者培训。学前教育机构转变为开放型组织，其职能从预备儿童进入小学转变为保护儿童生命健康权和培养儿童的社会适应性。

白俄罗斯当前的学前教育体系致力于满足后工业经济时代和国家可持续发展战略对优质教育的迫切需求。这一战略目标的实现，具体反映在国家层面的概念文件和详细规划中，其核心在于创造公平获取高质量学前教育的条件，进而促进儿童的全面发展与社会化进程，并着力培养其实用读写能力。这些举措不仅有助于提升学前教育的整体水平，更有助于实现联合国提出的"确保包容性和平等的优质教育，推动全民终身学习机会"的可持续发展目标。白俄罗斯学前教育机构也正积极响应《2030年国家战略》的教育目标，调整行动方案，更新和充实教育标准，特别关注教授儿童可持续消费行为与健康生活方式，同时强化了对教育过程质量的常态化监测。

第二节 学前教育的特点

一、类型丰富，架构齐全

如今，白俄罗斯已建立起以公立为主、灵活且多功能的学前教育体系，涵盖各类学前教育机构。

该体系按所有制性质划分为公立和私立两类。据白俄罗斯统计委员会2024年最新教育数据显示，2023—2024学年白俄罗斯共有3 750所学前教育机构，提供35.46万个学位，接纳了35.57万名儿童。[1]值得注意的是，目前，这些机构均为公立。2022年，白俄罗斯总统签署的《许可证法》第314条规定，私立学校须获得特别许可方可开展教育活动。因此，自2022年起，明斯克及全国私立学前教育机构几乎全部关闭。[2]总统新闻处表示，此举旨在防止教育领域出现纯商业性质的经济实体，从而保护国家和个人利益。颁发许可证法将确保教育机构的合法性与服务质量，并允许对其教育过程进行评估。2022年9月1日起实施的新教育法典对学前和普通中等教育机构的设立程序更加规范，国家认证和许可的严格要求确保了教育机构的高质量标准。2022年8月31日通过的部长会议规定，所有形式的学校都必须在第一年内完成国家认证，这一举措提高了教育机构的办学质量。[3]然而自2022年起，鲜少有私立学前教育机构能够通过审核并获得经营许可。因此，目前，白俄罗斯的学前教育体系目前是一个公立学校为主，私立学校名存实亡的状态。

---

[1] 数据来源于白俄罗斯共和国国家统计委员会官网。

[2] 资料来源于 точка 新闻网。

[3] 资料来源于上海师范大学国际与比较研究院。

按类型，可分为：托儿所、托儿所—幼儿园（托幼一体机构）、幼儿园、幼小衔接（又称幼儿园——小学教育）、疗养型托幼一体机构、疗养型幼儿园、儿童之家（保育院）以及学前儿童发展中心等。

托儿所接收 2 个月至 3 岁的儿童，提供学前教育或特殊教育及健康保健服务。托幼一体机构接收 2 个月至 7 岁的儿童，提供学前教育或特殊教育及健康保健服务。幼儿园接收 3—7 岁儿童，提供学前教育或特殊教育，同时也提供健康保健服务。幼小衔接（全称幼儿园——小学教育）是指同一施教区内的小学和幼儿园共同开展的教育教学对接活动。旨在帮助学前儿童尽快适应小学的学习和生活。接收 3 岁以上儿童。疗养院型托幼一体机构接收 2 个月至 7 岁的儿童，提供学前或特殊教育及健康保健服务。疗养型幼儿园接收 3—7 岁的儿童，提供学前教育或特殊教育及健康保健服务。儿童之家（保育院）是福利机构，为保护、教育失去父母或父母无法照管的儿童而设的机构，内有托儿所、幼儿园、小学等。学前儿童发展中心是学前教育机构，接收 2 个月至 7 岁的儿童，提供学前教育或特殊教育，同时致力于改善儿童健康状况，发展儿童创造能力等。

此外，根据家长需求，白俄罗斯还开设有 4 000 多个短期托管班（时长 2 至 7 小时），其中包括付费项目，共吸引了 32 800 多名学生。有 55 000 多名教师在幼教中心工作。[1]

总体来看，虽然白俄罗斯目前的学前教育机构以公立为主，但白俄罗斯的学前教育体系呈现出多样化、综合性和灵活性的特点，能够满足不同家庭和儿童的多样化需求。同时，通过大量的教师资源配置，也体现了国家对学前教育的高度重视和投入。

---

[1] 资料来源于白俄罗斯教育部官网。

二、普及且连续

白俄罗斯的学前教育具有普及型特点。白俄罗斯拥有一套全面包容的学前教育网络，包括托儿所、幼儿园和儿童发展中心等，它们依据统一而灵活的标准为学龄前儿童提供全方位服务。尽管并非义务教育，但多数儿童在入学前都会接受学前教育。目前，白俄罗斯的学前教育是一个开放且不断发展的体系。在该领域，制定并实施着一系列社会支持措施，包括提供教科书和教具，以及膳食和交通服务。截至 2023—2024 学年，共有 3 750 所学前教育机构，学生总数为 355 700 人。就 1—5 岁儿童的学前教育入学率而言，在独联体成员中的领先地位得到进一步巩固，入学率高达 88.6%。同时，5 岁儿童学前教育的入学率持续保持在 100%。[1]

学前教育体系具有连续性特点。学前教育体系注重营造积极的情感心理氛围，其核心理念在于根据幼儿及学龄前儿童各自不同的年龄阶段、能力水平及个性化需求，实施精准而细致的培养方案。这一体系严格遵循《白俄罗斯共和国教育法典》的指导思想，特别强调在幼儿及学龄前儿童成长过程中道德标准的塑造与社会经验的积累，并致力于确保课程内容的连贯性，实现学前教育与基础教育第一阶段的顺畅衔接，促进儿童全面发展的连续性。

三、机构职能具有多重性

学前教育机构的核心职能在于提供符合国家教育标准的学前教育服务，传授全人类共同价值观与民族价值观，培养具备良好道德品质和文化素养

---

[1] 资料来源于白俄罗斯教育部官网。

的未来公民。同时，这些机构致力于发现并充分发掘学生的个人潜能，为儿童的全面发展奠定坚实基础。此外，学前教育机构亦提供适应性强的教育环境和专业的教学辅导，确保每一名儿童都能在适合自己的教育环境下健康成长。在家庭与社区的深度合作方面，学前教育机构积极构建与家庭和社会的紧密合作关系，共同为儿童成长提供良好的综合环境支持。针对有特殊教育需求的学生，学前教育体系还提供了专门条件与个别化教学指导，切实保障了他们的受教育权益。

四、强调儿童均衡发展

学前教育课程设计划分为身体发育、社会性道德情感、认知发展、语言习得和审美教育五个维度，旨在确保所有儿童能够均衡全面发展。在教学策略上，白俄罗斯推行双语教育，重点培养儿童掌握本国两种官方语言——白俄罗斯语和俄语的能力。同时，运用游戏、课程学习、实地参观、观察实践、情景模拟等多种教学形式，以激活儿童的思维活力、想象力及探索精神。

白俄罗斯将可持续发展的主要议题纳入学前教育课程内容，还通过优化和整合不同教育领域的任务，如环境教育和经济教育，来培养学龄前儿童在可持续消费和健康生活方式方面的知识和能力。通过举办各种竞赛和节日活动、实施相关项目以及开展科学研究，白俄罗斯成功地将可持续发展的理念融入孩子们的日常学习和生活中。此外，白俄罗斯还与阿夫拉通国际基金会和联合国儿童基金会等机构合作，引入现代方法来培训专家并实施相关教育计划，这进一步推动了学前教育在可持续发展方面的进步。

近年来，还增加了培养儿童爱国主义教育的相关计划和方案。白俄罗斯在提高幼儿园教师对学龄前儿童进行公民和爱国主义教育的能力方面制定了相应的计划。将爱国主义教育从娃娃抓起落到实处，如今，在许多幼儿园网站上开设有关于儿童爱国主义教育的单独网页，让孩子们从小就培养起对祖国的热爱和责任感，为他们的成长打下坚实的基础。

此外，学前教育课程还注重尊重与包容文化多样性，培养他们对不同文化的尊重态度，以及在宽容和相互理解中与多元文化背景人群有效交流的能力。

五、法律体系完善，师资力量专业

白俄罗斯通过《白俄罗斯共和国教育法典》《学前教育机构管理条例》《许可证法》等法律法规，为学前教育提供了坚实的法律保障。这些法规明确了学前教育机构的任务、教育过程的组织、教育内容的实施等方面的要求，确保了学前教育的规范性和有效性。

学前教育机构拥有一支专业的师资队伍，他们具备丰富的教育经验和专业知识，能够根据儿童的需求和特点制定个性化的教育计划。同时，学前教育机构还注重教师的专业发展和培训，不断提升他们的教育水平和能力。

总之，白俄罗斯的学前教育体系为幼儿和学龄前儿童搭建了扎实的教育、培训和发展基础，有效地确保了与家庭教育及后续教育环节的连续性。这一系统不仅助力儿童实现个性化成长，还引导他们在社会化进程中融入文化世界，学会自我表达，并能在与人和自然界的互动中茁壮成长。

第三节 学前教育的挑战与对策

一、学前教育的挑战

白俄罗斯的学前教育体系在儿童人格塑造及为未来成功奠定坚实基础方面发挥着至关重要的作用。尽管白俄罗斯在学前教育领域已取得一系列显著成就并积累了丰富经验，然而，当前也面临着一些亟待解决的重要问题。

（一）教育资源分布不均

目前，白俄罗斯的学前教育机构呈现出不均衡的分布状态。在某些地区，学前教育机构已经达到了满员甚至超员的状态，而在其他一些地区则由于生源不足而出现了空置现象。此外，部分新型住宅区由于未能及时建设配套完善且临近的学前教育机构，导致当地儿童在入学方面面临诸多困难。

（二）教育机构性质单一，高度依赖政府拨款

白俄罗斯公立学校占比较高且过度依赖政府拨款引发了一系列问题。首先，这种结构可能会制约教育领域的创新和多元化进程，因为公立学校通常需要遵循政府制定的统一教育政策与标准，这在一定程度上限制了学校的自主权和灵活性。其次，高度依赖政府拨款会导致教育经费分配不尽合理。政府拨款通常依据地区经济发展水平、学生人数等多重因素进行分配，这种分配方式会引发资源分配不均的问题，使部分地区或学校的教育资源相对匮乏。最后，公立学校的运营模式亦可能限制其对教育市场变化的适应能力。由于受到政府的严格监管和约束，公立学校在应对教育市场

的新挑战和机遇时，可能无法迅速调整自身的发展战略和运营模式，从而错失良机。

（三）学前教育资金短缺

白俄罗斯学前教育目前面临的主要挑战在于资金短缺，这一问题严重制约了师资力量的增强、教学设施的完善以及教育活动的丰富性。由于公共资金不足，公立幼儿园在购置教育设备和材料方面面临困难，同时硬件设施的维护和升级也显得力不从心。这种局面直接限制了学前教育的长足发展。

值得注意的是，学前教育的资金不仅来源于国家预算，还依赖于地方预算。然而，即便有双重预算的支持，学前教育目前仍然面临着预算不足的状况。事实上，仅依靠国家预算来发展学前教育远远不够，需要寻求更多的资金来源和有效的资金利用方式，以确保学前教育的健康发展。

（四）教师队伍整体呈缩减状态

截至 2021 年 9 月，白俄罗斯全国学前教育机构共有 573 500 名教职员工。与上一学年相比，教职员工总数减少了 1.5%，其中教师人数减少了 2 000 人。教育部系统学前教育机构聘用了 564 100 名教师，占教师总数的 98.4%。[1]

教职工人数减少的一个主要原因在于教师工资收入低。2022 年，白俄罗斯国家统计局公布的数据显示，该年收入最高的行业为信息技术通信行业，其次为金融保险业。在列出的 15 种行业类别中，教育行业排名 13，教

---

[1] 资料来源于白俄罗斯教育部官网。

师每月平均收入为 1 115.8 白俄罗斯卢布。[1] 这个数据还是税前收入，在扣掉 30%—40% 的税收后，教师每月所领工资与城市昂贵的生活成本相比，并不具有吸引力。

（五）家庭与学校合作不足

此外，尽管白俄罗斯的学前教育体系致力于深化与家庭和社区教育的紧密合作，但在实际执行过程中，这一理念的实施却面临诸多挑战。由于大部分家长承受着沉重的工作压力和时间上的限制，往往难以充分、积极地参与到学前教育的各个环节中来。同时，多数家长对于自身在孩子成长过程中所扮演的角色及影响力尚缺乏足够的认识。这不仅导致家长在学前教育中缺席或参与程度不高，而且可能引发家庭教育与学校教育之间的不协调现象，进而对孩子的成长进步产生不良影响。

二、学前教育的对策

学前教育体系面临着诸多复杂且多样的挑战，为应对这些挑战，白俄罗斯采取了各种措施，积极予以应对。

其一，针对教育资源分布不均的问题，政府制定了长期的教育资源规划，确保新住宅区的学前教育机构配套建设跟上，同时对现有机构进行扩容和质量提升，以满足更多儿童的学前教育需求。此外，在规划新型住宅区时，提出充分考虑学前教育的需求，确保儿童能够就近入学，减轻家长的负担。同时，为了家长能够方便快捷地了解各地区的幼儿园空位情况，

---

[1] 资料来源于白俄罗斯国家统计局官网。

国家制定并推出了幼儿园互动地图（在线程序），不再需要繁琐的注册和下载，只需要打开地图就能对全国幼儿园空位情况一目了然。这样不仅能节省家长的时间和精力，还能提高幼儿园的空位利用率。

其二，关于教育机构性质单一性的问题，虽然自 2022 年至今白俄罗斯私营学前教育机构并未恢复到 2022 年之前的数量，但出台了私营教育机构的明确审核评定标准。符合标准，并且通过审核的机构，均可开展教育和养育活动。这为私营学前教育机构的发展提供了一个公开、透明的法律依据。近年来，国家制定了相应的战略规划，增强了公立学校的自主性和创新能力，放宽对公立学校课程和教学方法的限制，允许学校根据自身的特色和优势进行教学改革和创新，提高教育质量。

其三，为解决资金短缺问题，家长委员会或各种组织提供赞助，帮助购买必要数量的教学设备和班级玩具。同时在政府层面，也不断制定新的政策确保学前教育机构有足够的资金用于改善教学设施、提高教师待遇和开展各类教学活动。

其四，针对教师队伍缩减的问题，国家层面计划通过提高教师薪资和改善教师待遇，以吸引和留住优秀人才从事学前教育工作。同时，还强调加强教师培训和职业发展，建立健全的教师培训体系，为教师提供持续的职业发展机会，提高教师的专业素养和教育质量。白俄罗斯教育部已向劳动和社会保障部提交了调整"学前教育教师"职位资格要求的建议。目的是使那些没有接受过"教育学"领域的高等（或中等职业）教育人员，接受"学前教育"专业再培训后，有资格获得相应的资格证书。教育部在下一个五年计划里（到 2030 年的计划）指出，需实现学前教育中具备最低要求资格的教职员工比例的国家基准：到 2025 年至少占比 94.4%，到 2030 年至少占比 94.7%。

其五，加强对家长的教育引导，通过举办家长会、家庭教育讲座等活动，提高家长对孩子成长的认知和支持，增强家校之间的合作与沟通。同时建立灵活的家校合作机制，鼓励家长积极参与学校活动和孩子教育过程，共同促进孩子的全面发展。比如，学前教育机构时常举办儿童和家长联合活动、邀请家长参加各种主题的最佳手工艺品家庭竞赛等。

其六，膳食费用方面，白俄罗斯也进行了合理的调整，根据儿童的年龄和在园时间的长短来制定不同的价格标准。这样既能保证儿童的饮食健康，又能减轻家长的负担。

其七，不断完善和更新法律法规条款，使其更加符合国家的发展形势。如教育部批准了新的《学前教育机构条例》，该决定载入教育部 2022 年 8 月 4 日第 230 号决议，并于 2022 年 9 月 1 日生效。新的《学前教育机构条例》为白俄罗斯的学前教育提供了更加明确和全面的指导，条例对传统的学前教育机构，实施学前教育计划的其他教育机构、组织和个体经营者提出了更加明确的规范和要求，条例中明确列出了学前教育机构的主要目标，包括保护学生的生命、增强学生的身心健康、确保学生个性的全面发展等，特别提出了为有特殊发展需要的儿童提供教育和补救性教学援助，此外，该条例还强调了培养小公民的公民意识和民族意识，奠定爱国主义和传统价值观的基础等。

此外，白俄罗斯还注重将现代化技术和最新的教学方法引入到学前教育中，不断鼓励学前教育领域的科研发展，并鼓励将最新的学前教育成果运用到教学过程中。

综上，白俄罗斯政府积极出台科学有效的政策与举措，以引领学前教育事业的健康发展；社会各界也积极参与，提供必要的支持与协助；家庭作为学前教育的重要一环，也被鼓励发挥积极作用，吸引到学前教育过程中来，共同促进学前教育的均衡发展及质量提升。

第五章 普通教育

普通教育 [1] 作为国家人才培养与国民素质提升的基础工程,在白俄罗斯教育体系中占据举足轻重的地位。它不仅是整个教育体系的稳固基石,而且是培养国家和社会所需优秀人才的关键途径,对于推动国家发展和社会进步具有重要意义。

白俄罗斯现行三个层次十一年制免费义务普通教育。第一层次为初等普通教育阶段,学制为四年(一至四年级),学生 6 岁上学,相当于我国的小学阶段。第二层次为基础普通教育阶段,学制五年(五至九年级),相当于我国的初中阶段。基础普通教育毕业后,可选择继续接受中等(完全)普通教育(十至十一年级),学制两年,或报考职业技术学校,抑或就业。其中的中等(完全)普通教育是义务普通教育的第三层次,相当于我国的高中阶段,毕业后可进入高等职业学校或者高等教育机构。第一层次和第二层次的教育是白俄罗斯普通教育的基础阶段,第三层次的教育是白俄罗斯普通教育的中等阶段。九年一贯制的不完全中学和十一年制的完全中学是白俄罗斯实施普通教育的主要教育机构。

---

[1] 俄语为 общее образование,即普通教育。白俄罗斯的普通教育相当于我国的基础教育,包括:初等普通教育阶段(一至四年级),相当于我国的小学阶段;基础普通教育阶段(五至九年级),相当于我国的初中阶段;中等(完全)普通教育阶段(十至十一年级),相当于我国的高中阶段。

第一节 普通教育的发展和现状

一、独立前的普通教育

1991 年之前，白俄罗斯普通教育体系的形成和发展大体可以分为四个阶段：第一个阶段是启蒙阶段（10 世纪末至 18 世纪末），第二阶段是俄罗斯化阶段（18 世纪末至 20 世纪初），第三个阶段是体系初步形成阶段（20 世纪初至 1945 年），第四个阶段体系发展阶段（1946—1991 年）。

（一）启蒙阶段

基辅罗斯时期，白俄罗斯地区开始出现第一批教授识字和宗教基础知识的学校。中世纪后期，白俄罗斯的学校在各种文化和教育传统的影响下继续发展，并积极使用白俄罗斯语进行教学，这使得白俄罗斯的民族传统和文化得到了很好的保存和发扬。这一时期白俄罗斯地区的学校教育质量高、教学科目广，除学习基本的识字和宗教知识外，学校还开设了数学、地理、历史和其他科目。

随着立陶宛大公国的不断壮大（彼时白俄罗斯属于立陶宛大公国），教育成为国家优先发展事项之一，修道院是文化和教育发展的中心，教会—修道院图书馆和世俗图书馆相继涌现。东正教学校提供书写、阅读和算术的基础知识教育，学习时间为 2—3 年。同时，流浪教师——"识字大师"[1]也广受欢迎，他们教授儿童字母和书写基础知识，但由于缺乏专业教科书，宗教书籍是主要教学资料。

---

[1] 指四处游历，以教孩子识字为生的教师。

随着天主教在 14 世纪进入白俄罗斯领土，天主教会学校开始出现，这一进程在宗教改革和反宗教改革时期得到了进一步加快。[1]

文艺复兴与宗教改革时期，白俄罗斯教育思想在启蒙先驱斯科里纳、人文主义诗人古索夫斯基及东斯拉夫思想家布德尼、贾平斯基等人的推动下取得显著发展。他们强调发展公共教育，提倡使用简化宗教书籍作为教科书或自我教育的资料。16 世纪中叶，首所加尔文学校在维尔纽斯创办，学校设五个年级，课程丰富。

16 世纪末，兄弟会学校在维尔纽斯、莫吉廖夫、布列斯特、明斯克等地创建，[2] 这些学校得到商人和贵族的慷慨资助，并得以在当地的修道院顺利运营。这些学校由兄弟会任命的校长领导，确保学校的教育工作有序进行。在课程设置方面，学校设置了拉丁语、希腊语、德语、波兰语、教会斯拉夫语等多种语言课程，以及神学、演说学和算术等科目。近代教育学之父夸美纽斯（1592—1670）正是基于兄弟会学校的丰富经验，提出了班级授课制的构想。

这一时期还出版了第一本专业教科书：《斯洛文尼亚语语法》，由列翁季·济赞尼和梅列季·斯莫特里茨基共同编撰。

在宗教改革与反宗教改革时期（即 15 世纪至 17 世纪上半叶），白俄罗斯地区见证了大量天主教和新教学校的兴起。为了抗衡新教和东正教的影响，耶稣会士积极投身于教育事业，创建了一系列新型教育机构，如大教堂学校等。这些学校通常仅设三个年级，专注于传授基础识字知识，为当地民众提供了接受教育的机会。除了大教堂学校，耶稣会学院也在波洛茨克、尼亚斯维日、平斯克、格罗德诺、布列斯特和奥尔沙等多地成功设立。这些学院致力于学生的综合实训，以实践为先导，辅以理论学习，为

[1] КАПРАНОВА В. А. История педагогики: учеб. пособие[M]. 2-е изд. , испр. и доп. Минск: Новое знание, 2005: 6.

[2] КАПРАНОВА В. А. История педагогики: учеб. пособие[M]. 2-е изд. , испр. и доп. Минск: Новое знание, 2005: 6.

此特别配置了植物园、辅助农场以及实验场。得益于免费教育政策的实施以及大量耶稣会学校的广泛存在，白俄罗斯社会的整体教育水平获得显著提升。

18世纪初，白俄罗斯的教育与启蒙运动呈现波兰化的特点，世俗主义特征得到了加强，而民族性则相对减弱。学校受17世纪战争的影响一度陷入衰落状态，然而到了18世纪下半叶，随着启蒙运动的兴起和在波兰-立陶宛联邦教育委员会的积极推动下，学校开始逐渐复兴。

波兰-立陶宛联邦教育委员会于1773年正式成立，首任主席由伊格纳季·马萨利斯基担任。在耶稣会解散之后，委员会致力于中小学和大学的改革工作，通过批准章程和出版新教材来推动教育体系的现代化。同期，第一批专业学校也顺利开学，为培养更多专业人才奠定了基础。

1781年，维尔纳耶稣会学院正式更名为立陶宛大公国总校，并任命著名的白俄罗斯数学家、天文学家马丁·波乔布特·奥德扬尼茨基担任校长。他在20年的任职期间对学校进行了一系列的改革，成功地推动了教育世俗化的进程。

以上教育改革举措使得中小学的数量得到显著增加，教育变得更加世俗化，贵族、神职人员以及富裕城镇居民的子女开始有了更多接受学校教育的机会，推动了白俄罗斯社会的整体进步与发展。

10世纪末到18世纪初这一时期，我们可以看到白俄罗斯地区的教育从基辅罗斯时期开始起步，经过中世纪后期的发展、立陶宛大公国时期的重视，到宗教改革和反宗教改革时期的多样化，以及启蒙运动时期的世俗化，经历了丰富的变迁和发展。教育的质量和范围逐渐提高，从最初的基础识字和宗教知识教授，到后来的数学、地理、历史等多个科目的学习，白俄罗斯的普通教育体系逐步发展，对民族传统和文化的保存和发扬也起到了重要作用。可以说，白俄罗斯地区的教育发展经历了从宗教到世俗、从单一到多元、从基础到专业的转变，这些变革不仅为其教育体系奠定了坚实基础，也为未来的教育发展提供了重要支撑。

（二）俄罗斯化阶段

18 世纪末，由于波兰–立陶宛联邦的分治，白俄罗斯地区成为俄罗斯帝国的一部分。

1803 年 1 月 24 日的法令规定将俄罗斯划分为若干教育区。维尔纳教育区辖有以下省份：维尔纳、格罗德诺、明斯克、维捷布斯克、莫吉廖夫、基辅、沃伦和波多利亚。也就是说沙俄管辖范围内的白俄罗斯省份（格罗德诺、明斯克、维捷布斯克、莫吉廖夫）均属于维尔纳教育区。

19 世纪，俄罗斯帝国建立了统一的国家教育机构体系，包括四种类型的教育机构：教区、地区、省级（或古典文科中学）和大学。

俄罗斯帝国政府推行俄罗斯化教育政策，禁止在白俄罗斯地区使用白俄罗斯语和波兰语教学，并开设了类似于俄罗斯帝国的中学。白俄罗斯最早的中学之一斯卢茨克中学就是那时开设的。1803—1804 年的教育改革将白俄罗斯各省学校纳入新成立的维尔纳教育区 [1]，其中心是维尔纳大学，虽使用波兰语授课，但鼓励学习历史和传统文化，这有利于培养学生的白俄罗斯民族意识。

自 1830—1831 年波兰起义（十一月起义）[2] 之后，维尔纳大学因其作为贵族阶层追求自由精神与爱国情怀的汇聚地，在 1832 年被沙俄政府下令关闭。同时，原先的天主教修道院学校也进行了转型，改为采用俄语教学的世俗学校，并增设了一所私立女子寄宿学校，以适应社会变革对教育的需求。

18 世纪末至 19 世纪初，白俄罗斯地区在俄罗斯帝国统治下的教育改革

---

[1] ДАНИЛЕНКО С. Н. История создания Виленского учебного округа: к 210-летию его организации[J]. Веснік МДУ імя А. А. Куляшова, 2014(2): 28.

[2] 沙皇俄国统治下的波兰人民的一次争取民族独立的武装起义，波及当时俄罗斯帝国多个地区。

和政策旨在加强中央集权，推行俄罗斯化，提高教育水平。然而，这些政策也导致白俄罗斯地区的民族文化受到压制，民族意识和反抗情绪逐渐增强。

（三）体系初步形成阶段

1917 年，白俄罗斯的教育体系初步构建完成。随后，布尔什维克党取得政权，将教育提升为一项广泛的群众运动，致力于实现教育的普及化，以确保每位公民均享有免费接受教育的权利。在苏联时期，白俄罗斯苏维埃共和国成功建立起一套完整的教育体系，为后期学校和教学法的发展奠定了坚实的基础。

1919 年，白俄罗斯苏维埃社会主义共和国正式成立，随之而来的是教育体系的深刻变革。1920 年，白俄罗斯化政策得以推行，其内容包括开办以白俄罗斯语为主要授课语言的学校，以及出版首批白俄罗斯语教科书，这一系列举措有力推动了白俄罗斯教育体系的变革进程。

白俄罗斯的教育体制在结构上与苏联的教育体制保持一致，同时亦拥有一些独有的特征。特别是中学教育，其体系由两个阶段构成，即小学阶段与不完全中学阶段（七年制学校）。此种教育模式在 20 世纪 30 年代中期以前，一直是白俄罗斯中学教育的主流形式，而在苏维埃俄国境内，对应的体系则为九年制学校。

20 世纪 20—30 年代，白俄罗斯的教育机构不再像以前那样种类繁多，取而代之的是单一的两级（5+4）劳动学校。[1] 然而，在构建九年制学校的过程中，白俄罗斯面临着诸多严峻的挑战：教师队伍规模不足，学校的基础设施薄弱，以及教科书数量匮乏等。在极端情况下，每位教师需要负责教授多达 60—70 名学生，这无疑加大了教育工作的难度。

---

[1] 资料来源于 Хелпикс 网。

国家和经济建设需要大量专业人才。为此，白俄罗斯苏维埃社会主义共和国政府通过《关于普及初等义务教育》的法令，将九年制劳动学校改为七年制（4+3）劳动学校，并建立三至四年制的专业技术学院和三年制大学。在 20 世纪 20 年代，白俄罗斯苏维埃社会主义共和国内的普通教育体系以七年制劳动学校为主体，针对农村地区，设有专门的青年农民学校；而在城市和劳动居住区，则设立了七年制工厂学校。这些学校致力于使学生深入理解和体验劳动过程，为其未来的职业发展和社会参与奠定坚实基础。

新型中学"工农速成中学"为工农青年接受高等教育做准备。第一所工农速成中学于 1919 年在高尔基农学院开办，第二所于 1921 年在白俄罗斯国立大学开办。1927—1928 学年，共有 6 所学校，学生达 1 012 人。这些学校在 1940 年解散。20 世纪 30 年代，苏维埃社会主义共和国针对学校教育体系实施了深入的重组工作。依据《关于苏联中小学结构的法令》（1934 年），在全国范围内对学校教育体系进行了统一结构与阶段连续性的规定。依据该法令之要求，全国各地建立了以下学校体系：小学阶段，为期四年；不完全中学阶段，为期七年；完全中学阶段，为期十年。

此种学校体系自建立后一直沿用至 20 世纪 80 年代，其间虽略有调整，但在当时被视为最为理想的学校结构。其合理的体系架构与较高的教育水平亦获得了国际社会的广泛认可。除了对学校结构进行重组外，还引入了分学科教学、标准课程大纲和教科书以及统一的课堂制度，教育教学的规范性与质量得到进一步提升。

卫国战争期间，苏联学校处于极其困难的境地，被德军占领地区的大部分儿童被剥夺了学习的机会。在第二次世界大战期间，德国法西斯对白俄罗斯实施了残酷的侵略行径。他们肆意烧毁了众多城镇、村庄及学校，导致教育设施遭受严重破坏。同时，大量教师被无情地枪杀或被迫从事繁重的苦役，使得教育体系几乎陷入瘫痪。然而即便如此，德国法西斯仍试图在白俄罗斯推行德国化政策。他们在德军驻扎点设立了所谓的"人民"

小学，这些学校不仅禁止教授俄语和白俄罗斯语，还大幅缩减了学制，仅要求儿童完成四年制学业。在此期间，学生主要学习基础算术和学会写自己的名字，并必须深入了解德国历史以及接受"纳粹"教育。更为恶劣的是，这些学校还要求学生无条件服从德国人的统治，体罚现象屡见不鲜。面对如此残酷的现实，白俄罗斯的教师们并未放弃对教育的坚守。他们在私人家庭中秘密组织儿童教育，努力为孩子们提供基本的知识和技能。同时，许多教师和学生还积极加入游击队，投身于反纳粹斗争，展现出坚定的民族气节和爱国情怀，用实际行动捍卫着民族的尊严和未来。

在游击队运动区内，白俄罗斯成功创立了一所森林学校，以游击队教师为主要师资力量，致力于向孩子们传授白俄罗斯语、算术、历史、地理等学科知识，同时注重培养他们的音乐素养和实践能力，教授唱歌和手工技巧。尽管学校条件极为艰苦，但教师们始终坚持不懈地努力，以期培养出具备爱国情怀和政治觉悟的新一代青年。然而，从整体来看，卫国战争时期的白俄罗斯普通教育遭受了毁灭性的打击，发展陷入了停滞状态。

总体而言，白俄罗斯的教育体系自1917年起经历了从初步建立到群众运动的转变，并在苏联时期发生重大变革。白俄罗斯政府推行了白俄罗斯语政策，开办了白俄罗斯语学校并出版了首批白俄罗斯语教科书。20世纪30年代，白俄罗斯的教育结构经历了一次重要的重组，这次重组使得白俄罗斯的教育体系赢得了国际社会的广泛认可。然而，在卫国战争期间，白俄罗斯的教育事业遭受了严重的冲击和破坏。尽管如此，白俄罗斯人民仍然坚定地致力于维护和推动其教育系统的持续发展，通过创建森林学校等多种形式，积极应对挑战，努力维系教育的发展。

（四）体系的发展阶段

随着白俄罗斯领土从侵略者手中获得解放，白俄罗斯政府恢复公共教育的工作也随之展开。在苏联时期，其所有加盟共和国均提供了大力支持，派遣梯队输送了各类物资，包括建筑材料、书籍、教学设备、食品及药品等。1944—1945 学年，白俄罗斯苏维埃共和国范围内共有 10 127 所学校开始招生，其中包括 8 360 所小学、1 491 所七年制学校以及 1 209 所中学，共计招收学生 1 209 人。鉴于当时教学人员的紧缺（战前拥有教师 546 000 名，而 1944—1945 学年减至 3 万名），短期师范课程得以开设，以应对师资短缺的问题。[1]

至 1948 年，白俄罗斯地区的儿童入学率已高达 90%，表明小学教育普及工作取得了显著进展。同时，劳动青年和农村青年学校也逐步建立起来，为更多青年提供了接受教育的机会。1949 年 1 月，俄罗斯苏维埃联邦社会主义共和国部长会议更是通过了关于实行七年义务教育的决议，进一步推动了教育事业的普及与发展。自 1956 年起，白俄罗斯政府为孤儿开办寄宿学校、一至两年制的技术学校和两至三年制的技术学院。[2]

1963 年，白俄罗斯义务教育由七年制改为八年制。1977 年，绝大多数的八年级毕业生选择继续学业，接受了完全中等教育（即高中教育）。总的来说，1970—1980 年，白俄罗斯的教育体系达到了一个新的水平，实现了中等教育普及，建立了新形式的教育机构，改进了教学内容和方法，学生的劳动培训和教育也得到了加强。

战后到独立前的白俄罗斯教育体系经历了从恢复到发展再到现代化的多个阶段，并取得了显著的成就。这一时期的白俄罗斯教育的发展不仅体现在量的扩张上，更在于质的提升和制度的国际化。通过不断的内部改革和对外开放，白俄罗斯的教育体系开始走向国际化，为国家的长远发展奠定了坚实的基础。

---

[1] ЕМЕЛЬЯНОВА М. В, ЖУРЛОВА И. В. История педагогики: Учебно-методическое пособие для студентов педагогических университетов[M]. Мозырь: Мозырский государственный педагогический университет, 2005: 57-58.

[2] КАПРАНОВА В. А. История педагогики: учеб. пособие[M] 2-е изд. , испр. и доп. Минск: Новое знание, 2005: 15.

二、独立后的普通教育

独立之初，尽管国家经历了政治和经济上的变革，但白俄罗斯的基础教育体系仍然保持了一定的稳定性。这得益于苏联时期建立的教育基础，以及对教育领域的持续投资。

独立后，白俄罗斯继续实行苏联时期的十一年制免费中等普通教育，后来在 1998 年开始向十二年制过渡。制度的延续为学生提供了稳定的学习环境。

尽管国家在经历经济转型和政治变革的挑战，但是白俄罗斯政府仍然将教育视为优先发展领域，重视基础教育的发展，并致力于提高教育水平和普及率，不断推进教育改革以适应社会经济发展需求。教育经费占国家预算支出的比例在 2001 年达到了 5.9%，政府对教育的投入并未因各种挑战而大幅削减，这使得白俄罗斯的成年人口识字率一直是世界上最高的国家之一，目前达到了 99.7%，而且中小学儿童入学率方面，白俄罗斯已达到全球最发达国家的水平。[1]

在普通教育立法方面，1991 年《白俄罗斯共和国教育法》通过，为教育系统提供了新原则指导，并规定了国家教育政策、目标、结构以及资金筹措等原则。同时，一系列重要文件、规范性法案和方案，如《白俄罗斯教育和培养方案》《白俄罗斯共和国高等教育发展方案》等先后制定，对教育和培养年轻一代提出了更为先进的观点。

2002 年 3 月，白俄罗斯通过了 1991 年《教育法》修正案 [2]，修正内容在法律层面上深刻反映了国家教育体系的重大变革与发展。与普通教育相关的内容主要体现在以下几个方面：明确阐述了教育优先，基础教育的义务性、普及性、连贯性、科学性、价值普遍性、民族与文化特色、环境友好，

---

[1] 资料来源于白俄罗斯共和国总统网。

[2] 资料来源于 asveta 网。

以及教育的民主化和世俗化等核心原则；明确规定了新型教育机构，如文理中学、特科中学、学院和高等职业学校的法律地位，体现了该国对教育多样化的追求和认可。此外，修正案还规定了白俄罗斯教育体系从十一年制向十二年制过渡；允许学生在完成九年级学习之后继续在普通中等学校接受普通中等教育，或转入中等专科学校或职业技术学校学习。

2002 年的《教育法》修正案对白俄罗斯的教育体系进行了重要的改革和更新，旨在提高教育质量，扩大教育机会，并促进教育体系的现代化和国际化。

在教育机构类型方面，20 世纪末白俄罗斯出现了新型教育机构，这些机构更具学术性、选择性，注重高质量教育以及专业性，如 1991—1992 学年出现了第一批文科中学（以强化人文学科教学为主的普通中学）和特科中学（侧重人文或技术专业的中等中学）。到 2022—2023 年，白俄罗斯共和国共运行有 203 所文科中学和 24 所特科中学。[1] 这些新型中学主要集中在首都明斯克，这是因为首都的公共需求量大，高等院校数量多，师资力量雄厚。

在教育改革方面，私营部门也一起参与发展学校教育，教育机构的类型更加多样化（如普通中学、文科中学、特科中学、教育师范综合体、专科学校等）。白俄罗斯教育部在教育机构内也不断开展创新活动，应用教育技术的范围也在扩大。这些变化为学校教育的彻底重组铺平了道路，并使白俄罗斯学校进入了长期的大规模改革时期。

1998 年，白俄罗斯政府启动了全面的学校改革计划，旨在至 2008 年全面推行六年制教育，并确立年制教育体制（即四年初等普通教育、六年基础普通教育及两年中等普通教育）。在推进学校系统结构重组的同时，政府亦拟定了以下重要举措：精心制定并严格实施全新的教学计划和教学大纲，

---

[1] 资料来源于白俄罗斯统计委员会。

以适应新时代的教育需求；着力恢复中等普通教育的基础性质，夯实学生的学科基础；推动高中教育的广泛差异化，实施专业侧重点培养，以满足社会多元化的人才需求；引入科学有效的新学生知识评估系统，以提升教育质量和学生综合素质；建立以培养学生爱国主义情感和公民意识为核心的教育体系，促进学生全面发展。

作为推进改革的重要一环，白俄罗斯政府积极拓宽涵盖语言、数学、音乐、体育等领域的专业学校网络，旨在进一步强化学生能力培养，充分满足其个性化兴趣和天赋发展需求。同时，文科中学、特科中学、中等普通教育学校（文科中学）——中等专科学院教育综合体等教育平台，为学生提供了更加深入、系统的教育服务。此外，针对存在健康问题的儿童，白俄罗斯还特别设立了疗养型学校、森林学校、辅助学校和寄宿学校等教育支持机构。

2008 年 7 月 17 日，白俄罗斯总统签署了《关于中等普通教育的若干问题》的法令，规定中等普通教育的学制为十一年，每周上课 6 天。根据法令规定，普通教育阶段与儿童个性发展的三个主要阶段紧密对应，具体如下：童年时期，即普通教育第一阶段（初等普通教育），对应的是小学一至四年级；少年时期，即普通教育第二阶段（基础普通教育），对应的是五至九年级的初中；而青年时期，即第三阶段（中等完全普通教育），则对应的是十至十一年级的高中。一至九年级整体构成普通教育的基础阶段；十至十一年级构成普通教育的中等阶段；一至十一年级整体构成普通中等（完全）教育阶段。

小学（一至四年级）在确保学生个性全面发展的基础上，帮助其形成对自然、人类和社会的初步世界观。小学生需掌握必要的综合学习技能，学会读、写、算，掌握理论思维要素、语言和行为文化及个人卫生基础知识，养成健康的生活方式。

初中（五至九年级）进一步全面发展学生的个性，使学生掌握科学基础知识，形成科学的世界观、思维和活动方式，掌握基本的实用读写能力（语言、计算机、法律、环境、经济），掌握基本的社会文化知识和道德法律规范。完成学业后，学生应为积极融入社会生活和职业定向做好准备。

高中（十至十一年级）在结合学生个体差异化的基础上，结合学生的能力、天资和愿望，确保满足学生的文化和教育需求。在这一阶段，学校帮助学生形成与其能力和生活条件相适应的生活方式以及思维、交流和研究活动方式，并相应地做好积极参与社会生活、继续接受教育和自我教育以及选择职业的准备。

国家对普通教育大纲有统一要求。学校都采用统一的课程模式，规定基础阶段需要学习的科目。对于对某些学科表现出特殊兴趣的学生，可以在由学生本人及其家长选择的选修课框架内学习这些学科的高级课程。教育系统中保留了文科中学和特科中学。根据该法令，每周五天为教学日，周六为集体活动日，可以进行一些保健类或集体体育活动。学校教育的内容也发生了变化。该法令的通过为所有在校学生接受高质量的十一年制中等完全普通教育创造了平等的条件，满足了白俄罗斯经济发展的需要和大多数公民的愿望。

目前，白俄罗斯实行十一年义务教育制度。6岁入学，学生在完成九年级学业后，拥有自主选择继续接受两年中等（完全）普通教育的权利。经过规范的考试程序，合格者将获得基础普通教育毕业证书及中等（完全）普通教育毕业证书。凡持有普通教育机构颁发的毕业证书的学生，均有资格参加由直属白俄罗斯教育部的共和国知识检测研究所组织的全国考试。

独立后，白俄罗斯普通教育机构体现出显著的多样化特征。其中，文科中学、特科中学等新型教育机构层出不穷，进一步丰富了教育体系的内容与形式。此外，还包括文科寄宿学校、孤儿寄宿学校、特殊教育学校等，这些机构根据不同的教育需求和目标，提供有针对性的教育教学服务。此外，白俄罗斯还拥有苏沃洛夫陆军学校、士官武备学校等军事教育机构，以及疗养型寄宿学校 [1]、教育和教学综合体、劳动培训和职业指导校际培训和生产中心、校际预科培训中心等特色教育机构，这些机构共同构成了白俄罗斯多样化的普通教育体系。

在教育评价制度方面，2002 年 9 月 1 日，白俄罗斯的中学开始采用新的、更能全面考查学生能力的十分制知识评估体系。[2] 该评估体系将重点放在对学生知识的书面检测上（以完成测试题、平时测验等方式）。2004 年，十分制知识评估体系也被应用到高等教育中。

白俄罗斯普通教育体系经历了从苏联时期的平稳过渡到独立后的持续发展与改革，政府始终重视教育领域的发展，不断提升教育水平和普及率，与此同时也面临着诸如机构数量减少和师资队伍变化等诸多挑战。

第二节　普通教育的特点和经验

一、普通教育的特点

（一）实施免费的普通教育

白俄罗斯实施免费的普通教育。政府高度重视教育事业，推行教育优先发展战略，为建设一个社会福利国家不懈努力。在中小学入学率和学生人数方面已达到世界高水平。三分之一的居民都在学习。教育内容包括教

---

[1] 疗养型寄宿学校作为普通中等教育机构，涵盖一至十一年级，提供普通中等教育的一、二、三阶段教学及培养。该校旨在实施全面教育计划，同时特别关注保护处于困境儿童的权利与合法利益。它为学生提供了治疗、休养、住宿及营养支持的良好条件，并可根据需要实施普通及特殊中等教育计划。针对患有肌肉骨骼系统疾病、结缔组织疾病、躯体疾病、结核病或存在结核病风险的儿童，学校特设了专门的疗养寄宿设施。

[2] 资料来源于白俄罗斯总统网。

学过程和培养过程，首要任务是培养对祖国、人民、语言、文化和传统的尊重。稳定的资金来源确保了教育系统的运行和发展以及社会标准的实现，主要资金来源为预算资金，每年有 5% 的国家预算投入到教育领域，与发达国家在教育领域的投资水平相当。这被视为国家对人力资本的重视。

（二）普及率高

早在 1932 年白俄罗斯就已经实现了普及初等教育，1972 年 6 月 23 日，白俄罗斯通过了《关于在白俄罗斯苏维埃社会主义共和国全面过渡到普及中等教育的决议》，并在第九个五年计划末（1975 年）基本实现了普及中等义务教育。到 1979 年，白俄罗斯识字率达 99.9%，已基本扫除文盲。[1] 自苏联解体以来，白俄罗斯普通教育体系不断进行革新，逐步完善和优化。如今白俄罗斯的普通教育发展较为成熟，教育普及程度极高，成年人口识字率接近 100%，普通教育机构覆盖广泛。2023—2024 学年，全国共有 2 872 所普通中等教育机构，在校学生人数为 109.02 万人。[2]

（三）办学层次齐全，机构类型多样

白俄罗斯的儿童 6 岁入学。普通中等教育分为三个阶段：初等、基础和中等。初等阶段学制为四年（一至四年级）、基础阶段学制为五年（五至九年级），中等教育为两年（十至十一年级）。初等和基础阶段为基础普通教育共九年。初等、基础和中等阶段为中等完全普通教育共十一年。白俄罗斯现实行十一年制义务教育。在接受基础普通教育后，学生除了可以在普通中学或者文科中学继续学习外，还可以同时在特科中学、职业学院、中

---

[1] 农雪梅、李允华. 白俄罗斯 [M]. 2 版. 北京：社会科学文献出版社，2021：207.

[2] 资料来源于白俄罗斯总统网。

等职业技术学校等机构学习，即在获得中等普通教育的同时，也可以同时获得职业教育。白俄罗斯教育机构日趋多样化，新型教育机构不断涌现，满足了学生多样化的学习需求，增强了教育的包容性与灵活性。

（四）注重教育改革与创新，教育内容与时俱进

白俄罗斯积极推进教育改革与创新，实施学校改革，更新教学计划，引入新的评价方式（十分制取代原来的五分制），以适应社会发展的需求；新十分制评估体系注重培养学生的综合能力，促进学生的全面发展。

实行灵活的语言政策，注重教育公平。在教学过程中用白俄罗斯语和俄语这两种语言进行教学。学生可自选俄语或者白俄罗斯语参加全国中央考试（类似中国的高考）。教育内容与时俱进，根据社会发展和国际发展趋势实时调整，以培养具备全球视野和竞争力的人才。近年来，随着中白两国关系的不断提升，中国国际地位的不断提高，汉语成为白俄罗斯的热门外语之一，不仅被纳入白俄罗斯普通中等教育的外语课程，而且被纳入全国中央考试（外语科目）的选择之一。

提供多种语言课程，尊重学生个人选择。在普通教育阶段，学生可以从英语、德语、法语、西班牙语、汉语中任选一门作为必修课。

注重理论与实践相结合，培养学生的创造力、批判性思维和问题解决能力，鼓励创新思维。白俄罗斯普通中等教育系统的最新发展趋势之一是在高中引入专业教育，即除了学习普通高年级科目外，学生还可选修教育学（"教育学专业入门"）、农业学（"农业专业入门"）或体育与教育学（"体育与教育学专业入门"）等课程。此外，在整个普通教育体系内增加了"劳动课"，如家庭修理、金属加工、家政学、缝纫、植物栽培等。[1] 对十年

---

[1] 资料来源于白俄罗斯教育科学院官网。

级和十一年级的学生实施职业培训计划，主要目的是使其掌握某些专业技能，学习某一职业的知识，具备实操能力。[1]

此外，现代信息技术已深度融入普通中等教育的教学过程中，基于现代信息技术手段、包含优质资源和服务的云信息教育环境正在形成。

自 2015—2016 学年起，普通中等教育的内容逐步更新，课程标准、计划和大纲、教科书和教具等也得到了更新。新教科书积极利用信息技术，采用增强现实技术（AR 技术），开发电子应用程序，使教科书能以互动的方式使用。新教科书的电子版中增加了电子教育资源的超链接。教育过程中使用的所有教科书的电子版均可在国家教育门户网站上查阅。[2]

（五）小班教学

白俄罗斯推行小班教学，严格控制班级人数，以保障教学质量。旧版《教育法》对普通教育阶段的班级人数有严格的规定：小学阶段每班可招收 20 名学生，基础普通学校（五年级以上）每班可招收 25 名学生，文科中学每班可招收 20 名学生。新版《教育法》虽然没有规定班级人数，但是必须保证班级里每位学生有 2 平方米的空间。如果教室空间够大，人数可以稍有增加，但是无论如何一个班级不能超过 30 人。"[3]

（六）特殊教育方面成果显著

特殊教育方面，白俄罗斯在组织有特殊发展需要的儿童，包括残疾儿童的工作上取得了良好成果。所有儿童，无论其缺陷的性质和严重程度如

---

[1] 资料来源于白俄罗斯共和国总统网。

[2] 资料来源于白俄罗斯共和国总统网。

[3] 资料来源于真理报。

何，从缺陷被确认到职业培训和就业期间，都有机会接受教育。2021 年，特殊教育和补救教学援助的覆盖率达到了 99.9%。学前教育、普通中等教育和特殊教育机构系统已经建立，这些机构不仅提供教育，还提供社会和教学支持、社会康复、心理和补救教学援助，以及教育过程中的个人支持。70% 以上有特殊发展需求的儿童在融合教育和抚养条件下接受教育。特殊教育领域的活动由白俄罗斯矫正发展教学与康复中心负责协调。[1]

（七）学期组织形式按学季划分

白俄罗斯的普通教育体系的学期是按照学季划分，且两个学季之间都有一个小假期，以 2024—2025 学年为例：第一学季为 2024 年 9 月 2 日至 2024 年 10 月 26 日；第二学季为 2024 年 11 月 4 日至 2024 年 12 月 24 日；第三学季为 2025 年 1 月 8 日至 2025 年 3 月 22 日；第四学季为 2025 年 3 月 31 日至 2025 年 5 月 31 日（九年级和十一年级学生至 2025 年 5 月 23 日）。[2]

学季间假期安排如下：秋季假期为 8 天，从 2024 年 10 月 27 日至 2024 年 11 月 3 日（含）；寒假为 14 天，从 2024 年 12 月 25 日至 2025 年 1 月 7 日（含）；春假为 8 天，从 2025 年 3 月 23 日至 2025 年 3 月 30 日（含）；暑假为 92 天，从 2025 年 6 月 1 日至 2025 年 8 月 31 日（完成普通中等教育第二阶段的学生为 82 天，从 2025 年 6 月 11 日至 2025 年 8 月 31 日）。

对于一至二年级的学生（三年级指在普通中等教育第一阶段学习五年、有特殊发展需要的学生），在第三季度增加寒假，时间为 2025 年 2 月 17 日至 2025 年 2 月 23 日，共 7 天。

按照学季来划分，让每个学期都更加紧凑，同时学季间的小假期也为学生们提供了放松和休息的机会。这种安排有助于学生们更好地调整学习

---

[1] 资料来源于白俄罗斯共和国总统网。
[2] 资料来源于白俄罗斯共和国教育部官网普通中等教育管理司。

状态，保持学习的热情和动力。从 2024—2025 学年的具体安排来看，每个学季的时间长度都相对适中，既保证了学生们有足够的时间来学习新知识，又避免了因为学期过长而导致的疲劳和厌倦。同时，学季间的假期也安排得十分合理，让学生们可以在紧张的学习之余，享受到充分的休息和娱乐。总体来看，白俄罗斯的学期组织形式充分考虑了学生的学习需求和身心发展特点，既保证了学习的连贯性和有效性，又为学生提供了充足的休息和娱乐时间。

（八）注重国际合作

白俄罗斯在教育、科学及文化领域的国际合作取得了令人瞩目的成就，与众多国家及教育部门签署了多项协定和备忘录 [1]，这些合作不仅涵盖学历、学位和职称文件的相互承认，还包括教育领域的广泛合作与交流。

比如，与中国签署有《白俄罗斯共和国政府与中华人民共和国政府关于相互承认学历证书的协定》《白俄罗斯共和国教育部和中华人民共和国国家外国专家局关于在职业培训、进修、实习和再培训以及专家交流领域开展合作的协定》等，其中包括对白俄罗斯和中国持有中等普通教育和职业教育毕业证书相互承认的明确规定和条款，为两国学生在对方国家继续深造或就业提供了极大的便利，是两国教育合作的重要里程碑。同时，白俄罗斯还积极与其他国家如阿塞拜疆、亚美尼亚、保加利亚、委内瑞拉、越南、以色列、伊朗、意大利等开展教育合作，共同推动教育事业的发展和进步。

此外，白俄罗斯还注重与周边国家在中等和职业教育方面的合作，如与阿塞拜疆、亚美尼亚、格鲁吉亚、哈萨克斯坦、吉尔吉斯斯坦、摩尔多瓦、俄罗斯、塔吉克斯坦、乌兹别克斯坦、乌克兰等国签署了关于中等

---

[1] 资料来源于白俄罗斯共和国教育部官网。

（普通）教育、初等职业教育和中等职业（特殊）教育文件相互承认和等效的协定，这些举措无疑将促进区域内教育资源的共享和教育的共同发展。

二、普通教育的经验

白俄罗斯在普通教育阶段取得了显著成就，并积累了宝贵的经验，这对于其他国家和地区的教育发展具有重要的借鉴意义。

在法律与政策层面，白俄罗斯政府通过制定并不断完善一系列教育法律和政策，为普通教育构筑了坚实的法律基础。这些政策旨在全面保障教育的普及与发展，同时致力于提升教育质量，以满足社会与时代的需求。

在教育资源配置方面，白俄罗斯注重资源的公平与高效分配，致力于确保所有适龄儿童和青少年都能享有接受基础教育的权利。通过优化资源配置，白俄罗斯努力提升整体教育覆盖率和教育水平，为国家的长远发展奠定坚实的人才基础。

在教师队伍建设上，白俄罗斯高度重视教师的专业成长与发展。通过加强师范教育，提供持续的职业发展机会，白俄罗斯不断提升教师的专业素养和教学能力，为教育质量的提升提供有力保障。

在课程设置与教学方法上，白俄罗斯注重理论与实践的紧密结合。课程设置既注重知识的系统性与深度，又强调实践能力的培养与提升。教学方法上，白俄罗斯倡导创新理念，采用多样化的教学手段，以适应不同学生的学习需求和特点。

在国际合作与交流领域，白俄罗斯积极参与国际教育合作与交流项目，与多个国家和地区建立了广泛的合作关系。这些合作项目不仅促进了教育资源的共享与优化，也为白俄罗斯的教育改革与发展提供了新的视角和经验借鉴。

此外，白俄罗斯还注重科技与教育的深度融合。随着信息技术的快速发展，白俄罗斯在教育领域加强了对科技的应用，利用先进的信息技术手段改进教学方法、提高教学效率，为学生创造更加优质的学习环境。

同时，白俄罗斯的教育体系还关注学生的全面发展。除了注重学术成绩的提升外，还注重劳动教育、学生的身心健康、综合素质以及个性特长的培养。学校通过组织丰富的课外活动和兴趣小组等方式，鼓励学生积极参与、全面发展。

白俄罗斯还建立了科学的教育评价体系。通过对学生学业成绩、教师教学质量以及学校管理水平的全面评估，不断完善教育评价体系，促进教育的持续改进和提高。

第三节 普通教育的挑战和对策

白俄罗斯在教育领域的努力确实令人瞩目，特别是在将可持续发展问题纳入教育内容方面。这样做不仅有助于培养学生的环保意识和社会责任感，还能为他们未来的职业发展和提高社会适应能力奠定坚实基础。虽然普通教育一直在不断地改革，以满足最新的社会发展需求，但也面临着不少的挑战。

一、普通教育的挑战

（一）教育质量难以满足时代要求

鉴于当前世界经济需求的急剧变革、信息传递方式的革新以及信息量的急剧增长，传统知识来源、获取形式以及学习方法均难以适应现代社会的发展需求。同时，教育的核心价值亦在发生深刻变化。昔日，优质教育尚可确保个体在一定程度上获得就业机会，然而，现时情况已然迥异。

在白俄罗斯，普通教育领域长期以来一直在进行多层次、多角度的改革。然而，总体而言，其核心理念并未发生根本性变革。教学大纲虽有微调，但其更新速度往往未能跟上时代步伐，更未能触及根本问题。在教学方法及普通教育系统的其他维度，亦存在类似情况。特别是在新冠疫情期间，大部分教师暴露出在现代化信息技术运用方面存在明显短板，远程教学能力亟待提升，相关实践经验亦显不足。

（二）教育资源分布不均，教学质量参差不齐

白俄罗斯的普通教育机构在教学水平和资源配置方面存在显著的差异。总体来看，文科和特科中学在教学质量上表现较为出色，普遍高于其他类型的学校。对于毕业生而言，进入大学的条件相较于其他同级别教育机构更为严格，这也反映了文科和特科中学在教学水平上的优势。然而，值得注意的是，尽管这些学校的师资条件相对较好，但学生仍常需通过额外辅导来弥补学习上的差异，特别是在农村和低收入家庭的学生中，这种需求更为迫切。同时，城市地区的学校在教学条件和教育资源方面相较于农村地区更具优势。

此外，外语学习在现代社会中具有不可或缺的地位，但并非所有学校都具备开展外语教学的条件。尽管文科、特科和普通中学在外语学习时长上有所保证，但许多学校仍缺乏母语为外语的教师，这在一定程度上影响了外语教学的质量。

（三）教育机构形式主义盛行，教师无法专心教学

多数教师在日常工作中需投入大量时间处理与教学无关或涉及繁琐官僚主义及形式主义的事务，如承担繁重的文书工作，这导致他们缺乏足够的时间专注于教育教学工作。尤其在边远地区，这一问题更为普遍和突出。

（四）课程设置不够科学、合理

白俄罗斯的大部分教师、学生和家长普遍对普通教育阶段学生所学内容表示担忧，他们认为学生正在学习过多的"非生活所需"知识。基于这一现状，他们提出减少高年级的学科科目，鼓励学生根据个人兴趣选择深入学习的内容，以减轻学生的课业负担，使他们能够更专注于期末和入学考试，从而提高学习效果和应对能力。

而且，许多中等教育机构的毕业生在踏入社会后，难以适应成人生活。这主要是因为他们在学校所学的内容并未充分满足社会生存的实际需求。因此，专家建议白俄罗斯的课程设置需要在保障学生兴趣和减轻课业负担的同时，注重提升教育的实用性和社会适应性，确保学生能够在未来的生活中顺利融入社会。

此外，白俄罗斯普通中等学校的多元化发展亟待加强，比如考虑在普通中等教育体系中引入远程或线上教学模式，以满足更多海外学生的教育需求。

（五）教育机构类型单一

目前，白俄罗斯的普通教育机构以公立机构为主。截至 2021 年 9 月 1 日，白俄罗斯共有 2 967 所普通中等教育机构（包括特殊教育机构）。其中，

2 926 所隶属于教育部（包括 189 所特殊教育机构），2 所隶属文化部，1 所隶属国防部，1 所隶属内务部，1 所隶属紧急情况部，11 所隶属体育和旅游部。截至 2022 年，全国共有 25 家私营中等教育机构。2022 年，白俄罗斯总统签署的《许可证法》第 314 条规定，私营学校须获得特别许可方可开展教育活动。该法自颁布起即可生效，同年几乎关闭了所有的私营学前教育机构和私营普通教育机构。[1] 截至 2023 年 8 月，全国只有 5 所私营中等教育机构。[2] 白俄罗斯总统新闻处表示，此举旨在防止教育领域出现纯商业性质的经济实体，从而保护国家和个人利益。颁发许可证法将确保教育机构的合法性与服务质量，并允许对其教育过程进行评估。目前，白俄罗斯对于私营教育机构审查非常严格，私营学校想要获得经营许可是非常困难的。2021 年，白俄罗斯出台了一份文件——《2030 年前普通中等教育发展构想》。在该文件中根本没有使用"私立教育"一词（原则上，包括《教育法典》在内的任何地方都没有"私立教育"这个词）。该文件指出，其发展任务之一是确保届时"免费、优质普通中等教育的全覆盖"[3]。

虽然一个国家只有一种类型的教育机构会带来教育资源公平分配、减少教育费用和统一的教育标准等优势，但同时也面临教育资源压力、个性化教育受限、创新动力可能不足和政府财政压力增加等挑战。

首先，没有私营教育机构意味着所有学生都将进入公立学校接受教育，这有助于确保教育资源的公平分配。每个学生都将有机会接受相同质量的教育，不受家庭经济状况的影响。其次，私营教育机构通常收费较高，没有私营教育机构意味着家庭无需承担额外的教育费用，这可以降低家庭的经济负担。且只有公立学校的情况下，政府可以更容易地制定和实施统一的教育标准，确保所有学生接受到一致的教育，培养统一的价值观等。但

---

[1] 资料来源于 Точка 新闻网。

[2] 资料来源于白俄罗斯共和国国家统计委员会。

[3] 资料来源于 citydog. io 网。

如果所有学生都进入公立学校，那么公立学校将承担巨大的教育压力。学校需要更多的教室、教师和资源来满足学生的需求，这可能导致教育资源的紧张。

私营教育机构通常更注重个性化教育，能够根据学生的特点和需求提供更灵活的教育方式。而在只有公立学校的情况下，这种个性化教育可能会受到限制，因为公立学校需要遵循统一的教育标准和课程安排。私营教育机构之间存在竞争，这种竞争可以推动学校不断创新和提升教育质量。而在只有公立学校的情况下，由于缺乏竞争，学校可能缺乏创新的动力。所有学生都进入公立学校，意味着政府需要承担更多的教育经费。这可能会增加政府的财政压力，需要更多的资金投入来维持和提高公立学校的教育质量。

此外，过度依赖公立教育机构也可能使得教育体系缺乏弹性和应变能力。在面临突发事件或挑战时，无法快速做出反应，影响整个教育系统的稳定性和可持续性。

二、普通教育的对策

白俄罗斯在教育方面确实面临着诸多挑战，但政府、社会和学术界已经积极应对，采取了多种措施来改善教育状况。

（一）政府层面的高度重视与积极介入

白俄罗斯政府将教育视为国家发展的核心要素，总统亲自参与并组织关于"教育相关问题"的会议，凸显了政府对教育的重视。每年9月，总统与教育部都会组织大型会议，深入讨论普通教育体系中的问题，并提出改善方案。例如，在 2023 年的一场重要会议上，总统提出了全面提升教育质量和关注学生身心健康的改革建议。

具体改革措施聚焦在多个方面。首先，强调学校环境对学生成长的深远影响，要求大力改善学校基础设施，同时提倡学生参与学校工作，培养学生的责任感与归属感。其次，政府关注学校食堂的食品质量，致力于实现食堂现代化，以确保为学生提供优质、营养的餐食。其次政府还批评了频繁更换课程和教科书的做法，提倡在借鉴苏联时期经验的基础上，逐步完善和改进教科书，以保证教育内容的连贯性和深度。提倡由负责教学的教师参与到教材的编纂工作中，以确保教科书的内容与学生实际水平相符。同时，政府也关注到学校收费问题，提出如果组织得当且充满人性化，学校向家长收取一定费用用于改善学校环境是可以接受的。最后，政府特别强调周六应成为学生的运动和活动时间，而不是选修课和其他科目的上课时间，提倡通过体育活动等方式增进家庭成员之间的互动，以促进学生的全面发展。

（二）《教育法典》的不断完善与修订

为了适应现代社会发展需求，白俄罗斯政府不断完善和修订《教育法典》。2022 年通过并实施的新版《教育法典》为教育领域带来了重要的修订和创新。

在总体概念和原则方面，新版法典强调了全纳教育和普通中等义务教育的新原则，旨在确保每个学生都能获得公平、有质量的教育。同时，法典对纪律提出了更明确和严格的要求，以维护良好的教学秩序。此外，新版法典还引入了强制性体检，以保障教学质量和学生安全。在定义"教学工作者的利益冲突"概念时，法典明确了教师和家长的责任与权利，要求教师在获取利益时不得与学生或其家长的利益相冲突，维护教育公正；对家长的责任与权利也进行了明确的描述：家长需确保其子女符合学校要求，并有权了解教育过程和子女的学习成绩，增强了家长在教育中的参与度；同时下放部分权利以提高管理灵活性，如明确地方执行和行政机构及创办人有权调整班级容量等；特别值得关注的是，新版法典还关注天赋儿童的发掘和培养，为他们的成长提供了更多的机会和资源。

在普通教育领域，新版法典的实施带来了诸多变革。首先，普通中等教育被明确为义务教育，即将义务教育从9年级延伸至11年级以提升整体教育水平，确保了更多学生接受教育的权利。其次，居住地就近入学条例的明确，使得学生能够更方便地接受教育。同时，明确为5至9年级学生开设选修课，为学生们提供了更多的学习选择和发展空间。允许在特定条件下将年度内即将年满6岁，还不足6岁的儿童送入一年级就读，增加了入学的灵活性 [1]，使教育程序更加人性化。为提高教育质量，设立文科中学选拔机制，即增设了中考，以前文科中学九年级结束后（初中毕业后），学生有权直接升入十年级（高中），那么现在将为他们引入竞争机制。孩子们将根据9年级毕业考试成绩的平均分和高级科目的分数进行选拔，择优录取。新版法典还延长了智力障碍儿童的教育期限，从9年延长至了10年，并取消了限制特殊需求学生人数的规定，进一步体现了教育的公平性和包容性。此外，新法典对语言教育也有了新的规定，虽然不再设立完全以少数民族语言授课的学校，但新法典规定了少数民族语言班级的存在，保障了多样化语言教育的可持续性。这样的安排旨在维护多语言文化的传承同时，确保教育资源的合理分配。远程教育也正式成为一种独立的教育形式。这一变革拓宽了学习的方式和途径，使学生能够更加灵活地接受教育，不受地域限制。新的统一中央考试简化了考试形式，并统一了高中毕业和大学入学的评估标准。这样的改革旨在提升教育的公平性，确保所有学生在相同的标准下进行评估。

---

[1] 按照规定，小学一年级的入学年龄应为6岁半到8岁以下儿童。

（三）对私立机构的运营有了明确的要求和规定，为教育机构的类型多样化带来更多发展空间

近一两年，尽管白俄罗斯对私营教育机构许可证的颁发非常审慎，为确保私营教育机构的教育质量和管理水平，白俄罗斯教育部门制定了相较于前几年更为严格，但也更为明确的规章制度来规范。规章制度的明确化，某种程度上为教育机构的多样化带来了一种存在的可能性。

首先，新规定要求私营教育机构必须拥有独立建筑和自有体育场，这是保障学生基本学习环境和体育活动需求的基础。同时，为提升教学质量，规章还规定了教师队伍中特级教师和一级教师应占的比例，确保私营教育机构具备优质教学能力。

其次，私营教育机构需保证人员齐备，避免教师缺失，以保障教学工作的稳定和连续，防止因教师流动影响学生学习。此外，学校还需储备足够的国家标准教科书，满足最多学生需求，并为教室配齐必要设备和材料，为学生提供丰富学习资源和良好环境。

再次，规章特别强调了私营教育机构的社会责任和政治属性。要求学校学生中应包含白俄罗斯共和国青年联盟和先锋组织成员，培养学生社会责任感和集体荣誉感。同时，教师队伍中应有"白俄罗斯"党成员，确保教育方针符合国家政策和价值观。

值得注意的是，只有满足上述要求并通过卫生防疫部门检查的私立机构才能获得经营许可。这一严格审核机制有助于保障私营教育机构的教育质量和安全性，提升教育行业公信力。

私营教育机构学生有权参加统一的中央考试（ЦT）并获得国家承认的毕业证书，确保私营教育机构学生与公立学校学生享有同等权利和机会，促进教育公平和社会进步。

白俄罗斯教育部门针对私营教育机构制定的规章制度，旨在确保其教

育质量、管理水平和社会责任，进而推动白俄罗斯教育事业的持续发展与提升。这些明确化的规章要求为私立教育机构提供了明确的文件依据，使其能在合法合规的前提下开展教育活动，从而为私立教育机构的发展创造了生存空间。

综上所述，白俄罗斯政府在普通教育领域采取了一系列对策，旨在提升教育质量、关注学生身心健康、促进教育公平和包容性。这些措施的实施将有助于培养更多有知识、有技能、有素养的人才，为白俄罗斯的未来发展奠定坚实的基础。

第六章 高等教育

　　白俄罗斯共和国的高等教育有着悠久的历史。早在立陶宛大公国时期（16世纪），便拥有了第一所高等教育机构——维尔纳耶稣会学院（1579年），后来转变为维尔纳（现多称维尔纽斯）帝国大学[1]。该大学在教育、科学和文化发展中扮演了重要角色。19世纪，尽管波洛茨克耶稣会学院等机构为白俄罗斯教育做出了贡献，但沙俄时期的政策导致了高等教育发展的限制，尤其是白俄罗斯地区。十月革命之前，白俄罗斯没有独立的高等教育体系。十月革命胜利后，白俄罗斯的高等教育经历了重大变革和发展，成立了多所重要的高等院校，如白俄罗斯国立大学、白俄罗斯国家工学院等，并且随着苏联和白俄罗斯苏维埃共和国工业化进程加快，工程技术人才的培养得到了重视。苏联解体后，白俄罗斯共和国获得独立，其高等教育体系开始进行自主改革，旨在结合国际经验和本土需求，更新教育内容和方法，建立符合国家利益和经济需求的现代高等教育体系，包括实施学士—硕士两级制高等教育模式。进入21世纪之后，白俄罗斯通过了一系列法律文件和国家计划，以进一步规范和发展高等教育，提升教育质量，并努力使其更国际化，增强其高等教育体系的形象和竞争力。

　　白俄罗斯的高等教育培养层次涵盖学士、硕士、副博士、博士。此外，

---

[1] 维尔纳（维尔纽斯）帝国大学（ИМПЕРСКИЙ ВИЛЕНСКИЙ УНИВЕРСИТЕТ），下简称维尔纳大学。

还提供其他形式的职业教育和技术培训，以满足不同行业和职业发展的需求。随着教育体系的发展与国际化，白俄罗斯高等教育也在逐步完善多层次、多类型的教育模式，并参考博洛尼亚进程 [1] 的标准来优化本国高等教育结构。

第一节 高等教育的发展和现状

一、独立前的高等教育

独立前，白俄罗斯共和国的高等教育体系形成和发展大体可以分为三个阶段：第一个阶段白俄罗斯高等教育萌芽阶段（16 世纪至十月革命前），第二个阶段为白俄罗斯高等教育体系的初步形成阶段（十月革命后至1945 年），第三个阶段为白俄罗斯高等教育系统战后重建和快速发展阶段（1945—1991 年）。

（一）白俄罗斯高等教育萌芽阶段（16 世纪至十月革命前）

立陶宛大公国（含白俄罗斯领土）于 1579 年在维尔纳（今维尔纽斯）创建了耶稣会学院，这是其首所高等教育机构。学院逐渐发展并得到认可，

---

[1] 2002 年，白俄罗斯承认《里斯本公约》，之后多次就博洛尼亚进程进行研讨并参加国际会议。2010 年，白俄罗斯总统亚历山大·卢卡申科宣布，白俄罗斯已获得加入博洛尼亚进程的许可，启动加入博洛尼亚进程的各项程序。2015 年在埃里温举行的欧洲高等教育区部长级会议讨论了有关白俄罗斯被列入欧洲地区高等教育的相关问题，宣布白俄罗斯正式加入博洛尼亚进程，成为最后一个加入欧洲高等教育区的东欧国家。资料来源于徐绪卿，高飞，邱昆树，等. 白俄罗斯高等教育改革新动向：博洛尼亚进程与私立高等教育发展 [J]. 浙江树人大学学报（人文科学版），2018，18（6）：28-34.

获得了"学院及大学"的地位。历史演变中，该机构经历了多次转型，于1781 年转为世俗性的教育机构——立陶宛大公国总校，1796 年更名为维尔纳总校。学院起初设有哲学和神学两学部，有学生 200 人。至 16 世纪末，学院影响力扩大，学生数增至 800，教职员工达 85 人。拉丁语曾是主要教学语言，1781 年改革后，波兰语逐渐成为主要教学媒介。[1]1803 开始，沙俄政府进行了 25 年的教育改革，建立了国家教育部和六个教育区。1803 年4 月，亚历山大一世将维尔纳主校改建为维尔纳帝国大学，成为沙俄最大的科学和文化教育中心，有四个院系，每年有千余名学生。[2]

维尔纳大学在白俄罗斯和立陶宛地区的教育、科学及文化发展进程中起到了关键作用。作为知识传播的重要载体，该大学在社会学、哲学和美学理念的普及和深化方面做出了显著贡献。其学术氛围崇尚思想自由，为知识分子提供了一个独特的交流平台。维尔纳大学还成立了哲学家社团，深入探讨了白俄罗斯民族的历史、生活方式和语言等多元文化元素，并进行了广泛弘扬。

这一开放且进步的精神风貌，在特定历史环境下，竟成为影响大学命运的关键转折要素之一。在 1830—1831 年的大起义中，维尔纳大学的学生群体参与，因此维尔纳大学被视作红色革命思潮的重要发源地。然而，至1832 年，鉴于该大学与起义活动的紧密联系，沙皇尼古拉一世毅然下令关闭该大学。此举导致白俄罗斯地区的高等教育遭受重创，经历了长达近一个世纪的空白期，对当地的社会文化以及科学发展产生了深远的影响。

在 19 世纪，波洛茨克耶稣会学院在白俄罗斯境内以其卓越的教育地位而著称，对当时的学术领域具有显著的影响力。与此同时，该学院与维尔纳大学之间的学术竞争尤为激烈，这主要源于维尔纳大学受到法国启蒙运动极权主义意识形态的深刻影响，其领导层在教育方针上积极推行与之相

---

[1] 资料来源于维捷布斯克国立大学数据库。

[2] 资料来源于维捷布斯克国立大学数据库。

应的理念。值得注意的是，波洛茨克耶稣会学院在教学语言方面发生了重要变革，俄语逐渐取代了波兰语的主导地位，这一转变深刻反映了当时区域文化与政治格局的变迁。

维尔纳大学坚定推行波兰化政策，旨在传承和弘扬波兰文化。与此同时，波洛茨克耶稣会士则积极倡导本土贵族对白俄罗斯特性的认同，致力于促进本土文化的传承与发展。他们为培养具备地方特色的人才倾注了大量心血，取得了显著成效。

这所历史悠久的学府，自沙俄帝国时期以来，便承担着培养社会精英和政治家的重任。他们在这里接受全面的教育和培养，不仅提升了自身的综合素质，更增强了在国家事务中的地位和影响力。

19 世纪 40—60 年代初，白俄罗斯的戈里–戈列茨基农学院（即高尔基农业学院）是唯一的高等教育机构，也是沙俄政府当时最高等的农业教育机构。但由于师生参与 1863—1864 年起义，学院被沙俄政府取消资格，直至 1919 年恢复，成为今日白俄罗斯国立农业学院的基础。

16—19 世纪，立陶宛大公国与沙俄帝国的教育体系经历了多次重大变革。维尔纳大学作为曾经的学术中心，因其在法国启蒙运动影响下的自由思想氛围和在政治动乱中学生的活跃角色而被关闭。与此同时，波洛茨克耶稣会学院则强调本土文化认同，为社会培养了一批又一批的精英和政治家。高尔基农业学院专注于农业教育，尽管曾一度关闭，但它仍为白俄罗斯的农业教育奠定了坚实的基础。这些教育机构的兴衰不仅反映了教育体系的发展，也映射出了当时社会的政治动态和文化趋势。

（二）白俄罗斯高等教育体系的初步形成阶段（十月革命后至 1945 年）

1917 年革命之前，白俄罗斯境内尚无独立的高等教育体系。然而，十月革命的成功以及随后建立的白俄罗斯苏维埃社会主义共和国不仅彻底改变了这一局面，通过实施广泛的扫盲和教育普及政策，显著提升了国民的文化水平。在此背景下，该共和国积极创办了数十所高等院校，标志着白俄罗斯高等教育系统的初步构建。

在 1917 年，维捷布斯克艺术与实用学院开始运作，成为这一进程中的重要里程碑。紧接着在 20 世纪 20 年代初期，维捷布斯克音乐学院也应运而生，进一步丰富了当地的艺术教育资源。同时，1918—1919 年，维捷布斯克、莫吉廖夫、明斯克和戈梅利等地原有的师范学校相继升级为正规的师范学院，以满足国家对专业教师队伍的需求。

尤为重要的是，1921 年成立的白俄罗斯国立大学堪称共和国教育发展历程中的一大盛事。该校初设医学、社会科学和劳动三个学院。迅速成为推动现代白俄罗斯文化发展及辐射周边地区的中心力量。因此，白俄罗斯国立大学不仅是国内学术研究与人才培养的核心机构，也在区域范围内扮演着文化与教育引领者的角色。

在明斯克工程师和技术人员联盟的积极推动下，1918 年标志着白俄罗斯地区首所工程技术教育机构——明斯克综合性中等技术学校诞生，并于 1920 年正式提升为学院级别。这一阶段不仅确立了为当地各工业领域输送专业技术人才的基础，而且鉴于该区域农业经济发展的特殊需求，技术教育与培养农业部门专业人才的使命紧密相连。为此，至 1922 年，决策层决定强化学院教育的实用性，进而启动了将其转型为白俄罗斯国立农业学院的改革进程。因此在此期间，白俄罗斯本土的技术类高等教育资源相对匮乏，青年学生不得不远赴莫斯科、列宁格勒以及苏联其他城市以求获得工程技术领域的专业知识和技能训练。直至 1933 年，随着国家教育政策的调整和完善，白俄罗斯才成功建立了自己的独立技术类高等教育体系。

回顾历史数据，至 1932 年，苏联国内已拥有 31 所高等院校，在校生规模达到 10 574 人，教师 1 388 人。而到了 1941 年，尽管院校总数因整合精简减少到 25 所，但学生人数却显著增加至 2.1 万人，有大约 1 500 名教授、副教授和讲师参与了教学科研工作。彰显出苏联时期高等教育在数量和质量上的双重提升及优化布局。[1]

1938 年，白俄罗斯高等教育体系实现了全国范围内大学教学大纲的标准化与特色化建构。这些教学大纲均基于广泛而深厚的科学理论基础，旨在体现各所大学的独特学术定位与学科优势。与此同时，一个全新的学位制度、职称体系及其授予程序在白俄罗斯应运而生，此举对推动科学研究活动步入系统化和专业化轨道起到了至关重要的作用。

值得特别指出的是，在这一时期，国立教育机构的战略转型尤为显著，它们逐步发展成为具备白俄罗斯特色的高等教育载体，并承担起为白俄罗斯教育行政管理部门培养高素质教学人才的重要职责，从而有力地促进了国家教育事业的整体提升与发展。

1940 年，白俄罗斯苏维埃社会主义共和国在科学研究与高等教育领域取得了显著成就，彼时已拥有 55 个科研机构及 36 所高等院校的稳固布局。这一时期，明斯克作为国家首都，不仅是民族文化复兴和科学进步的核心地带，更是孕育了如白俄罗斯国立大学与白俄罗斯科学院等重要学术中心。

战前的短暂而关键的时间内，白俄罗斯苏维埃社会主义共和国着力构建了一张涵盖广泛的研究、教育与科技机构网络，这一战略举措为培养本土人才、推动教育事业的现代化进程、提升科学研究水平以及丰富和发展国家文化事业做出了重大贡献。

苏联卫国战争的爆发对高等教育的积极变革进程造成了严重干扰。在白俄罗斯领土遭受占领的艰难时期，为确保高等教育的持续进行，国立高等院校被迫进行紧急疏散，转移至苏联的东部地区以继续教学和科研工作。直至 1943 年底，随着局势的逐渐稳定，各大学才陆续开始有序地返回其原所在地。

---

[1] 资料来源于白俄罗斯国立技术大学数据库。

自 1917 年革命至苏联卫国战争爆发前夕，白俄罗斯教育体系经历了深刻的变革，成功建立了数十所高等院校，显著提升了国民的整体文化水平。其中，白俄罗斯国立大学成为学术研究和人才培养的核心机构，技术类教育的发展也有效弥补了本土资源的不足。1938 年，白俄罗斯在教育领域实现了大学教学大纲的标准化与特色化，并建立起全新的学位和职称体系，此举极大地促进了科学研究的系统化和专业化进程。尽管在二战期间，白俄罗斯的教育体系遭受了严重干扰，但战后迅速恢复了其原有的秩序和功能。

（三）白俄罗斯高等教育的战后重建和快速发展阶段（1945—1991 年）

白俄罗斯摆脱德国占领后，明斯克、莫吉廖夫、维捷布斯克和奥尔沙等地的教育体系迅速恢复。1944—1945 年，白俄罗斯国家工学院、白俄罗斯国立大学、白俄罗斯国立音乐学院及白俄罗斯国民经济学院等高教机构结束疏散，重开教学活动。战后，随着高校运作正常化，高等技术教育机构数量及招生规模显著增长，突显白俄罗斯对合格工业人才的需求迫切。

然而，白俄罗斯在战后高等教育的重建与发展过程中，遭遇了一系列严峻挑战，这些挑战主要体现在以下几个方面：教育资源匮乏问题显著，师资力量短缺，实验室设备不足，教室空间紧张，以及教材更新缓慢等，这些问题严重制约了高等教育质量与科研水平的提升；教育工作受到高度政治化的影响，学术自由在一定程度上受到限制，教育目标与内容更多地服务于政治需求，而非纯粹的知识传授与人才培养，这不利于高等教育的独立性与自主性；民族历史与文化研究受到一定程度的忽视，教育资源在这一领域的投入不足，影响了本土知识体系的传承与发展，对民族文化的繁荣构成了一定威胁；白俄罗斯语作为教学语言的地位受到挑战，其在教育体系中的使用范围受到压缩，这不利于民族语言文化的保护与传承，也影响了学生对本土文化的认同与了解；那些致力于推动白俄罗斯语教育的人士往往受到不公正对待，被错误地贴上民族主义和沙文主义的标签，这进一步加剧了教育领域内的分歧与矛盾，阻碍了高等教育的健康发展。

但尽管面临多重困难与挑战，战后白俄罗斯高等教育系统在逆境中依然努力恢复，并为满足国家经济发展需求而积极调整自身结构与发展方向。

1956 年苏联共产党第二十次代表大会标志着苏联文化教育领域的一次重要转折点，这一时期的社会民主化与平反冤假错案极大地激发了包括大学知识分子在内的创造性阶层的活力。在这一背景下，苏联对教育体系进行了重大改革和强化。

1958 年 12 月，苏联正式颁布法律，旨在深化学校与现实生活之间的联系，进而推动国民教育的整体发展。次年，苏联政府成立高等和中等专业教育部，并设立了一系列高等院校，包括莫吉廖夫机械制造学院和明斯克无线电工程学院，旨在支持工业化进程中工程技术人才及无线电电子工业领域高技能人才的培养工作。

进入 20 世纪 60 年代，随着工业发展的不断深入，对人才的需求也日益增长，苏联的教育体系逐步扩大其覆盖范围。到了 70 年代，苏联成功实现了青年普及中等教育的宏伟目标，为高等教育机构输送了大批优秀生源。

在这一时期，布列斯特工程与建筑学院、明斯克文化学院以及戈梅利国立大学、格罗德诺国立大学等一批新的高等教育机构相继成立，不仅丰富了苏联共和国的高等教育格局，也为其在人才培养和科学研究方面注入了新的活力。这些举措的实施，为苏联在科技、文化和社会经济等多个领域的发展奠定了坚实的基础。

到 1985 年，白俄罗斯已有 33 所大学。20 世纪 80 年代中期，白俄罗斯启动改革开放和民主化进程。这些变革提升了白俄罗斯的民族文化和国际威望，并影响了教育领域，如教学大纲和学科计划的更新，开设白俄罗斯历史、民族文化研究、政治学等课程，以及新的教材、参考书和课程的出版发行。

战后的白俄罗斯在极其困难的环境下恢复了其高等教育体系。尽管面临资源、政治、文化及语言等多重挑战,教育体系仍实现了积极调整与发展。在 1956 年以后,教育体系经历了重大改革,包括教育机构增加、教育范围扩大和教育目标实现。到 20 世纪 80 年代中期,随改革开放政策的实施,教育领域进一步推动了教学内容和方法的现代化,为白俄罗斯的文化和国际地位的提升做出了贡献。

二、独立后的高等教育

20 世纪 90 年代以来,高等教育在白俄罗斯经历了显著的转型与革新。自 1991 年白俄罗斯独立后,白俄罗斯政府开始构建自主的高等教育政策体系,旨在彻底更新教育形式与方法,借鉴并融合了苏联时期及欧洲其他国家的成功经验和典范。

在独立初期制定的《白俄罗斯共和国教育法》(1991 年)成为该国规范教育领域、奠定主权国家教育基础的首部重要法律文件。随后几年中,一系列旨在深化高等教育系统改革与发展的重要战略规划相继出台,例如《1998 年白俄罗斯共和国高等教育发展构想》以及《2004 年白俄罗斯共和国高等教育专门人才两阶段培养体系构想》等,这些构想为白俄罗斯高等教育体系的现代化提供了蓝图和指导原则。

为了有效执行这些理念和计划,白俄罗斯政府实施了一系列国家层面的行动计划,其中,"2016—2020 年教育和青年政策"国家计划即针对高等教育质量提升和体系完善的关键举措之一。2011 年 9 月 1 日,《白俄罗斯共和国教育法典》正式生效,标志着白俄罗斯教育立法工作进入了全面整合与优化的新阶段。

白俄罗斯总统强调，持续提高教育质量并基于现代科学知识体系更新教育内容是白俄罗斯教育改革的核心目标。这一系列连贯且深入的高等教育改革措施，既体现了国家对教育事业的高度重视，也彰显了白俄罗斯致力于建设具有国际竞争力和创新能力的高等教育体系的决心与努力。

白俄罗斯共和国的高等教育体系遵循《白俄罗斯共和国教育法典》运行，并以 2017 年 8 月经白俄罗斯共和国总统参与下由白俄罗斯共和国教育委员会批准的《2020 年前及 2030 年前白俄罗斯共和国教育体系发展概念方法》为基础，旨在符合国家利益与经济发展需求，提升高等教育体系的整体形象和国际竞争力，强化其内在的发展结构。

1994 年，白俄罗斯教育部批准了《白俄罗斯共和国多级制高等教育体系条例》，该条例借鉴了国际上广泛实施的"学士—硕士"两阶段高等教育模式，后被纳入《博洛尼亚宪章》的精神框架内。此模式强调差异化教育，通常学生在 3—4 年内（依据专业不同）可获得学士学位，而仅有不超过30% 的学生有资格继续深造至硕士学位层次。当前的多层次连续教育体系包含多个专业教育层级，随着完成教育层级的递增，个人所拥有的职业选择机会也随之增多。自 2001 年起，白俄罗斯启动了一系列向双轨制高等教育过渡的文件规定，但原有的设想经历了重大调整，最终决定不完全统一于欧洲教育系统，这一转变部分源于对受过高等教育专家外流现象。

现行的多层次高等教育体系在某些方面显著区别于欧洲标准，尤其是之前按照欧洲标准将学士学位年限缩短为 3—4 年的举措，被认为无法满足白俄罗斯国内对于具备足够水准毕业生的需求。因此，目前，白俄罗斯各专业的学士学位学习期限为 4—6 年不等，确保培养出传统意义上的高级专业人才。同时，第一阶段教育完成后，毕业生仍有机会继续攻读硕士学位。

在高等教育机构的类型方面，白俄罗斯共和国高等院校的类型包括：传统大学、专业大学（学院、音乐学院）、研究所、高等专科学校。

在 2018—2023 年，白俄罗斯高等教育机构数量有所减少。2018—2019

学年有 51 所，而 2022—2023 学年则减少至 50 所。国立高等教育机构数量未变，减少的一所为私立性质，因未通过教育部审核而被取缔。这表明白俄罗斯高等教育已从高速增长转向重视质量的集约型增长，更加注重教育内涵，成为当前发展的一个显著特点。

《白俄罗斯共和国教育法》明确了其高等教育体系兼具公立和私立属性，肯定了私立高校的合法地位。教育部在教育体制运行中起到主要作用，负责整体管理和质量监控。教育部负责对各类高等教育机构进行许可和认证，批复包括公立和私立高校在内的所有高等教育机构的法定文件，并监管国家教育政策的实施。私立高校必须获得政府的办学执照，与公立高校一样参加每 5 年一次的教育认证。私立高校颁发的学位和文凭须经教育部审批同意。

在高等教育的学位制方面，目前，白俄罗斯的高等教育体系与许多欧美国家相似，同时也保留了一些苏联时期的教育特色，如专家学位制度。[1] 接受高等教育的机构有三类，分别为：综合性大学、学院和专科学院，可授予学士、专家 / 硕士、副博士、博士学位。高等职业教育包括学士、高等职业教育专业人才、硕士。大学后职业教育包括副博士和博士。

白俄罗斯共和国目前实施二级教育学制结构，包括学士学位和硕士学位教育。学士学位教育是第一级，只针对特定专业方向，学制 4—6 年，考核合格授予学士学位。第二级是硕士学位教育，学士学位学生可以继续攻读，学制 1—2 年，合格后可获得硕士学位。

获得硕士学位证书的毕业生可报考研究生，攻读副博士学位。副博士学制为 3—5 年（面授为 3 年，函授为 5 年）。白俄罗斯同俄罗斯一样，沿袭了苏联借鉴自德国的双轨研究生学位制度，主要包括以下两个层次。

一是副博士。白俄罗斯共和国、俄罗斯联邦及部分独联体国家中，副博士学位是高等教育后阶段的首个高级学位，与西方国家的哲学博士

---

[1] 专家学位制度相当于硕士制度。

（PhD）学位相当。获取副博士学位需完成研究生学习，通过由在职科学家／学者组成的论文答辩委员会对其原创研究论文进行严格审查。申请者还需在国家认可的科学期刊上发表三篇以上（含三篇）代表其主要研究成果的文章，并通过专业科目考试、外语测试以及哲学考试。授予副博士学位基于独立研究能力和学术贡献，而非实际工作经验或其他职务表现。获得副博士学位者具备竞聘副教授职位的资格。

二是博士。苏联时期及现今白俄罗斯、俄罗斯等国的最高学术层级是博士学位，需取得副博士学位后进一步深造。获得博士学位需完成博士阶段学习并通过论文答辩，要求撰写并出版专著，发表至少15篇同行评审文章。申请人需具备副博士学位资格，答辩成功后需经学位论文答辩委员会和高级认证委员会复核审批。博士学位颁发需得到学位论文委员会和高等认证委员会专家理事会的肯定意见。

当前，白俄罗斯正着力强化对高等教育背景专家的实践导向培训力度，并已与各部委下辖的专业标准制定部门理事会建立了战略合作关系。在教育部内部设立专门的部门理事会，负责研发一套融合专业标准的新一代教育标准体系。

同时，白俄罗斯也正积极拓展与用人单位的合作网络，在白俄罗斯共和国境内的众多高科技企业、高技术园区、白俄罗斯国家科学院研究所以及其他经济和社会领域的重要机构中设立了超过许多个分支机构，以促进产学研深度融合。

高等教育层面，白俄罗斯高校已携手全球80多家领军企业共建联合实验室，并在这些顶级企业中设立了约50个教育中心，实现教育资源共享和协同创新。[1]

白俄罗斯大学提供全日制和非全日制两种高等教育模式。全日制教育

---

[1] 资料来源于白俄罗斯国家教育部官网。

要求学生定期上课并参与考核，学生可选择日间或夜间学习。夜间学习主要在工作日晚上和周末进行，以满足学生的就业需求。目前，这种学习形式仅由白俄罗斯四所特定大学提供，学费相对较低但需付费。

全日制学习能够让学生全身心投入学术深造，而非全日制教育则允许学习与工作相结合，具有灵活性。远程学习作为一种独立自主学习为主导的模式，其课程结构大多在线进行，仅有少量课堂集中教学，函授学习则需参加校内考试。

远程教育通过在线和远程信息通信技术为学生提供学习途径。在2020—2021学年，白俄罗斯有四所大学实施远程教育项目，分别是白俄罗斯国立技术大学、白俄罗斯国立信息学和无线电电子学大学、波洛茨克国立大学和斯科里纳戈梅利国立大学。这些教育模式的学费大部分由学生自理。

无论是全日制、非全日制还是远程教育，所有教育形式均享有同等法律地位和效力。不论何种教育形式毕业的学生，均可获得国家认可的高等教育文凭，并具备从事本专业工作的资格或进一步深造的机会。

此外，为支持学术研究、科学探索和社会实践活动的杰出人才，国家和地方预算均设有多种奖学金和补助项目。对于付费教育的接收者，在确保收支平衡的前提下，他们可以通过教育机构创收、科研计划资金等途径获得额外的援助。根据国际条约的规定，符合条件的外国公民和无国籍人士亦可申请相应的奖学金。在军事和准军事组织内部，学员、学生的津贴、奖学金及奖励均按照明确的法案规定执行。对于通过有偿方式获取教育资格的个人，他们可以从教育机构的盈余经费中获得鼓励性奖金，具体的分配和支付细则由政府或其授权部门负责监管和执行。

为了应对未来经济挑战并培养适应新时代的高素质专业人才，高等教育体系正在经历一场深刻的变革，逐步转向"大学3.0"和"数字大学"的新模式。在这一模式下，高等教育机构不仅注重传统学科知识的传授，更加强调创新与创业精神的培育。

白俄罗斯高等教育系统在全球表现出色，多所大学进入 SIR 机构排名前 5%。其中，白俄罗斯国立大学在教学规模和科研实力上尤为突出，拥有众多学院、研究机构和实验室。其他如斯科里纳戈梅利国立大学、白俄罗斯国立技术大学等也在各自领域内提供高质量教育，积极参与国际合作项目，培养专业人才。

这些大学均积极响应"大学 3.0"模式的改革，注重创新、创业精神的培育，加强产学研结合，采用先进的信息技术手段进行教育教学改革，并积极拓宽国际交流与合作渠道，为学生提供了丰富的学习资源和广阔的就业前景，有力地推动了本国高等教育现代化进程。

总之，独立后的白俄罗斯高等教育经历了从继承苏联模式到逐渐融入欧洲教育体系的过程，在保持传统优势的同时，不断进行改革和创新，努力提高教学质量，并积极响应国际合作与科技发展趋势。

第二节 高等教育的特点和经验

一、高等教育的特点

白俄罗斯高等教育体系以完备的质量管理体系和激励机制为核心，致力于培养国家建设所需的专门人才。其主要特点体现在以下几个方面。

（一）完备的教育层次，严谨的审批流程

白俄罗斯高等教育体系涵盖专科至博士各个层次，满足不同人群需求，并强调大学在科学和技术发展中的关键作用。在专业构建上，各高校注重

特色鲜明的主干专业，并以此为核心形成紧密相关的专业集群。为应对经济社会发展新需求，院校每年审慎新增 1—3 个专业方向，推动专业设置规模的扩大与优化。

国家教育部针对新专业的设立执行一套严谨的审批流程：首先，申报学校的专业负责人需深入调研社会实际需求，并撰写详尽的市场分析报告；随后，学校内部将对新专业的开设进行周密的可行性论证研究，在确认各项条件成熟后，正式向国家教育部提交申请；最后，申报学校将在教育部组织的专家评审会议上进行答辩陈述，只有通过了严格的评审程序，方能获批开办新的专业领域。这一全过程通常需要大约一年半的时间来完成，以确保每一步决策都能基于充分的科学依据和社会适应性考量。

（二）理论与实践紧密结合的教学模式

白俄罗斯的高等教育体系特别重视实践教育。理工科教师需具备实验室经验，教学应紧密联系科研成果与新技术，注重实用性强的内容。白俄罗斯工科及农林类高等学府配备先进实验室，由院长直接负责精细化管理。设备多采用欧洲进口仪器，设专职人员管理和维护，确保高效运行。教师需参与实验室管理，构建全面的教学与科研环境。

值得一提的是，白俄罗斯的高校实验室在展示现代化技术的同时，也注重传统技术的呈现，此举旨在让学生们能够直观地感受到科技进步的历史轨迹。实验室中不仅配备了尖端的仪器装置，还保留了部分陈旧设备，以供学生们进行对比学习。

（三）校企合作紧密，产学研结合显著

白俄罗斯高校在联合培养人才方面进行了积极的探索与实践。例如，

白俄罗斯国立信息无线电技术大学与业界领军企业合作，共建校内实验室，并共同设计实验课程，采用企业导师与学校教师联合授课的方式。该实验室不仅服务于本科生的基础实验，还为在职员工提供短期技能培训，确保与行业先进技术同步。

高校与企业资源共享，有效提升了毕业生的就业能力和企业的技术水平。为加强高等教育与产业需求的结合，众多高校深化校企合作模式，引入企业共建实验室和培训中心。学生在完成学业的同时，参与企业实际项目和培训课程，获得毕业证书、学位证书及企业技能培训认证，缩短了适应期，精准满足企业人才需求。

（四）公费学生需遵循毕业分配制度

白俄罗斯高等教育体系虽然公费为主，但学生需要通过竞争性考试争取免费就读名额。未达标者也可择优录取，但需自费。公费毕业生需服从国家分配，公费生毕业后需在国家指定单位服务1—5年，方可自主择业。天才青年数据库和优秀青年数据库的毕业生可从推荐名单中挑选工作地点。其他毕业生则根据成绩、活动参与度、实习经验、健康状况等因素分配工作，委员会会议决定最终分配，学生意见不再采纳。[1]

（五）国际交流广泛深入

各高校与其他国家在学生培养、教育资源共享、项目合作等方面有着广泛的交流合作。白俄罗斯高校已携手全球80多家领军企业共建联合实验室，并在这些顶级企业中设立了约50个教育中心，实现教育资源共享和协

---

[1] 资料来源于教育新闻网。

同创新。[1]

此外，白俄罗斯高校实验室积极参与国际合作研发项目，并与国内外企业紧密合作，推动产学研深度结合。以白俄罗斯国立交通大学为例，其十个实验室均与国际伙伴合作，特别是在列车设计领域与中国大同机车制造企业建立战略合作关系，共同研发高品质列车产品，通过专业技术优化研发与应用，提升了白俄罗斯高等教育的全球竞争力与影响力。

二、高等教育的经验

（一）以本土底蕴与全球视野的融合促进国际化发展

白俄罗斯在高等教育领域取得显著进步，参与博洛尼亚进程后，教育体系顺应全球化潮流，同时坚守本土文化。苏联时期的统一教学模式逐渐向西方多样性转变，博洛尼亚进程推动了教改，提升了教育国际兼容性。高校创新招生和课程设置，调和传统资源与市场需求，弥补苏式教育不足，激活教育领域深层次变革，为全球教育改革提供实践经验。

（二）产学研深度融合，构筑教育强国之路

白俄罗斯高等教育体系围绕科研创新驱动国家战略，满足国家经济发展需求。政府多渠道投入资金，推动教育与产业融合。《教育青年政策规划》强调教育内容与社会需求的衔接，引进国际先进经验。立法鼓励高校强化产学研合作，促进科技成果快速转化和应用。比如白俄罗斯国立大学

---

[1] 资料来源于白俄罗斯教育部官网。

及其关联企业的显著产值证明了高校与科技园区合作的经济社会效益。

为了保障教育质量的稳步提升，白俄罗斯实施了一套严谨且稳重的学校评价机制。这一机制涵盖了诸如师生比、博士和教授比例等关键指标，以确保教育资源的合理配置与高效利用。同时，依托全国教育质量评估委员会，每五年定期对高校专业进行严格的资格认定与质量评估工作，从而全面把握教育发展的动态与趋势。

在白俄罗斯教育部的高校评估体系中，对师生比及博士学位教师比例等核心要素均设定了清晰且明确的标准。一般而言，高校应当维持1∶20的师生比，以确保每位学生都能获得充足的关注与指导。同时，专任教师的规模多在500—700人，这一范围既保证了教学的专业性，又确保了教育资源的合理分配。

白俄罗斯国立大学在师资力量方面表现尤为突出。该校专任教师数量2 700名，其中约300名教师拥有博士学位，约1 400名拥有副博士学位，9名白俄罗斯通讯院士和8名科学院士，这充分体现了其在教育资源投入方面的雄厚实力。此外，多数高校副博士学位以上教师比例超过45%，最高可达近70%，这进一步证明了白俄罗斯高等教育体系在培养高层次人才方面的显著成效。[1]

为进一步提升学术水平，白俄罗斯还鼓励青年教师积极攻读博士学位，以不断提升自身的专业素养和研究能力。通过这一举措，白俄罗斯旨在打造一支高素质、专业化的教师队伍，为白俄罗斯的教育事业提供坚实的人才保障。

（三）学生管理以人为本，纪律严明

对学生学业成绩进行监控，采取辅导措施帮助后进学生，同时举办竞

---

[1] 资料来源于白俄罗斯国立大学官网。

赛活动激发学生潜能和科研习惯。在白俄罗斯高等教育体系中，高校重视人文素质教育，并通过多元化校园文化活动丰富学生生活，如音乐会、科技创新项目、体育赛事、学生社团和社会公益活动等，其中教师深度参与，增强师生互动。为满足学生阅读需求，许多图书馆在宿舍设立分馆，提供至晚八点的服务。

（四）注重全面发展，尤其重视体育运动，关注学生心理健康

学校配备运动设施，鼓励健康生活方式，培养优秀运动员。体育设施完善，包括田径场、体育馆和健身房等，免费开放给学生和公众。部分高校二年级前安排体育课程，有的则保证四年体育教育不间断，总课时数约320小时。每年举办校级运动会，选拔顶尖运动员参加国内外体育竞赛。[1]

白俄罗斯高校对于学生的心理健康教育投入了高度关注。针对新生群体，特别是那些来自农村或偏远小城镇且就读服务于艰苦行业的特色高校的学生，由于生活环境的巨大变化，更容易产生心理适应问题。因此，高校普遍在专门场所设立心理中心，按照1∶1 500的心理咨询师与学生比例配置专业的心理学专家团队，以帮助学生尤其是农村生源调整心态，健康地融入高校生活。

（五）注重教研相长，按照循序渐进的原则培养学生的科研能力

在科研能力培养方面，白俄罗斯遵循循序渐进的原则。新生入校后前三年，教师首先引导学生理解科学研究的本质、过程和步骤；到了4至5年级阶段，学生在导师指导下开始准备学位论文，选择科研课题，并对其研

---

[1] 刘晓君，马骊，CEMAШKO A. 值得学习和借鉴的白俄罗斯高等教育 [J]. 西安建筑科技大学学报（社会科学版），2012，31（2）：91-94.

究方案进行可行性论证。进入硕士研究生阶段，在导师的悉心指导下，学生开始独立选择科研课题和研究方法；而博士研究生则进一步在导师指导下，独立申请政府资助的研究课题以及国际性研究课题，并开展独立研究工作。为有效促进学生科研活动的开展，各高校每年会组织研讨会和报告会，让学生及时了解相关领域的研发动态，实现充分的学术交流与探讨。

第三节 高等教育的挑战和对策

一、高等教育的挑战

白俄罗斯高等教育体系当前面临着一系列复杂的挑战，这些挑战既包括内部因素，也包括外部环境的变化。目前高等教育面临的挑战主要包括以下几个方面。

（一）教育系统现代化进程缓慢

白俄罗斯素来以高识字率闻名于世，2019 年该国的识字率高达 99.8%，其国民平均受教育年限亦达 15.7 年之久。然而，据 2022 年人类发展指数的统计数据显示，白俄罗斯在全球的排名仅为第 60 位，明显落后于多数欧洲国家。[1] 这一结果凸显了教育普及与经济发展、收入水平之间并非必然的正向关联。

深入剖析此现象，部分原因或可归咎于该国教育系统在近十几年所经历的一系列重大变革，以及这些改革措施在实际推行过程中的成效。白俄罗斯

---

[1] 资料来源于今日白俄罗斯网。

的教育政策始终坚守人权优先、平等享有教育机会、基础教育普及化等核心理念，然而，学术界对于这些理念在现实中的贯彻情况却持有质疑态度。

此外，教育系统的官僚化倾向以及教育机构在自主权方面的限制[1]，也在一定程度上制约了其创新发展的步伐。白俄罗斯所有教育机构均受总统、政府、教育部及地方当局的共同监管。总统作为公民受教育权利的守护者，负责确立相关领域国家政策的主导方向。政府则全面负责教育系统的管理，确保国家政策在该领域的有效实施。[2]教育部是执行国家教育、青年政策、儿童保护、科学研究组织及教育领域国际合作等政策的核心国家机构。其职责尤为关键，包括监控教育质量、协调国家教育机构的活动、为教育机构颁发许可证等。此外，教育部还组织制定教育计划和标准，为教育事业提供科学与方法论的支持，此等事务皆需教育机构的参与。[3]

地方教育执行机构与行政机构应负责制定教育发展的方案与标准，并需提交地方代表委员会审议批准。这些机构不仅负责组织下属教育机构专业人员的进修与再培训，还承担着为毕业生提供初次就业机会的责任。此外，地方当局亦需为教育机构提供物质、技术及经济上的全面支持。[4]

由此可见，白俄罗斯教育系统受多重权力机构的共同监管，这是苏联教育体系的特点。值得注意的是，2011年的《教育法典》中并未提及"学术自由"或"高等院校自主权"等关键术语。2013年的数据显示，白俄罗斯高等院校的学术自主水平仅为10%，显著低于欧洲指标，即便当时欧洲指标最低的希腊也达到了34%。这一数据无疑揭示了教育系统的高度官僚化特性，以及教育机构自由度的严重受限。[5]

---

[1] 资料来源于 asveta 网。

[2] 资料来源于白俄罗斯国家教育部官网。

[3] 资料来源于白俄罗斯国家教育部官网。

[4] 资料来源于白俄罗斯共和国国家法律互联网门户网站。

[5] ПОГОРЕЛЬСКАЯ А. М. Трудности современной системы высшего образования в Республике Беларусь[J]. Вестн. Том. гос. ун-та, 2016(411): 117.

同时，学术界在教育管理与现代化进程中所展现的消极态度亦不容忽视。教职员工的声望与薪酬水平的下降导致教师更新率偏低，许多教师仍持有苏联时期形成的教育观念，强调知识的传授与规则的遵守。然而，在当前的高等教育体系中，更为强调的是新知识的创造、批判性思维的培养以及学生主动性的激发。白俄罗斯高校中已到退休年龄的博士教师比例超过 60%[1]，这一现象无疑对教育系统的现代化进程产生了负面影响。

（二）教师队伍规模缩减，职称分布不均

2022—2023 学年教师总数为 18 121 人，较上一学年减少 979 人。其中，博士学位持有者数量由 1 100 人增加至 1 117 人，占比从 5.76% 提升至 6.17%；副博士学位持有者略有减少，但占比从 39.79% 升至 40.51%。[2] 教授职称教师数量小幅上升，占比也相应提升；而副教授职称教师数量则有所下降，但占比呈上升趋势。这一变化与教师队伍整体规模缩减紧密相关。

造成这一现象的主要原因包括教师声望和薪酬的下降，以及高校对新聘教师的高要求。为了在大学任教，年轻人通常需要完成研究生课程并获得副博士学位，但这一过程颇具挑战。在申请博士学位和副博士学位的候选人中，女性占据多数，成功答辩的论文中女性占比达 52.6%。以 2022 年为例，共和国的研究生总数为 4 400 人，但仅有 796 人顺利毕业。同时，有 703 人在读博士，112 人博士毕业，其中 48 人成为博士，308 人成为副博士。[3] 这些数据充分展现了青年科学家在动力与前景方面所存在的忧虑。

另一个问题是，由于年龄和经验限制，博士 / 副博士候选人的论文答辩期限常被推迟。高等教育和科学领域对年轻人的吸引力减弱，部分原因

---

[1] 资料来源于 n-Europe 网。

[2] 资料来源于白俄罗斯统计委员会。

[3] 资料来源于今日白俄罗斯网。

在于其僵化的形式化和严格的等级制度。知名教授因年轻教职员工不足而需兼任多校教职，影响了他们的发展、研究和休息时间，进而影响了教育质量。

从资金来源看，高等教育主要依赖共和国预算。尽管法律规定国家需将至少 10% 的国内生产总值用于教育发展，但现实中满足教育部门需求的预算份额却在减少。这体现了国家在高等教育投资上的矛盾态度。白俄罗斯对研究与发展的资助相对不足，导致硕士和博士研究计划较少，大学主要被视为教育中心而非科研中心。然而，学者认为，当大学等高等教育机构成为科研中心时，高等教育和科学将蓬勃发展。

（三）财政压力与资源分配不均

随着经济环境的变化和国家预算的调整，白俄罗斯高等教育机构正面临经费缩减的困境。如何在有限资源下确保教学质量、科研投入和校园设施更新，成为亟待解决的问题。此外，资源分配的不均衡也加剧了教育机会的不公。

白俄罗斯公立高校主要依赖学费和国家预算作为资金来源。由于人口减少，预计入学人数将减少，限制了收费名额的扩大。因此，高校不得不提高学费以维持财政。尽管国家提供高等教育优惠贷款，但毕业后立即偿还的要求降低了其吸引力。此外，公费名额的吸引力因为毕业分配制度也降低了吸引力。许多年轻人宁愿选择付费教育以避免进入公费毕业生分配制度。这一制度已不再符合当前的就业市场情况。尽管分配制度在一定程度上解决了就业问题，但年轻人失业率依然较高。这反映了劳动力市场需求与教育机构之间的不匹配。目前，年轻人更偏好酒店和餐饮业、金融活动、贸易等行业。鉴于市场需求、个人喜好与专业的差异，学生选择高等教育更多是为了获取"基础门槛"，这降低了其声望和价值。

（四）高等教育的声望降低

高等教育的声望受普及性影响显著。近年来在白俄罗斯，高等教育大众化现象普遍，这主要归因于收费名额的增加和最低及格分数线的降低，进而削弱了学术竞争和整体教育质量。因此，雇员正规教育水平的平均增速超出了市场需求，损害了高等教育在白俄罗斯居民心中的地位。调查结果显示，近 14% 的白俄罗斯人认为高等教育对生活无助，19.4% 的人认为它仅在特定情境下有益。根据调查显示，白俄罗斯年轻人认为生活价值中最重要的是家庭、工作和朋友，其次是教育和休闲。[1] 这使得高等教育显得不那么尊贵，既无法保证就业，也无法确保高收入。这种社会态度解释了硕士课程入学率低的原因。硕士课程对培养研究技能至关重要，对科学和知识经济发展具有重大意义，然而，其参与门槛高，需要一定的素质和技能。由于硕士毕业生比例较小，雇主对其优势了解不足，导致硕士课程对潜在学生的吸引力下降。

此外，年轻人对科学和教育领域的工作前景持悲观态度，进一步降低了硕士入学的积极性。同时，外国学生攻读硕士课程的人数不足，也反映了硕士课程的吸引力不够，国际竞争力不强，声望不高。

学科布局不合理也是降低吸引力的一大原因，有专家指出，当前白俄罗斯高校呈现出应用学科不断增加，而基础学科和社会人文科学逐渐减少的趋势。这种变化导致毕业生的全面世界观和文化水平存在不足，从而影响了其批判性思考能力的形成。在高等教育层面，跨学科知识的传授与整合进展相对缓慢，这对于确保系统知识的完整性和培养具备综合素质的高级专家而言，显得尤为关键。同时，高等教育与实际应用之间存在一定程度的脱节，原因在于高校中具备实际工作经验和经济专业知识的教职员工

---

[1] ПОГОРЕЛЬСКАЯ А. М. Трудности современной системы высшего образования в Республике Беларусь[J]. Вестник Томского государственного университета. 2016(411): 116–125.

数量相对较少，而参与课程设置和人才培养的企业与用人单位代表更是凤毛麟角。

（五）教育机构类型较为单一

白俄罗斯的高等教育主要以公立高校为主，这种结构可能引发资源分配不均的问题。公立高校的主导地位可能会限制教育资源的灵活性和多样性。公立学校和私立学校各有千秋。公立学校虽具备显著优势，如稳定性强，由政府管理，教育资源与师资力量稳定，能够为学生创造稳定的学习环境；教育资源丰富，包括图书馆、实验室、运动场等设施，为学习提供良好条件；教育公平性强，面向全体学生，强调社会公益性和普及教育；学费免费，为家庭经济条件一般的学生提供教育机会等。然而，公立学校也存在不足，如教育质量不均衡，资源分配和教师招聘政策差异导致教育质量参差不齐；部分教师可能缺乏经验或资质，且面临工作压力大、薪酬低等问题，影响教师稳定性。

私立学校有其独特之处，如师资力量强，高工资吸引名校毕业生，提供优质教学资源；注重个性化教育，可根据学生特点和需求提供量身定制的教育方案；课程设置丰富，提供多样课程和课外活动，培养兴趣和特长；管理严格，高标准、严要求，有助于学生学习和发展等优势。但私立学校通常学费高昂，主要依赖于学生学费，因此费用通常较高；师资不稳定，教师流动性大，对学生长期学习不利；部分学校办学质量参差不齐，教育质量难以保证。

适当平衡私立学校和公立学校的配比，有助于构建更加全面、多元的教育体系。

（六）国际关系变化的影响

由于当前国际政治关系的复杂变化，白俄罗斯高等教育面临的另一个挑战是国际合作项目的减少。许多国际教育交流、科研合作和项目资助可能因为外交紧张局势而受到影响，这对于提升学术研究水平、吸引外国学者和学生以及引进先进的教学理念和技术都构成了阻碍。

（七）人才流失

白俄罗斯长期面临人才流失的严峻挑战，这使得其高等教育领域遭受严重的人才短缺，进而阻碍了教育质量和创新能力的持续进步。同时，白俄罗斯的高校在选聘新教师时遵循着严格的标准，比如新教师必须满足三个必要条件：从事科学研究、拥有大型企业工作经历以及高等教育学的专业培训经历，并需获得高校教师资格证。然而，由于教师老龄化和人才流失的问题，许多学校难以维持这一高标准，导致师资力量的匮乏。这种人才短缺现象在白俄罗斯的国有企业和科技创新机构中也普遍存在，严重影响了白俄罗斯的科技创新发展速度。

二、高等教育的对策

近年来，为解决白俄罗斯高等教育发展过程中的挑战，白俄罗斯借鉴国际先进经验，对苏联教育体系遗留的问题，如教育系统控制权分散、制度官僚化和教育机构自由受限等，进行了结构性调整，以适应全球化和知识经济的需求。同时，不断加大教育改革政策的执行力度，确保政策能够真正转化为教育实践。白俄罗斯政府、教育当局以及学者专家们不断努

力，为白俄罗斯高等教育的发展提供指导和建议。这主要体现在以下几个
层面。

（一）明确国家在教育领域的核心目标

白俄罗斯的大学是一个以经济需求为导向，紧跟教育、科学和文化新
趋势的现代创新科学教育综合体。国家在高等教育领域的核心目标是：确
保所有人口群体都能平等地获得优质且负担得起的高等教育，包括大学教
育；增加掌握就业、获得体面工作和创业所需技能的青年和成年人数量；
以及掌握促进可持续发展所需的知识和技能，这些知识和技能涵盖了人权、
性别平等、和平与非暴力文化、和平公民意识、文化多样性的价值以及文
化对可持续发展的贡献。

（二）将提供符合创新经济需求和可持续发展原则的优质高等教育作为白俄罗斯战略发展方向之一

这一方针在《白俄罗斯共和国宪法》《白俄罗斯共和国 2025 年前政府
活动计划》等一系列法规和政策文件中得到了体现。根据《白俄罗斯共和
国宪法》规定所有人都有权利接受高等教育，并且国立高等院校提供免费
的高等教育。此外，《白俄罗斯共和国教育法典》强调了教育的优先性、人
权、教育的人文性质、民族和文化基础等原则。

《白俄罗斯共和国 2030 年前教育体系发展构想》明确了高等教育的主要
任务，包括提高教育质量和竞争力、确保实践导向的专家培训质量、建立
大学科学投资基础设施、提高研究活动效率，以及提高高等教育的国际竞
争力。白俄罗斯共和国的高等教育体系基于上述原则，培养能够在全球化
和新技术发展条件下实现职业发展和流动的高素质专业人才。教育标准的

制定注重能力过渡、教育内容的连续性和模块化原则，同时结合就业资格要求、劳动力市场需求和行业发展前景等因素。

（三）高等院校与实体经济部门紧密合作，定向培养，提高工作待遇，留住青年人才

2021 年，高等院校与人才订单组织签订了数百份合作协议，并设立了多个高校院系分支机构。此外，白俄罗斯的高等院校还与全球领先的公司共建了联合实验室和教育中心。

白俄罗斯共和国的 17 所高等院校正在实施"大学 3.0"项目，旨在培养学生从事发明、创新和创业活动所需的能力和技能，同时推动教育过程的数字化和远程教育的发展。白俄罗斯共和国高等教育体系最显著的特点之一是确保为毕业生提供第一份工作，为实现可持续发展目标提供了有力支持。目前，白俄罗斯共和国在高等教育领域已几乎完全实现了可持续发展目标。

为解决用人单位和人才培养部门（高校）之间的衔接问题，白俄罗斯教育部部长安德烈·伊万尼茨强调了定向招生对于提高专业培训效率的重要性。他指出，许多 11 年级的毕业生已经明确了自己未来的工作单位，这显示了定向招生的成效。在教育、医疗和农业专业方面，白俄罗斯设定了高达 60% 的招生目标，并已签订了约 1.15 万份定向培养合同，录用了 36 万人。教育部部长强调了对培训质量的重视，并透露了加强招聘和培训，时间不少于 5 年的措施，以确保毕业生符合用人单位的标准和要求。[1]

---

[1] 资料来源于白俄罗斯国家教育部官网。

（四）促进教育公平，拓宽学生职业路径

为学生创造适当的进入高校学习的额外途径。白俄罗斯教育部部长安德烈·伊万涅茨提道："鼓励9年级的学生去就读职业院校，并不是切断了学生就读高等院校的权利，相反，是为学生开辟了一种额外获得高等教育的路径……仅去年一年（2023年），高等教育机构就接收了10 000名职业院校的毕业生"。[1] 高等教育机构接收了职业院校的毕业生，这为学生提供了更多的升学机会，有助于打破传统教育路径的限制，促进教育公平。通过开设专业班和工程班，白俄罗斯高等教育体系致力于满足不同学生的兴趣和需求，为他们提供更加多样化的职业选择。

---

[1] 资料来源于白俄罗斯国家教育部官网。

第七章 职业教育

　　白俄罗斯的职业教育机构体系在教育及劳动力培养领域具有举足轻重的地位，不仅构成了职业教育整体架构的稳固基石，而且承担着塑造并输出高素质技术技能人才的重要使命。该机构体系的演变历程深刻反映了白俄罗斯对多元化、专业化及高素质劳动力战略需求的积极回应。值得一提的是，这一体系的形成与制度化进程既继承了历史上与俄罗斯联邦共享的社会经济结构与政治发展逻辑，又充分考虑了白俄罗斯作为独立国家在职业技术教育领域的独特地域特色，同时还主动吸纳并融合了欧洲现代教育理念的演进方向。

　　在职业教育机构体系的内部结构中，各组成部分在不同文化历史阶段所呈现的构成要素、组织架构以及功能定位均展现出明显的动态差异性。从更为专业且深入的视角来看，该体系致力于通过持续优化和调整其结构布局、课程安排以及教学模式，以适应日益变化的经济社会环境，从而满足各行业对高素质职业技能人才的长期需求。

第一节 职业教育的发展与现状

一、独立前的职业教育

独立前，以十月革命为界限，白俄罗斯职业教育的发展可以分为从 18 世纪奠基到十月革命前体系化的发展历程阶段和十月革命后的逐步成熟阶段。

（一）职业教育体系从 18 世纪奠基到体系化的发展历程（18 世纪初至 19 世纪中叶）

白俄罗斯的职业教育发轫于 18 世纪，此时的白俄罗斯属于沙俄，因此职业教育与沙俄的职业教育发展历程基本同步。此时，彼得一世的远见卓识与开创性举措对俄罗斯现代职业技术教育体系构建发挥了奠基性作用。这一时期，他在沙俄创立了一系列专业教育机构，包括航海学院、工程学院、炮兵学院、医学院、土地测量及税务、矿业学校等，这些学校构成了现代职业技术教育体系的初步架构。

18 世纪中叶至 18 世纪 90 年代，沙俄经历了克里米亚战争的挫败与 19 世纪 60 年代资产阶级改革的阵痛，但这反而实际加速了工业化的步伐。铁路网络建设迅猛推进，资本主义生产关系逐渐强化，对各行业熟练工人的需求随之激增。为应对这一挑战，沙俄政府大规模地兴办了面向铁路、水运、农业及其他专业领域的培训学校。

起初，这些学校的创办者多为富裕阶层的私人和社会资助者，但随着时间推移，一批具有影响力的科学与社会组织如自由经济学会（成立于 1765 年）、沙俄技术协会（成立于 1866 年）以及莫斯科技术知识推广协会

（成立于 1869 年）等开始接手并发挥主导作用。[1] 这些机构通过研究借鉴国外专业技术人才培养经验、组织职业教育研讨会等方式，擘画沙俄普通教育及职业教育系统改革蓝图，并通过出版教材等方式推动职业教育的发展。其中，《技术教育》杂志自 1892 年至 1917 年的持续出版尤其凸显了这一时期的教育革新意义。

18 世纪末至 19 世纪初，包括现今白俄罗斯在内的沙俄已建立起多种类型的职业技术教育机构，涵盖了初级手工业学校、技工学校、手工业学徒学校、铁路学校以及各级别的农业学校等。其中，初级农业学校进一步细分为普通农业学校（为学生讲授一些基础农业知识）和专业农业学校（开设有园艺、养蜂、奶牛养殖、马匹饲养等科目），旨在培养不同层次的专业农业人才以及基础教育机构的教师。

随着工业化进程的发展，自 1865 年起，白俄罗斯地区的初级教育学校和中学增设了工艺类课程，1888 年后，随着木材加工、建材生产等工厂数量的增长，专门的职业学校如培养技术人员的中等技术学校，培养机械师的初级技术学校和培养青年熟练工的技工学校相继设立，并为青年提供针对性的职业技能培训。

这一时期出现了诸如高尔基技工学校、戈梅利铁路学校和亚历山大技工学校等知名的职业教育机构。这些学校不仅设置了长达 5 年的专业化培训课程，如锁匠、铁匠技艺，还包括木工和车工技能，还尤其注重与农业机械和农具制造相关的知识传授。同时，这些学校还按照 1872 年的章程 [2] 规定配备了图书馆、物理实验室、化学实验室、绘图室、体育设施以及各种实践技能

---

[1] 资料来源于 orenipk 网。

[2] 指的是《实科学校章程》，于 1872 年 5 月颁布。章程规定实科学校为不完全中学，学制 6—7 年。高年级偏重职业训练，在五年级和六年级分基本科（普通教育科）和商科，七年级（附加班）分机械技术科、化学技术科和普通科；不设古典语课程，但设两种近代外语课程，数学和物理课程内容比文科中学广泛；设自然课，注重图画和制图教学。毕业生不能升入大学，只能进入高等技术学校和高等农业学校。引自顾明远. 教育大辞典 [M].上海：上海教育出版社，1998：309.

工作室，确保了教学质量与教学标准，此外还聘请世界各地名校的教师前来任教。例如，亚历山大技工学校的 10 名教师分别来自巴黎、莫斯科、圣彼得堡等地的大学，以及华沙理工学院、涅任别兹波罗德科王子师范学院和莫洛德奇诺师范学院。学校的管理和监督由以校长为首的教学委员会负责，省督学和教职员工监督员直接协助校长工作。学校根据批准的教学大纲，精心制定了培训计划，并据此设计了两周一循环的课程表。上述学校的众多毕业生在申请俄罗斯高等技术和农业教育机构，以及圣彼得堡矿业技术学院、基辅理工学院、华沙理工学院等大学的物理和数学系时，享有优先录取的特权。[1]

1896 年，明斯克技工学校，即后来的拜科夫初级技工学校，开始招生，专注于培养木匠、装配工和铁匠等专业人才。1907 年，拉科夫、雷奇察、莫泽尔初级职业学校开设，1908 年则增设了高尔基和德里森初级职业学校。此后，维捷布斯克、克里莫维奇、克里切夫、尼涅维奇、诺夫哥罗德和波洛茨克等州也相继建立了初级技工学校。

这些学校的学制各不相同，初级技工学校的学制为 4 年，技工学校根据专业情况为 3—5 年，而技工学徒学校和初级农业学校的学制则为 3 年。

至 1910 年，白俄罗斯地区共拥有 25 所初级职业教育机构，共接纳 1 511 名在校学生，同时还有 10 个技工工作坊，培训学员 283 名。[2] 值得注意的是，这些初级技工学校、农业学校、铁路学校以及测绘学校分别隶属于不同的政府部门管理，如教育部、农业与土地管理部、交通部以及司法部等。此外，在普通中学中，有 15 所学校引入了工艺技术课程，学生共计 609 名。欲入读初级职业教育机构，需持有小学毕业证书或具备基本读写能力。[3]1912 年，戈梅利州创办了一所林业技术学校，这标志着在特定专业领域的职业教育进一步得到深化和拓展。

---

[1] 资料来源于莫吉廖夫亚历山大实科学校官网。

[2] 资料来源于 orenipk 网。

[3] 资料来源于 orenipk 网。

总体而言，十月革命前的白俄罗斯职业教育体系在彼得一世时代奠基，并随着工业化和国际影响的加深，逐步形成了体系化的教育网络，为后续的社会经济发展提供了坚实的人才基础。

（二）职业教育体系的逐步成熟阶段（1917—1990 年）

十月革命后，白俄罗斯职业技术教育体系经历了关键的构建与发展时期，这一进程可划分为若干个子阶段。

在 1917 年至 1920 年，白俄罗斯苏维埃共和国工人阶级的职业技能提升主要依赖于各类培训课程。莫斯科、列宁格勒及其他重要工业城市的工厂内建立了工人青年学校和俱乐部，为年轻工人提供初步的职业知识教育，并强调文化休闲活动与专业技能培训并重。但年轻工人们在上述机构完成课程后，通常会被派往白俄罗斯等地区进行实习。

进入 1921 年至 1933 年的工业化推进阶段，苏联（包括白俄罗斯苏维埃共和国）开始系统地建立工厂学徒学校体系以满足工业化进程中对年轻一代劳动者的生产和理论培训需求。1921 年在白俄罗斯苏维埃共和国设立的首批 40 所工厂学徒学校到 1923 年迅速扩展至超过 700 所，学生人数由最初的 2 000 名跃升至约 50 000 名。1921—1930 年，共培训了 10 万多名技术工人。[1]

起初，工厂学徒学校的运营归人民教育委员部管辖，但随着培训质量未能有效匹配生产实践需要，管理权逐渐转移到各工厂所属部门，此举有助于提高培训的专业性和针对性。在此期间，生产性培训被细分为初级和高级两个层次：初级阶段侧重于在实训车间学习和掌握具体工作技能；高级阶段则要求学员在企业实际生产车间中深化和完善初期习得的技术能力。工人学徒学校是当时白俄罗斯苏维埃共和国培养合格工人的主要途径。但

---

[1] 资料来源于 orenipk 网。

工厂学徒学校体系无法全面满足国家经济对于技术人才的巨大需求，因此相当数量的工人还需通过企业夜校进行在职培训及技能升级。

在第三个五年计划初始阶段（1938—1942 年），部分行业大幅度削减了工厂学徒学校的数量，导致学生规模锐减约四倍。同时，工厂学徒学校普遍存在课程设置不统一、教学指导方针缺失等问题，一定程度上影响了其教育成效。然而，在这近二十年的发展历程中，尽管面临挑战，工厂学徒学校系统为白俄罗斯苏维埃共和国培养了数以万计的熟练工人，并在此期间推动了职业技术教育理论与方法的积极发展，还建立了相应的职业教育科学研究机构，极大地促进了该领域的进步。

1940 年至 1961 年，作为国家应对新任务的战略举措，苏联政府大力推动了所有苏联加盟国工业基础的重构与扩展。特别是在 1941 年，为预防潜在战争风险，苏联在东部地区集中新建和改建了超过 15 000 家工业企业，并鉴于这些地区专业人才匮乏的问题，着手建立了一套统一、有计划的人才培养体系。1940 年 10 月 2 日，苏联最高苏维埃主席团通过了《关于苏联国家劳动储备的法令》，并随后成立了劳动储备总局，以全面管理相关教育机构。该系统有效整合了以往经验中的积极要素，迅速构建了一个覆盖广泛的新型教育网络，包括短期铁路学校（学制两年）、技工学校（同样学制两年）、工厂学徒教育项目（时长 6 至 9 个月）以及中等技术学校（自 1943 年起加速运作）。同时，它还制定了统一的教学大纲和课程标准，实行计划招生和定向分配技术工人策略。

在卫国战争期间，白俄罗斯苏维埃共和国劳动储备系统的高效性和实用性得到了充分展现，在国家面临极端困难的情况下，不仅为前线提供了必要的军事和民用物资支持，更在短时间内培养出了高达上百万名工人，这与过去二十年间工厂学徒教育所取得的成果相当。

战后，尤其是在白俄罗斯苏维埃共和国和明斯克市，大量职业教育培训机构得以保留和发展。值得一提的是，在艰难的重建时期，国家对年轻一代的特殊关怀及对国家未来建设的关注尤为突出。例如，1948 年特别设立的专业技工学校为那些因战争失去父母或在占领期遇难的家庭子女提供了四年制教育，使他们在接受基础教育的同时，得到专业的职业技能培训。

此外，从 1954 年开始，苏联大规模组织农民进行机械操作培训，以开发荒地资源，并为化工、林业等领域输送了大批技术工人。在白俄罗斯苏维埃共和国长达二十多年的劳动储备体系运行过程中，总计约有数百万名工人经过专业化培训走向工作岗位。而在 1945 年至 1958 年，苏联的职业教育理论与方法论也取得了显著进步，更加注重专业化的角度，确保了人才培养的质量与效率。

1958 年至 1990 年，苏联国家劳动预备制学校系统经历了一场深刻而全面的转型，转变为以职业教育为核心的职业技术学校。这一转变并非仅仅停留在名义层面，而是依据 1958 年《加强学校与现实生活联系，进一步发展苏联国民教育体系法》进行了一次系统性结构重组。具体表现为各类工人培训形式整合为一种统一的教育机构类型——职业技术学校，并根据不同地域设置了城市职业技术学校（学制 1 至 3 年）和农村职业技术学校（学制 1 至 2 年），均采用全日制和夜校教学模式。同时，招生对象限定为完成 8 年义务教育的中学生，课程设置上大幅增加了生产和理论学习时间，并引入了新的通用技术和专业课程内容。

20 世纪 60 年代，白俄罗斯经济经历了重大变革，工业企业和国民经济各部门急需更多高素质专业人才。随着工业技术、生产流程机械化的迅速发展，劳动力不仅要具备专业技能，还需拥有较高的普通教育水平。为提升全民教育水平，政府实施了中等义务教育，以期提高各领域生产力和效率。为应对这些挑战，1966 年白俄罗斯成立了技术学校，将职业培训与更先进的普通教育课程结合。1969 年 4 月 2 日，中共中央和苏联部长会议联合颁布了《关于进一步改进职业技术教育与培训机构技术工人培训的措施》法令。此后，职业教育与培训系统肩负起提升工人培训质量的新使命。随着对工人培训水平要求的不断提高，学制为三至四年的职业学校应运而生。这样的教育模式不仅使学生获得高度专业化的知识，同时接受普通中等教育，满足了经济对能快速适应生产变革和技术更新的工人的需求。

此时期职业技术教育发展的另一显著特征是强化了科研与方法论在专业人才培养上的作用，其中苏联职业技术教育研究所的工作最具代表性。然而，职业技术教育体系的历史进程并非一帆风顺，如 1984 年出现的意外情况：所有职业技术学校暂时调整为中等职业技术学校；至 1987 年又重新恢复职业技术学校的命名（部分学校不再提供普通中等教育）。这一系列变迁反映出苏联时期职业技术教育不断适应社会经济发展需求、优化教育资源配置、调整教育结构的努力与挑战。

十月革命后的职业教育经历了从初级培训到系统化、专业化的发展，满足了工业化进程中对技术人才的迫切需求，并在理论、实践和研究方面取得了显著成就。同时，教育体系的调整和变革也体现了时代的变迁和国家对教育现代化的不懈追求。

二、独立后的职业教育

自 1991 年独立后，白俄罗斯职业技术教育体系经历了显著的转型与升级。在这个阶段，以先进的职业技术学校为基础，新型高等职业学校和中学纷纷设立，旨在深化物理、数学等基础学科的教学，并构建起技术学校至高等教育机构之间的连续学习通道。

为进一步提升职业技术教育的社会认可度和教育品质，白俄罗斯政府积极推行了一系列重要举措，如着力将多数职业技术学校转型升级为职业高中，旨在提升职业教育的层次和水平；积极推动部分优秀的职业技术学校和职业高中向更高层次的职业技术学院转型，以提供更加专业化、系统化的职业教育。

进入 21 世纪以来，白俄罗斯通过一系列重要的法律文件（如 1999 年 4 月第 500 号决议、2000 年 6 月 1 日第 795 号决议、2003 年《白俄罗斯共和国职业技术教育法》，以及 2011 年《白俄罗斯共和国教育法典》）逐步完善国家职业技术教育系统，强化其在经济、智力和文化发展中的作用。

这一时期，白俄罗斯职业技术培训机构展现出显著的多功能性和多专业性特点，培养的学生不止于掌握单一工种技能，更倾向于两种或多种技能的学习。为了确保教育与实践紧密结合，白俄罗斯借鉴欧盟和俄罗斯联邦的经验，在国内建立了现代化资源中心，如位于明斯克的职业教育学院分校的资源中心机械工程和汽车服务现代技术学院、M. C. 维索茨基明斯克国立汽车和机械学院、工业-师范学院等。

所有这类资源中心的核心任务包括但不限于：保障初级和基础阶段的实训计划实施，巩固理论知识与实践技能的结合，拓展成人继续教育服务，引入创新教育技术和方法，提供教学模拟器和实验室设备支持，建立信息文献库，并与基础企业、就业中心等紧密合作，满足职业教育市场的需求，尤其是针对失业人员和特殊人群的职业培训与再就业服务。

在劳动市场对接方面，白俄罗斯职业教育与各行各业保持密切联系，签订培训合同，协商教育标准，按需培养人才，并与社会保障机构携手提供在职人员的继续教育和再培训服务。此外，白俄罗斯还特别关注并扩展心理和身体有特殊需求的人员的职业教育机会，设立了专门的职业和社会康复中心及特殊部门，在资源中心的支持下，帮助这类群体适应高科技生产环境。

白俄罗斯全日制职业技术教育毕业生（公费生和自费生）均享有工作分配保障，且特别强调为残疾人创造就业机会。目前，该国的职业教育体系已分化为职业技术教育、中等专业教育和高等教育三个层次，各层级均有相应的教育机构负责实施相应层次的教育项目。

2021—2022 学年白俄罗斯中等职业教育机构数量和在校学生人数见表 7.1。

表 7.1 2021—2022 学年白俄罗斯各地中等职业教育机构数量和在校学生人数

区域	中等职业教育机构数量（所）	在校学生人数（万人）
布列斯特州	23	0.87
维捷布斯克州	10	0.85
戈梅利州	27	0.98
戈罗德诺州	16	0.60
明斯克市	20	1.00
明斯克州	12	0.76
莫吉廖夫州	15	0.77

第二节 职业教育的特点

白俄罗斯的职业教育体系不仅历史悠久，保留了很多苏联时期的优秀传统，而且在不断发展和完善的过程中，为经济和社会领域培养了大量的高素质劳动者。

一、公民可获得免费教育机会

白俄罗斯的职业技术教育（以下简称"职教"）与中等专业教育（以下简称"中专"）体系的发展，深受技术、环境、社会与文化变革的影响，旨在提升自身效率，对工人实施持续的专业教育，以服务于创新经济的发展需求。依据白俄罗斯宪法的规定，本国公民享有免费接受职业教育的权利。根据个人能力，公民皆可接受中专教育，且可通过竞争在国立教育机构中免费获取相关教育。

二、职教体系覆盖广泛

白俄罗斯的职教与中专体系覆盖广泛,特别针对以下群体:完成基础教育9年级与11年级,拟进入职教或中专机构学习相关课程的学生;正在就读基础教育10—11年级、拟学习一门职业技能的学生;依据劳动、就业与社会保障部门的推荐与合同,完成职业培训、再培训与高级培训的失业与未充分就业人口;在工作单位派去提升学历或掌握特定技能的已就业人口;以及有特殊发展需求与残疾的人士。

三、提供个性化支持

共和国职业教育学院网站上设有ProfiTest在线职业指导平台,该平台旨在诊断职业自决能力,帮助年轻人做出明智的职业抉择。自2022年9月1日迄今,已有57 000名来自普通中等教育机构的学生参与了职业指导测试。2023年2月,参与诊断的学生人数达到25万名。[1]此在线工具包含一套完整的职业指导测试,不仅能评估学生的职业倾向与喜好,还能明确其适合的职业活动领域。借助这一综合工具,学生可以轻松选择白俄罗斯的专业及教育机构。"ProfiTest"包含四项测试:第一项测试帮助学生确定专业能力,即在不同专业活动领域(如人际交往、实践、智力、审美、规划与经济、极端环境等)的倾向性。第二项测试则旨在揭示儿童的思维类型,包括物体–行动、抽象–符号、语言–逻辑及视觉–想象,并评估其创造力水平。第三项测试通过绘制兴趣图谱,深入探索学生的兴趣范围及兴趣表达程度,这对于塑造未来职业选择动机至关重要。最后,第四项测试基于对

---

[1] 资料来源于白俄罗斯国家教育部官网。

学生专业兴趣、能力及偏好的全面研究，提供一份专业推荐清单及相应教育机构名称，以供学生参考选择 [1]。

通过"ProfiTest"职业指导测试 [2]，高年级学生能够了解各种教育状况，从而做出更加个性化的教育选择。此外，模块化学习模式也允许学生根据自己的需求和进度完成学习，提高了学习的灵活性和自主性。高中学生的职业培训融入"劳动教育"科目，而对劳动人口的职业培训则构成再培训与高级培训的组成部分。2022 年，有 34 612 名在校高中学生接受了职业培训，专业涵盖销售员、电子计算机操作员、服务员等职业。[3]

四、产教紧密融合

白俄罗斯促进客户与职教系统合作，建立合作机制，设立行业委员会，制定国家标准评估教育质量。依托行业组织，强化硬件和实践资源。职教机构根据市场需求调整培训结构，增设新专业，淘汰过时专业。行业委员会在制定标准中起重要作用，确保教育与行业需求对接。

五、职业技能竞赛影响面广

白俄罗斯素有举办专业竞赛的传统，旨在提升职业教育的声誉，吸引年轻人加入经济生产部门，提高工人与专家的专业水平与劳动生产率。参

[1] 资料来源于 adu 网。

[2] ProfiTest 是一个自动化职业指导诊断系统，包含一系列在线方法，专注于探究学生的专业倾向，同时评估其专业兴趣和能力。该系统能全面诊断学生的专业方向，并基于其性格类型为其确定首选活动领域。此外，它还能辅助学生选择适合的专业和教育机构，以便其在中等专业教育或高等教育阶段（学院或大学）学习特定专业。

[3] 资料来源于白俄罗斯国家教育部官网。

赛者主要为 22 岁以下青年（某些能力竞赛为 24 岁以下）。目前，数千名学生与青年工人参与了职业技能竞赛，超过 60% 的职教、中专与高等教育机构参与了不同阶段的竞赛。赛事合作伙伴涵盖国内外的设备、材料与工具制造商与供应商。职业竞赛不仅有助于建立专业团体，也有助于在教育过程中执行国际标准，并在编制教育与课程文件时运用这些标准。同时，亦为有特殊发展需求的人士组织技能竞赛，有助于不断更新教育内容、设备、软件以及促进教学人员的专业发展。

六、关注学生个人发展

白俄罗斯职业教育体系蕴含巨大潜力，在现代国际环境下，其目标为积极促进学生的个人发展——使其成为一名爱国者、专业工作者和合格的公民。因此，职业教育体系注重提供科学与方法论上的教育支持，营造积极的校园环境，吸引学生参与公民与爱国活动、健康促进活动、自治机构活动、志愿者与学生支队活动等。

七、管理机制明确

白俄罗斯教育部下属的职业教育司负责职教与中专系统的运行与管理，其主要任务包括制定并确保国家职教与中专政策的实施；确保职教与中专系统的运作与管理；为职教与中专系统提供规范性法律支持，为其制定发展计划；协调中央管理机构和地方教育部门、组织在履行职业教育职能方面的活动。

职业教育司根据具体职能如下：为执行与实施相关法律文件、国家计划提供组织与实际工作；分析职业教育现状并预测其发展前景，研究世界发展趋势并提出优先发展领域的建议；拟订相关法律法规草案与发展方案，提出修正与补充建议；制定组织与实际措施，为职业教育机构创造有利条件与机会；协调教育部下属机构的教育活动；组织下属机构在实施职教与中专计划方面的活动；参与批准职业教育机构领导职位的候选人；解决职业教育机构的运作问题；协调教学人员提供的工作；审议获得职业教育许可证的文件；为科学发展任务提供资金支持并监督其执行情况；确定职业教育机构的招生人数；就职业教育机构的建立、重组与清算问题提出建议等。此外，白俄罗斯教育课程内容强调连续性和递进性，允许学生在高级别教育机构深造或进修以适应社会经济变化的需求。职业教育的连续性通过教育计划内容的连贯性、在更高教育机构继续深造的可能性、学历提升与再培训的机会得以保障，同时兼顾社会经济形势的变化。职教与中专机构在全国各地区分布均衡，且每年均根据地区劳动力市场的需求调整培训结构，增设新专业，淘汰过时专业，体现了教育资源的优化配置。

八、法律条款与教育体系的设置保持一致

根据白俄罗斯《劳动法典》的相关规定，年满 16 岁的自然人即具备与雇主形成劳动关系的资格，可以合法地签订劳动合同。这一规定明确了白俄罗斯境内劳动者的最低年龄标准。对于年满 14 岁的未成年人，在符合一定条件的情况下，也可以签订劳动合同。具体而言，如果他们拥有自己的工资、奖学金或其他收入，并且经其法定代表人（如父母、监护人等）书面同意，则可以参加劳动关系并签订劳动合同。这一规定旨在保护未成年人的合法权益，同时给予他们一定的劳动机会。

白俄罗斯《劳动法典》中关于劳动者年龄的规定，与其对职业教育的

设计是高度一致的。一是增加了职业教育的参与度。由于 16 岁的自然人即可签订劳动合同，更多青少年在完成基础教育后有机会进入职业教育体系。他们可在职业学校或机构接受专业技能培训，为未来职业生涯铺路。这不仅促进了青少年的参与度，还有助于提升整体职业技能水平。

二是为青少年提供了实践机会。满 16 岁的青少年除在职业学校学习理论知识外，还可依法签订劳动合同，从而在实际工作中运用所学技能。这种实践经验对于提升他们的职业技能和就业竞争力十分关键。

三是对未成年人采取了特殊保护措施。尽管 14 的未成年人可在一定条件下签订劳动合同，但法律强调了对他们合法权益的保障。未成年人工作须在法定监护人同意和监督下进行，以确保其身心健康和安全。这消除了家长和监护人的顾虑。

四是促进了职业教育与就业市场的对接。青少年能较早进入劳动市场，促使职业教育机构更注重与市场的对接，优化课程设置，以符合市场需求，进而提高毕业生就业率。

五是提升了社会对职业教育的认可度。随着更多青少年通过职业教育顺利就业，社会对职业教育的看法将更为积极，吸引更多学生选择此路径，推动白俄罗斯职业教育的发展。

总体上，白俄罗斯《劳动法典》中关于劳动者年龄的规定积极影响了职业教育，促进了青少年参与、实践机会的增加，强化了教育与就业市场的联系，并提升了社会对职业教育的认同。

第三节 职业教育的挑战和对策

尽管白俄罗斯现有的职业教育体系与其他独联体国家不同，且该体系得以保留并成功运行，但该体系仍面临严峻挑战，需创造条件以提升教育与培训质量，与用人单位共同确定培训的结构、范围与内容；使职业培训最大限度地贴近实际需求；确保劳动力市场的教育与培训质量等。

一、职业教育的挑战

（一）职业教育投入减少，教育资源分配不均衡

健康的职业教育体系是经济和社会蓬勃发展的基础，也为公民福祉和国家安全奠定基础。职业教育体系需要不断进行改革，根据经济市场需要不断完善和更新人才的知识和技能，以顺应现代创新经济的发展特点，提高所培养的人才在劳动力市场上的竞争力。目前，政府增加了对高等教育的资金投入，却减少了对职业教育的资金投入，而且白俄罗斯职业教育资源存在分配不均衡的问题，一些地区的教育基础设施老化，技术更新滞后，导致毕业生难以获得符合现代经济所需的实践技能，而用人单位通常以提高求职者条件的方式，拒绝接受这类毕业生。这些都限制了毕业生的就业前景，加剧了职业教育的困境。

（二）人才供给与劳动力市场需求失衡

近年来，白俄罗斯的职业教育机构数量及毕业生数量均有所减少，这直接影响了劳动力市场的供给。例如，2018—2023 年，白俄罗斯的职业教育机构及毕业生数量均有所下滑。2018 年，共有 406 所职业教育机构，毕业人数 6.13 万人；2023 年职业教育机构和毕业人数分别降至 391 所和5.27 万人。[1] 导致这一现象的主要原因首先是劳动力市场上针对没有工作经

---

[1] 资料来源于白俄罗斯国家统计委员会官网。

验的首次求职者的职位空缺减少；其次，用人单位主要依据应聘者的专业和受教育水平来决定录用与否，导致更多学生继续深造，减少了劳动力的供给。再次，社会观念普遍认为职业教育毕业生更适合从事低工资、低学历的工作，但实际上用人单位的要求却越来越高，与毕业生所能掌握的专业技能不匹配，进一步导致人才供需失衡。最后，职业教育课程设置未能紧密对接市场需求，导致供需错位。这种错位的后果是初级工人过剩和熟练工人短缺，对人力资源的可持续性发展产生了威胁。目前，在白俄罗斯职业教育领域，一方面劳动力市场上出现无人问津的工人，另一方面拥有熟练技能的工人严重短缺，如工程、技术人员和拥有其他专业技能的工人。此外，机械制造、金属加工等行业对熟练劳动力的需求也在增长。显然，现有职业教育体系难以有效、迅速地解决这些人才短缺问题。

二、职业教育的对策

为了使职业教育更好地适应市场需求，白俄罗斯制定了以下应对策略。

（一）不断完善法规与政策

白俄罗斯制定了规范职业教育质量管理制度的法令，并每年更新职业技术教育、培训与评估标准，确保职业教育体系紧跟时代步伐。

政府通过一系列政策文件，明确职业教育的发展方向和目标，为职业教育提供了坚实的政策保障。在2021—2025年的发展计划中，白俄罗斯提出了职业学院转型、资源中心升级、教育标准持续更新、试行整合型师资培养模式、职业教育质量管理系统标准化等一系列改革措施。

（二）确立劳动力供需平衡机制

为了确保劳动力供需平衡，白俄罗斯建立了三个部委之间的互动程序：经济部每年 9 月 1 日前对白俄罗斯全国、各州和明斯克市进行人口预测，劳动和社会保障部每年 11 月 1 日前制定劳动力资源平衡预测方案，并向教育部和职业技术教育机构的其他创办者提供按专业资格组别分类的五年期经济对人员需求的信息，用于制定按教育类型分类的五年期预测指标。教育部和教育机构的其他创办者每年在批准招生人数控制草案时，根据预测和毕业生分配结果，以及劳动和社会保障部提供的未就业毕业生信息以及劳动力市场空缺情况，调整人才培养类型和数量。

（三）毕业生的分配与就业

白俄罗斯保留了职业教育机构毕业生的分配制度。各教育机构在开设专业时，必须与企业签订协议，确定毕业生的接收人数。如果低于 80%，教育机构将不被允许开设专业。毕业后，毕业生必须在某一行业或专业工作一定时间。例如，在高等职业教育机构毕业之后需工作一年，在中等职业教育机构毕业之后需工作两年，定向招生项目的毕业生毕业后需工作五年。

（四）建立资源中心网络机制

白俄罗斯非常重视在职业教育高校中建立资源中心网络机制。目前，全国共有 52 个资源中心，其中 47 个设在州一级，5 个是共和国职业教育研究所的分支机构。这些资源中心一般为学生购买培训和模拟设备，用以提高专业技能。此外，资源中心还与教育机构以网络互动形式开展合作，包括与伙伴机构在制定和实施计划、学生和教师流动等方面开展联合行动等。每年的

9月1日，资源中心都会安排学生参观活动，并为他们提供住宿、膳食和体育活动等。学生可以在这里选择学校没有设置的课程模块，并从事科学研究和实验工作。此外，各行业的技术人员和用人单位代表也会在这里接受高级培训。

（五）创新基础设施与培训中心

为了将创新技术引入实际经济部门，白俄罗斯开设了多个创新培训中心。例如，费斯托工业4.0技术和机电一体化培训中心。该中心是在欧盟国际技术援助项目"白俄罗斯就业、职业教育和培训"框架内，在共和国职业教育研究所机械工程和汽车服务现代技术学院的基础上建立的。欧盟提供的设备可以在物联网技术、云技术和添加剂技术使用，远程编程和生产流程管理教学的基础上，培养数字产业未来员工的能力。

（六）州级职业指导门户网站与合作

各州都建立了职业指导门户网站，并与教育机构网站建立链接，以促进经验交流和合作协议的签署。通过网络交换学生、组织教师和世界技能大赛参赛者实习以及签订培训协议等方式，州际以及国际职业教育合作与交流得到了加强。

为了更好地适应目前的经济发展形势，自2020年以后，白俄罗斯在职业教育领域还做出了以下改变。[1]

一是引入新的专业和资格分类。2023年，白俄罗斯引入了与现行经济活动分类相一致的新的专业和资格分类。这一举措被视为协调和同步教育系统与劳动力市场的重要工具。通过使教育和经济活动更加紧密地联系在

---

[1] 资料来源于白俄罗斯年报。

一起，白俄罗斯希望提高毕业生的就业能力和劳动力市场的适应性。

二是引入统一的学院系统。白俄罗斯自 2022—2023 学年引入了统一的学院系统。该系统旨在提供技术和职业教育课程，实现教育资源的整合和优化。这一措施有助于提升职业教育的质量和效率，同时为学生提供更多样化的学习路径。

三是缩短职业教育时间。在全日制普通中等教育的基础上，白俄罗斯缩短了职业教育的时间，从以前的 1—2 年缩短为 6—12 个月。这一变化反映了在技术专业人才严重短缺的背景下，白俄罗斯对快速培养技术人才的迫切需求。然而，这也引发了对教育质量和学生全面发展的担忧。

四是扩大职业教育对象的范围。为了应对技术专业人才短缺的问题，白俄罗斯扩大了职业教育对象的范围。白俄罗斯人以及长期居住在白俄罗斯的外国公民和无国籍人士都有权接受职业技术教育与培训。这一措施有助于吸引更多的人才进入技术领域，缓解人才短缺的压力。

五是加大对弱势群体的支持。对于接受过职业教育的孤儿和有特殊发展需要的人，白俄罗斯实施了保留就业政策。毕业生将获得由地方执行和行政机构确定的保留工作岗位的证书，以支持他们就业。这一措施体现了国家对弱势群体的关怀和支持，有助于促进社会公平和包容性。

白俄罗斯职业教育体系在保留传统的同时不断创新和发展，为经济和社会领域提供了有力的支持。通过加强与企业生产的联系、确保劳动力供需平衡、发展资源中心网络和创新基础设施以及提供全面的职业指导服务，该体系为学生提供了丰富的实践经验和专业技能培训机会。

整体来看，目前白俄罗斯的职业技术教育机构不断调整策略，确保毕业生具备多元化的市场所需技能，通过整合式教学和技术创新来应对劳动力市场的变迁。同时，注重教师队伍的技术能力建设，以实现教育系统的现代化转型，来应对职业教育体系面临的重重考验。

第八章 成人教育

成人教育作为一个相对独立的体系，其发展具有独特的历史脉络。这一教育形态在 19 世纪下半叶沙俄帝国工业化进程加速、经济社会结构深刻变革以及文化政治环境剧变的大背景下应运而生，并逐渐凸显出其重要地位与必要性。然而，对于白俄罗斯地区而言，成人教育的全面深化及其系统化建设的实现，则发生在 1917 年十月革命之后的重要历史时期。这一时期的到来，标志着成人教育在其发展历程中迈出了崭新的步伐，不仅进一步拓宽了教育服务的覆盖范围与层次，而且对提升国民整体素质和推动社会全面进步起到了至关重要的作用。

第一节 成人教育的发展

一、独立前的成人教育

在十月革命胜利之后，白俄罗斯面临着一项至关重要的任务，即广泛消除成年人中的文盲现象。为了有效应对这一挑战，白俄罗斯政府专门成立了负责扫盲工作的委员会，致力于提升国民的文化素质。

1918 年，明斯克率先创办了人民大学，随后莫吉廖夫也相继设立了多个教育中心，包括成人函授小学和职业培训课程等，旨在为广大文盲和半文盲人群提供学习的机会，帮助他们提高文化水平。在扫盲运动的推进过程中，全国范围内的校外教育形式得到了广泛推广和应用。这些校外教育活动包括在家、工作场所、活动小组、俱乐部、阅读中心、民俗馆、图书馆、文化中心和军事单位等地点开展的个人授课。得益于这些举措的深入实施，到 1940 年时，白俄罗斯的文盲率已经显著下降，几乎被完全消除。

成人教育除了扫除文盲，另一个主要任务是确保成年人掌握基础数学技能。为此，从 1924 年开始，在白俄罗斯苏维埃共青团的倡导下，为农村青年开设了为期三年的日校和夜校。这些学校不仅教授七年制普通教育知识，还涉及先进的农业技术。各地建立了集体农庄夜校，大城市则建立了劳动夜校和集体农庄大学。到了 1927 年，开始设立高级工人夜校，采用特殊课程缩短学习时间，比如将七年制理工学校的课程压缩至三年内完成，为学生进入大学或自我教育做好准备。

1921 年，在白俄罗斯国立大学的基础之上，首个工人速成系得以创立，并在随后的数年间陆续在其他地区设立分支机构。这些速成系的核心宗旨在于为高级工人及青年群体提供中等教育及相应的资格证书，进而为他们铺设通往高等教育的道路。然而，随着普通教育逐渐受到更高的重视，工人速成系的作用逐渐减弱，最终于 1940 年被正式取消。自此，大部分工人转而选择通过夜校教育形式继续深化学习。

1926 年，函授师范教育开始兴起，同时基于七年制学校的两年制专修班也开始招生，培养出了干酪制造业、奶油制造业方面的专家、会计师和建筑工人等专业人才。到 1932 年，成人教育系统已经包括了多种机构和课程，如扫盲站、四年制文盲和半文盲学校、七年制夜校等。专门的教育文献也被出版发行，以支持教育工作。在大城市里，苏维埃党校成立，主要目的是向革命积极分子提供普通教育和政治培训，帮助他们担任接下来的领导职务。

在苏联卫国战争期间，面授和函授学校成为成人教育体系中的核心形式，为成人学习者提供了重要的教育机会。战争结束后，随着西白俄罗斯并入苏联，文盲和低文化水平人口的数量再度攀升，成为亟待解决的问题。为应对这一挑战，自1946年起，国家启动了新一轮的扫盲运动，致力于提升国民的文化素养。经过几年的努力，至1950年，全国范围内基本实现了扫盲目标，消除了文盲现象。

从德国纳粹侵略者手中解放之后不久，劳动人民夜校得以迅速恢复并投入运作，为广大劳动者提供了灵活的学习机会，创造了有利的学习条件。进入20世纪50年代，白俄罗斯迎来了科技革命的首波浪潮，科技进步对教育水平提出了更高的要求。为适应这一趋势，普通成人教育机构数量不断增加，并开始涌现出各类再培训和职业发展课程，以满足劳动者不断更新的知识和技能需求。从20世纪60年代末开始，社会大学等高级培训机构相继成立，为提升劳动者的职业素养和竞争力提供了更高层次的教育机会。职业发展课程逐渐成为就业人口的必修内容，对于提升整个社会的职业水平和促进经济发展具有重要意义。20世纪70年代中期以来，关于继续教育的研究活动逐渐展开，成人教育学的理论和实践得到了深入发展。这为成人教育的规范化、科学化和系统化奠定了坚实基础。自1988年起，教育机构和高级培训单位开始实行自主运营和筹资机制，这一改革举措为它们的进一步发展积累了宝贵经验，也推动了教育资源的优化配置和高效利用。

二、独立后的成人教育

在白俄罗斯共和国，成人补充教育体系被视作社会经济稳健发展不可或缺的支撑元素之一。该体系具备高度灵活性且持续进化，旨在为各行业输送与市场需求匹配的专业人才，驱动创新进程，并对公民不断变化的职业生涯需求做出积极响应。据统计数据显示，每年约有35万成年人参与职业继续教育项目，而400多家教育机构则致力于提供全方位、多层次的高级培训与再培训服务，涵盖从管理人员到普通员工的各个层级。[1]

白俄罗斯的成人教育体系包含学历教育与非学历教育两大类别。其中，学历教育主要通过夜校与函授等办学形式进行；而非学历教育则主要聚焦于大学后的继续教育，特别注重岗位与职业技能的培训。

成人补充教育系统广泛覆盖隶属于国家各级行政机构及其他组织所管理的教育网络。在当前经济结构转型的大背景下，石油化工、天然气产业、应急管理部门以及内务部等行业对具备高等与中等专业教育背景的人才的需求日益凸显。与此同时，年轻劳动力乃至整个劳动人口对教育服务的需求也在持续增长。

为有效应对上述变化，职业发展与再培训系统展现出了卓越的灵活性与适应性，能够在教育机构内部或直接在职场环境中高效运作。在此过程中，高等教育机构发挥着积极的推动作用，每所高校均设有专门负责专业发展与人员再培训的部门。

目前，白俄罗斯正致力于强化高级培训与再培训体系的领导机制，明确各部门的职责分工，以确保科学研发、教育教学、方法论支持及组织运营等工作的统筹协调。同时，也在努力简化职业发展与再培训系统的架构，优化机构运行模式与教学内容，以不断提升教育服务的质量。国家保证就业人员至少每五年（某些类别的就业人员至少每三年）提升一次专业技能。[2]

国家高度重视为失业及未充分就业群体提供教育培训的机会，每年成功帮助大量失业者提升技能水平。完善成人补充教育系统的关键任务在于加强社会合作伙伴关系、完善相关法律框架、深入开展劳动力市场调研、

---

[1] 资料来源于白俄罗斯统计委员会网站。

[2] 资料来源于白俄罗斯总统网。

优化体系结构设计、创新培训方法以及拓宽国际合作渠道。

白俄罗斯成人教育体系已经实现了全面而深入的发展，其社会价值得到了普遍认同。白俄罗斯正不遗余力地开展相关研究工作，以持续提升成人补充教育的质量和效能，使其能够更好地服务于听课者和受训者的个性化专业发展需求，满足他们的认知追求，助力他们形成从事专业活动所必需的能力。

第二节　成人教育的特点和经验

一、成人教育的特点

（一）高度灵活性与持续进化

白俄罗斯的成人教育体系展现出了高度的灵活性，这一特点使其能够适应经济和社会发展的不断变化。在《白俄罗斯共和国教育法典》的明确指导下，该体系不仅旨在为各行业提供与市场需求紧密匹配的专业人才，还致力于推动创新，并对公民职业生涯需求的持续变化做出快速而有效的响应。这种灵活性确保了教育体系能够与时俱进，满足国家和社会发展的新要求。

（二）提供全方位、多层次的教育服务

白俄罗斯每年有约 35 万成年人积极参与职业继续教育项目，这一庞大的参与人数得益于 400 多家教育机构提供的全方位、多层次的高级培训与再

培训服务。[1] 这些服务涵盖了学历教育与非学历教育两大类别，适应了从高层管理人员到普通员工等各个层级的学习需求。国家还通过政策保障，确保就业人员至少每五年（某些关键类别的就业人员甚至每三年）有一次专业技能的提升机会，这体现了国家对成人教育体系深度和广度的重视。[2]

（三）广泛的教育网络覆盖

白俄罗斯的成人补充教育系统拥有广泛的教育网络，这一网络涵盖了隶属于国家各级行政机构及其他组织所管理的教育机构。特别是高等教育机构，在职业发展与再培训方面发挥着举足轻重的作用。每所高校都设有专门负责专业发展与人员再培训的部门，这进一步强化了教育网络的效能和覆盖面。

（四）法制保障与社会支持

《白俄罗斯共和国教育法典》为成人补充教育提供了坚实的法律基石，确保了该体系的规范运作和持续发展。国家立法不仅保障员工享有定期接受学历提升的机会，还提供了工资保留、差旅补贴等一系列社会保障措施，以减轻成人学习者在学习期间的经济负担。

（五）数字化转型与国际合作

白俄罗斯在成人教育体系的数字化转型方面取得了显著进展。通过在线学习平台和远程教育技术手段，白俄罗斯成功扩大了教育服务的覆盖范围，使更多成人能够接触到优质的教育资源。同时，白俄罗斯还注重课程

---

[1] 资料来源于白俄罗斯总统网。

[2] 资料来源于 spok. by 网站。

内容与教学方法的持续更新，以确保所传授的知识和技能与时俱进，符合市场需求。在国际合作方面，白俄罗斯积极引入国外先进的成人教育理念与实践，并参与跨国职业资格认证体系，进一步提升了本国成人教育在国际市场上的竞争力。

二、成人教育的经验

（一）强化领导机制与优化资源配置

白俄罗斯在成人补充教育体系的建设中，特别注重强化领导机制和优化资源配置。通过明确各部门的职责分工，优化机构运行模式和教学内容，白俄罗斯确保了教育服务质量的稳步提升。同时，国家还特别关注为失业及未充分就业群体提供教育培训的机会，帮助他们提升技能水平，增强就业竞争力。

（二）重视师资队伍的职业发展与再培训

白俄罗斯将师资队伍的职业发展与再培训作为战略优先考虑的任务。通过改革和完善教育管理者与专家的培训体制，构建现代科学方法论和支持体系，白俄罗斯成功提升了师资队伍的整体素质和教学能力。这为成人补充教育体系的高质量运行提供了有力的人才保障。

（三）推动数字化转型与终身学习能力建设

白俄罗斯在成人补充教育体系的建设中，积极推动数字化转型和终身学习能力建设。通过借助在线学习平台与远程教育技术手段，白俄罗斯成功扩大了教育服务的覆盖广度，使更多成人能够便捷地获取优质的教育资源。同时，国家还关注社会变迁趋势，确保教育内容符合消费者和客户的需求，从而帮助个人不断提升职业技能和竞争力，实现职业生涯的扩展和提升。这不仅为老年人提供了继续教育的机会，还通过丰富的教育项目增强了各类专家的职业竞争力，有力推动了社会可持续发展和全民终身学习能力的建设。此外，白俄罗斯的成人教育还完善了国家的教育体系，使其更加符合现代社会的需求，并推动了教育体系的数字化转型和国际合作，提升了本国教育的国际竞争力。

整体而言，白俄罗斯全面且富有前瞻性的成人教育体系从政策设计到执行保障再到资源分配与国际合作均展现出其对个人职业成长和社会整体进步的强大支撑作用。这一体系有效地提高了继续教育质量并增强了劳动力市场竞争力，为实现国家发展战略目标奠定了坚实基础。

第三节　成人教育的挑战和对策

一、成人教育的挑战

（一）网络教育普及困难

当前，白俄罗斯在推动教育创新进程中，特别是在成人教育领域，正面临传统组织方式所带来的挑战，其知识传播效率不高，补充教育普及率亦有所欠缺。网络教育，作为一种融合现代信息技术与开放教育资源的新型教育手段，在成本控制及学习便利性提升方面展现出显著优势，然而其在白俄罗斯的发展却遭遇诸多难题。

信息和通信技术基础设施建设尚显滞后。虽然互联网普及率相对较高，达到每百人有 128 人能够接入互联网，但宽带使用率相对较低，仅为每百人 32 人，这在一定程度上限制了高质量在线教育内容的获取与高效传输。[1]

成年人计算机技能普遍不足。尽管国家层面已出台相关政策举措，以提升公民的计算机应用能力，但仍有大量潜在用户因缺乏必要的计算机操作技能而无法充分利用网络教育资源，进而制约了网络教育在白俄罗斯的普及与发展。[2]

法规体系尚待完善。虽然现行《白俄罗斯共和国教育法典》对于成人教育计划中网络教育的应用已有所规定，但在入学准备、培训、再培训以及高级培训等不同类型的成人教育计划中，网络教育的具体实施条件、评估机制及成果认可程序等关键环节，尚缺乏明确细致的法规指导与规范。当前的教育标准对于网络信息技术在成人继续教育中的具体运用指导显得较为不足，缺乏系统性和深入性。在专业课程设计模式和方法上，白俄罗斯尚未形成一套针对仅通过信息计算机技术进行远程教学的有效方案，这在一定程度上制约了成人继续教育的现代化发展。

（二）资源分布不均导致成本高昂

白俄罗斯最好的教育资源，其中包括最好的继续教育资源主要集中在明斯克，其他地区员工通常面临高昂的交通和住宿费用，从而导致职业再

---

[1] 资料来源于白俄罗斯国家统计委员会。

[2] НАЛИВАЙКО Л. С. Современные аспекты развития сетевого образования, ориентированного на обучение взрослых в Республике Беларусь: Актуальные проблемы мировой экономики и менеджмента: материалы международной интернет-конференции студентов и магистрантов, посвященной 55-летию университета[C]. Гомель: Белорусский торгово-экономический университет потребительской кооперации. 2019: 20.

培训总成本大幅增加，往返明斯克的交通和住宿费有时甚至超过培训本身的成本。

（三）培训内容与实际需求不匹配

专业发展培训计划的内容常出现与用人单位／机构的实际需求存在不匹配。如何确保培训内容与员工在实际工作中面临的问题相符合，达到有效的培训效果，也是成人教育再培训体系面临的一大挑战。

（四）教育计划缺乏持久性

各地区的成人教育计划存在差异，且这些计划通常不具有持久性，不能长期使用，无法满足企业和员工的长期发展需求。而职业发展课程的短期性与劳资关系的动态发展要求长期培训相矛盾。虽然目前针对成年人职业再培训的设置正在经历转变，但尚未完全适应新的教育需求。比如缺乏能够凝聚企业向心力的集体培训。

（五）部门部委的垄断行为，资金来源单一

白俄罗斯共和国的成人补充教育体系作为国家社会经济发展的关键因素之一，展现出其灵活性、机动性和不断发展的特点。该系统旨在广泛解决多个核心问题，包括为经济各部门提供所需资质的专业人才、支持创新进程以及满足公民的职业发展需求。[1]然而，当前该体系在资金有限的条件

---

[1] 资料来源于白俄罗斯教育部官网。

下发展，这对其竞争力构成了不利影响。[1] 许多部门部委实行垄断，规定员工只在其指定教育机构内进行人员培训和职业发展。限制了培训市场的竞争，从而也不利于培训质量的提升。

二、成人教育的对策

（一）发挥高等院校的核心作用，设立成人进修教育领导机构

高等院校在推动补充教育体系发展中扮演了核心角色，目前均设有进修与再培训学院，为已就业人员提供持续学习的机会。为完善高级培训与再培训制度，相关部门正积极设立成人进修教育领导机构，负责科研、教育过程、教学方法论和组织培训等方面的支持。

（二）不断完善成人教育领域的法规与标准

2011 年 7 月 15 日，白俄罗斯共和国部长会议通过了《关于成人补充教育的若干问题》的决定，自 2011 年 9 月 1 日起生效。[2] 该决定涉及成人补充教育机构的认证、管理人员和专家再培训教育标准、继续职业教育、员工专业继续职业培训等多个方面。《员工专业继续职业培训条例》强调了成人补充教育的特殊性，如职业发展、再培训及专业培训计划。与旧条例相比，当前条例更侧重于根据合同和机构要求进行专业培训。教育形式包

---

[1] КАСПЕРОВИЧ С. А, ШАРАПА Е. В. Повышение конкуреноспособности дополнительного образования взрослых на основе государственно-частного партнерства: СОВРЕМЕННЫЕ ТЕНДЕНЦИИ В ДОПОЛНИТЕЛЬНОМ ОБРАЗОВАНИИ ВЗРОСЛЫХ. Материалы V Международной научно-методической конференции[C]. Минск: РИВШ, 2020: 75.

[2] 资料来源于白俄罗斯教育部官网。

括讲座、研讨会和实验室实践等，旨在提升员工的职业素养和技能。员工培训分为两个阶段：第一阶段在成人补充教育机构或相关机构中进行，第二阶段则在工作单位内部的工作场所进行，增加了再培训的灵活和机动性。

在现阶段的立法框架下，白俄罗斯共和国教育部于 2022 年 12 月 23 日正式颁布了"关于成人补充教育计划实施问题"的法令，该法令详尽规定了再培训专业课程样本的格式要求，并明确了负责组织成人补充教育培训计划的国家机构名单，包括总统直属及（或）相关部门、国家行政机关，以及政府下辖的其他机构。此外，法令还就制定、协调与批准管理人员及专家再培训教育标准的特殊指示进行了阐述。

具体而言，法令涵盖了以下核心要求：对教学大纲内容掌握结果、教学大纲课程文件内容、学员基础教育水平及补充教育形式与条件、学生最大学习负荷、教学过程组织及最终认证等多个维度的详细规定。

此外，法令还确立了成人补充教育课程文件的制定与应用规则，为成人补充教育的法律层面问题提供了全面指导。随着成人补充教育的不断发展，其学科范围、类型及组织形式日益丰富，综合全面地考虑到成人的专业与空闲时间问题。当前，提供成人补充教育的机构不仅采用传统的讲座形式，还融入了培训、商业游戏、专家与从业人员互动讨论等多种创新教学模式，并配备了计算机实验室、课堂多媒体等先进信息技术资源，以促进学生主动学习。

（三）职业培训认证与责任明确

在培训过程中，员工自主学习理论课程，并由高素质工人或专业指导员指导实践。咨询占独立学习时间的 8%—10%。工人的继续职业培训认证通常采用面试或笔试形式，成绩评定采用 10 分制或"及格"与"不及格"

方式。完成培训后，学生将获得相应的资格类别证书，特定职业还需获得准入证书。这些方案的实施由教学人员、员工培训主任及员工职业指导员负责，职业安全培训则由人事部门或相关机构负责。[1]

白俄罗斯法令明确单位内员工持续职业培训的责任由人事部门或相关单位、培训工程师承担。需强调的是，涉及职业安全的培训则由人事部门、培训工程师或组织内特定机构负责，在培训、再培训、进修等教育过程中实施。这一规范在《员工劳动保护问题培训（教育）、再培训、实习、情况介绍、高级培训和知识测试程序指示》中得以保留，该指示经白俄罗斯共和国劳动和社会保障批准，并在《白俄罗斯共和国劳动法典》通过后进行了修订。

（四）非正规教育体系的推动

面对资金来源有限的挑战，通过国家、成人补充教育机构及商业机构的协同努力，探索经费的替代来源显得尤为重要。目前白俄罗斯积极为非正规教育体系创造条件，释放公民的智慧和创造力。包括国家教育机构、其他组织、商业机构和私人企业。根据《白俄罗斯共和国至 2030 年的教育体系发展构想》，目标是提高成人补充教育的质量，增强专业人员在劳动力市场上的竞争力。为实现这一目标，白俄罗斯根据社会变化和教育体系发展趋势完善成人补充教育体系，确保教学内容符合消费者需求，以符合实践需求为导向，并确立非正规教育的地位。

为此，白俄罗斯设立了公私伙伴关系机制。[2] 这无疑为成人教育体系的发展提供了新的思路和动力。这种合作模式能够集中各方资源，共担成本

---

[1] 资料来源于白俄罗斯教育部官网。

[2] КАСПЕРОВИЧ С. А, ШАРАПА Е. В. Повышение конкуреноспособности дополнительного образования взрослых на основе государственно-частного партнерства: Современные тенденции в дополнительном образовании взрослых. Материалы V Международной научно-методической конференции[С]. Минск: РИВШ, 2020: 76.

与风险，从而实现共赢。在成人补充教育领域，公私伙伴关系的机制多样，可以根据实际情况灵活选择，以达到最佳效果。

对于国家而言，公私伙伴关系的建立有助于增强成人补充教育的知识、技术和资金潜力，推动其创新发展。同时，通过吸引私人资本和节约公共资金，国家能够更有效地发展教育服务市场，并创造新的就业机会。对于企业而言，这种合作模式能够基于新知识获得竞争优势，提升盈利能力。同时，通过与成人补充教育机构的合作，企业还能促进师生参与其研发工作，为企业的发展注入新的活力。对于成人补充教育机构而言，公私伙伴关系的建立能够加强其物质基础，提升教育质量。公私伙伴关系的建立对于白俄罗斯共和国的成人补充教育体系的发展具有重要意义，推动了成人补充教育的持续发展和创新。白俄罗斯的成人补充教育体系为公民提供了终身学习机会，为可持续发展做出了贡献。通过与企业的合作，这些机构还能实现研究成果的商业化，从而进一步推动其发展。

第九章 教师教育

白俄罗斯独立前的教师教育发展历程可明确划分为两个显著的历史阶段。第一阶段是 19 世纪 60 年代至十月革命前。这一时期，教师教育在白俄罗斯地区逐渐形成了较为完善的体系与模式。第二阶段的时间跨度为 20 世纪 20—90 年代。在此期间，白俄罗斯的教师教育在苏联的统一规划下，经历了深入的改革与发展，为其后的发展奠定了坚实的基础。

第一节 教师教育的发展

一、独立前的教师教育

（一）教师教育体系的形成阶段（19 世纪 60 年代至十月革命前）

1864 年，沙俄在白俄罗斯地区的莫洛杰奇诺镇创立首个公立师范神学院，此举标志着该区域民族师范教育体系之肇始。该开创性机构针对来自社会各阶层且致力于初级教育事业的东正教青年，进行专业化师资培训。鉴于莫洛杰奇诺师范神学院所取得的显著成效及其组织结构与教学模式的有效性，沙俄教育部决定借鉴其模式，在全国范围内推广构建国立师范神学院网络。

在此阶段，除莫洛杰奇诺师范神学院外，白俄罗斯地区亦相继增设波洛茨克师范神学院、涅斯维日师范神学院及斯维斯洛奇师范神学院。这三所学院均依据 1870 年教育部所批准的《神学院条例》进行运营，并与沙俄境内其他同类学院保持统一标准与规范。这些机构主要为小学培养教师，为中学培养专业教师仍然是当时的一个紧迫的问题。

1893—1895 年，沙俄公共教育部科学委员会制定并通过了一项新的中学教师资格考试规则草案，明确规定申请者必须完成系统的教育学和通识科学训练，并掌握普通教育学、教学法、教育史、学校科学以及学校卫生等专业知识。

19 世纪末至 20 世纪 20 年代师范教育的普及与多重因素紧密相连，如政治和社会变革的推动、教育制度的持续发展、教育质量的显著提升，以及男女教育平等的推进等。此外，科技进步也为师范教育的普及提供了有力支持。但当时中学教师普遍缺乏专门的教学技能培训，而这也成为当时教师教育的一个突出问题。1898 年，沙俄公共教育部进一步强调这一问题，并建议各地教育区负责人联合董事会共同研讨解决之道。当时，新入职教师由于缺乏"特殊教育培训"，导致教学策略应用不当，对学生的学习效果和自身教学质量产生负面影响，阻碍学生的学习进程，并削弱学校的影响力。因此，亟须采取一系列措施以确保未来教师获得充分的专业培训，并通过合理的选拔机制进入教学岗位。[1] 这一时期，随着科技和工业发展的不断推进，大学教育开始崇尚"纯科学"，即大部分教师只专注于学科知识本身，而忽略教学法的重要性。为了引起对教学法的重视，部分大学将教学法视为实践中的一种技能并开设选修课程强化，但教学法和方法论

---

[1] ШИРОКИХ О. Подготовка учителя на рубеже XIX-XX веков[J]. М.: Высшее образование в России. 2005(9): 138.

在整个教育体系中仍相对被忽视，这一倾向影响了学生的认知与发展。针对此类问题，高等师范课程应运而生，[1] 部分地解决了师资培训不足的问题。1899 年初，为妥善应对中学教师培训及其财务状况改善事宜，沙俄公共教育部特别设立专项委员会，负责落实相关具体事务。经审慎研究，委员会提出以下举措：在教育区内设立专业化培训机构，致力于开展系统规范的教师培训课程，以提升教师队伍整体素质；成立教学课程委员会，作为合议制管理机构，由 16 名成员组成，其中包括 8 名大学教师和 8 名中学教师。该委员会将负责管理和监督培训课程的实施，确保培训质量；课程管理部门则切实履行职责，负责所有培训课程的开设、组织和管理工作，并严格选拔具备专业素养的人员担任培训教师，确保课程内容理论与实践相结合。

然而，直至 1909 年，白俄罗斯地区师范学院建设仍进展缓慢，未能有效应对教学人员短缺的严峻形势。部分地区甚至不得不依靠教育程度较低甚至半文盲人员开展儿童教学工作，这一现象严重制约了当地教育质量的提升。因此，拓展师范院校网络、加强师资队伍建设已成为当务之急。

为缓解合格教师供给不足的压力，1909—1916 年，白俄罗斯增设了五所师范学校，分别是罗加乔夫师范学校、奥尔沙师范学校、鲍里索夫师范学校、戈梅利师范学校以及博布鲁伊斯克师范学校。至十月革命前夕，白俄罗斯已拥有九个师范教育机构，它们对推进公共教育事业发展发挥了重要作用。这些学院不仅为农村青年提供了接受专业教育的机会，成为人民启蒙思想的引领力量，而且培养了一批高素质的小学教师队伍，每年约有 200 名小学教师毕业。诸多白俄文化名人如 A. Я. 巴格达诺维奇、M. K. 罗曼诺夫斯基（笔名库兹马·乔尔内）、K. M. 米茨凯维奇（笔名雅库布·科拉斯）等皆毕业于师范学院。[2]

---

[1] ОСТРОГА В. М. История народного образования и учительства Беларуси в исследованиях второй половины XIX – начала XX в[J]. Труды БГТУ. № 5. История, философия, филология, 2014: 27.

[2] САДОВСКАЯ И. И. Профессиональное мастерство учителя в теории и практике среднего образования в Беларуси: первая треть XX века[J]. Минск: Зорны Верасок; М. : Изд-во "Скрипторий 2003", 2011: 128.

自 1914 年起，为了补充中学教师人力资源，白俄罗斯地区开始设立为期一年或短期的公立及私立教学课程，文科中学被当局视为提升教学质量及教师专业素养的关键所在。

此外，白俄罗斯通过组织教师参观考察沙俄及德国、意大利等地的教育机构，促进国际经验交流与教师专业成长。例如，波洛茨克师范学院院长克拉奇科夫斯基曾访问库班和多尔帕特师范学院并推动互访活动，著名教育家 Д.Д. 谢苗诺夫亦曾访问波洛茨克。

19 世纪末至 20 世纪初，维捷布斯克、明斯克、莫吉廖夫、布列斯特、格罗德诺等地相继建立了教育学会，这些学会成为公共教育运动的载体，通过物质援助、权益维护、先进教学理念推广、教师培训质量提高以及教学杂志和文集出版等方式，积极推动当地教育的发展。

在此背景下，白俄罗斯开始建立师范学院，这是白俄罗斯师范教育史上的里程碑事件。1910 年 11 月，白俄罗斯首所师范学院在维捷布斯克正式开学。随后，莫吉廖夫（1913 年）和明斯克（1914 年）也分别成立了师范学院。这些学院主要招收受过中等师范教育的小学教师，为其提供高等小学教师的深造培训。

这一时期，白俄罗斯教育体系面临提升教师专业素养和文化水平的迫切需求，当时存在很多非专业教师任课的现象。白俄罗斯教育当局认为激励科学研究活动不仅是提升和完善教师专业技能的关键策略，更是提高教学质量不可或缺的一环，因此非常关注并大力促进中学教师的科研能力提升。最终，文科中学教师在学术成果方面表现突出，他们频繁参与全俄展览并成功进行论文答辩，他们中的佼佼者有获得科学博士学位的 T. 博里切夫斯基和 M. 波兰斯基，二者均来自明斯克男子文科中学。

20 世纪初，教育活动逐渐呈现出人性化的特征，这一趋势也体现在教师对于学校教育任务认知的转变上。以往，文科中学教师的主要教育任务之一在于细心观察学生的日常行为，并帮助他们养成服从学校纪律的良好习惯。然而，现在教师教育理念中对教育目标的认知已发生深刻变革：教育的最高目标是培养学生的积极性与独立性，激发其主动性和潜能，并强化他们的责任感和自律意识。

在文科中学的教育实践中，学生已不再是被动的接受者，而是被视作积极主动的人格主体。这种教育观念的转变在当时得到了广泛的认同和推广，标志着教育活动向着更加人性化和个性化的方向发展。

（二）教师教育的深入改革与发展阶段（20世纪20—90年代）

十月革命后，白俄罗斯师范教育体系经历了一场深刻且全面的变革。鉴于原有的师范院校与新意识形态存在不兼容之处，这些院校被系统性地改革或被关闭。此时，教育体制正面临着整体性的调整，但同时肩负着培养新一代青年的重要任务，这使得教育问题的重要性被提升至前所未有的高度。鉴于学校建设的紧迫需求，建立一套针对新型教育工作者培训的机制已刻不容缓。

1919年，俄共（布）第八次代表大会通过的纲领中，明确指出将培养"新的教育工作者核心队伍"列为至关重要的任务之一。新教师队伍的组建，对于十月革命后教育系统的根本性重塑具有深远的影响，应通过构建与发展全新的学校体系，致力于培育具备社会主义理念的知识分子，提升工人阶级的整体教育层次与文化素养，并将其作为社会复兴工作的重要一环。

第一任教育人民委员 A. 卢那察尔斯基深刻认识到，仅依赖对成年人的宣传与教化，尚不足以实现精神文化的全面革新。因此，他主张必须构建"新学校"，而"新教师"的培育则成为建设"新学校"的重要基石，亦是推动新民主主义建设的关键环节。为满足"新学校"对高素质教师的迫切需求，这些教师需具备全面且专业的多学科教学能力。理想的高等师范教育机构应肩负起培育此类专业人才的重任，尽管在当时的历史条件下，完成其组织架构的建设尚需时日。国家教育委员会强调，未来需要解决的关键问题之一，是用单一类型的高等师范院校逐步取代旧有的师范教育体制。为此，在过渡阶段，政府采取了一系列措施，将各类教师培训机构、神学院等转制为高等师范院校。

1917—1920 年，苏维埃政权对白俄罗斯的师范教育结构进行了深入的改造，并在此基础上逐步构建了苏维埃师范教育体系。这一体系涵盖了国民教育学院（以原师范学院为基础）的设立以及三年制师范课程等项目的实施。

政府通过颁布一系列法令和决议，进一步强化了教师的职业地位与社会认同。同时，苏联领导人深刻认识到，为教师提供良好的工作条件与发展环境，是提升教师专业技能、推动教育实践创新的重要途径。为此，1918 年 6 月 26 日发布了关于教师工资标准的命令，消除了中学教师与小学教师之间的薪资差距，并制定了科学合理的教师薪酬体系；1921 年 9 月 18 日，俄共（布）中央委员会明确提出了改善教师物质条件、提升教师队伍专业素质和教学质量的具体要求。

此外，1921—1924 年，各级苏维埃执行委员会积极采取措施，确保教育工作者获得必要的物质支持。这些措施包括改善教师的住房条件、确保充足的燃料供应和优质的照明设施，以及为农村地区的教师提供养老金和免费住房等福利。同时，政府还定期增加教师的基本工资，并为他们提供丰富的职业发展机会，如参加短期培训班、参与科学考察活动以及利用大会、会议和专业期刊等平台进行经验分享和思想交流等。

20 世纪 20 年代，白俄罗斯教育思想领域的杰出代表深刻关注提升教师实践教学活动水平的紧迫性。为提高课堂教学质量，他们精心策划并实施了诸多举措，包括确立清晰的教学目标、科学分配课时以及合理选择作业类型和数量等。此外，自我批评被公认为提升实践教师专业技能的有效策略之一。例如，备课过程中融入自我批评，不仅彰显了教师对教育工作的深刻认识和高度重视，而且成为提升教师专业技能的重要一环。教师的批判性思维，特别是对自我及其实践活动的反思与审视，能促使他们达到专业精通的境地，即能够自我觉察并纠正错误，进而在备课过程中不断完善与提升。

在白俄罗斯，师范专科学校作为培养中学教师的重要基地，承担着培养合格教学人才的重任。然而，随着白俄罗斯普通教育学校的蓬勃发展，白俄罗斯国立大学和四所师范学院在培养合格教学人员方面面临着巨大的挑战，其培养能力已无法满足现实需求。因此，当局认为有必要进一步对教学机构的结构进行优化，并扩大其覆盖范围，以适应教育事业的快速发展。

直至苏联解体，白俄罗斯始终维持着相当稳定的师范教育体系。该体系的教育机构布局合理，遍布共和国全境。各地区均设有一所或多所大学、学院及中等师范学校，致力于师资培养工作；教师培训机构网络全面而完善，包括7所师范学院、2所古典大学以及16所师范专科学校，充分满足了各级普通教育学校对教学人员的迫切需求。

二、独立后的教师教育

苏联解体后，白俄罗斯的师范教育体系经历了显著的组织、结构和内容上的变化。原本主要依靠师范专科学校和两所古典大学培养教师的模式发生了转变，许多师范专科学校在20世纪90年代转型为古典大学。[1] 目前，白俄罗斯的教师主要在3所专业大学和8所古典大学接受培训。[2]

曾经的明斯克师范学院、明斯克语言学院和莫泽尔师范学院已经转变为

---

[1] 古典大学是指在古典基础科学的基础上、专注于提供古典教育的经过认证的教育机构，这是一种传统大学，其教育重点在学生培训和研究上，人文科学和自然科学课程的比例大致相当。一般而言，涉及社会人文和自然科学的教育课程占据了该类大学所有专业培训领域的至少60%。古典大学通常设有多个不同专业方向的学院，包括人文学院、技术学院、医学院等，涵盖了多个学术领域。

[2] ЖУК А. И. Подготовка научных работников высшей квалификации: опыт БГПУ им. М. Танка[J]. Вышэйшая школа: навукова-метадычны i публіцыстычны часопіс, 2022(3): 3-5.

师范大学，而马克西姆·坦克白俄罗斯国立师范大学是共和国最重要的师范大学。中等专业师范教育体系同样经历了重大变化，多数中等师范学校改为专科学院的初等教育系，只有少数保持了法律上的独立性和专业方向。一些州立中等师范教育机构成为州立古典大学的一部分或者转变为专科学院。

近年来，白俄罗斯的教师教育行业发展态势稳健，并维持着适中的发展速度。具体表现在以下两个方面：一是通过不断颁布教育法律法规和标准，教师教育的机制得以逐步完善；二是教育理念持续更新，适应时代需求；改革工作也持续深化，推动行业向前发展。然而，教师短缺现象仍然较为显著，需进一步加大力度解决。此外，随着国际交流的增加，白俄罗斯教师教育的国际化程度也在不断提升。

第二节 教师教育的特点和经验

一、教师教育的特点

白俄罗斯教师教育体系的特点主要体现在其体系的转型与结构的调整上，自苏联解体后，其师范教育体系已发生深刻变革。

第一，该体系已逐渐从对师范专科学校的依赖转向以专业大学和古典大学为基础的教师培训模式，形成了一种多层次、开放且实践导向性强的连续体系，覆盖从中等普通教育到高等教育以及成人教育等各个阶段。

第二，白俄罗斯通过制定和完善一系列教育法律法规与标准，如《白俄罗斯共和国 2021—2025 年师范教育发展构想》等，确保了教师教育机制的不断优化，从而使其发展方向与国家整体战略及社会经济可持续发展的需求保持高度一致。

第三，在教育内容与方法上，白俄罗斯的教师教育亦表现出显著的革新态势。教师教育中融入了心理学和教育学领域的研究成果，并遵循基础性、以人为本、连续性、预测性和实践性等原则，努力培养具备人文底蕴、批判性思维和社会责任感的现代教育工作者。同时，还注重提升教师在数字化教育环境下的技能，以适应现代教育的发展需求。

第四，在发展目标上，白俄罗斯提出了五个核心维度，即教学内容与方法的更新、研究潜力的强化、多方互动合作、社会责任与伙伴关系的建立，以及与国际标准的接轨。这些目标旨在构建一支高素质、具备竞争力的教师队伍，以满足社会文化快速变化所带来的挑战。

第五，在人才培养模式上，白俄罗斯实施了师范定向教学和集群发展模式，注重提高教师的教学质量和科研创新能力。这种模式有助于缩短新教师的适应期，使他们更快地积累实践经验，成为优秀的教育工作者。

总之，白俄罗斯的教师教育在体系转型、法规完善、内容与方法革新、国际化进程以及人才培养等方面取得了显著成就，为培养高素质、具备竞争力的教师队伍奠定了坚实基础。

二、教师教育的经验

白俄罗斯在教师教育领域所积累的经验可概括为以下几点。

一是法律制度的坚实保障。白俄罗斯通过精心制定并切实执行一系列规范性法律法规，确保了教师教育的改革与发展在稳固的法制框架内顺利进行，从而为整个教育体系的稳健发展奠定了坚实基础。

二是资源优化与整合的策略。白俄罗斯通过实行教师继续教育培训和创新集群等多元化举措，有效整合了各类教育资源，显著提升了教师培训的质量，并推动了科研工作的深入发展。

三是与时俱进的教育理念。白俄罗斯始终紧密关注国内外教育发展的最新动态与趋势，及时调整和更新教师教育的内容与形式，确保教育实践与时代需求紧密相连，尤其注重能力培养和技术资源的有效利用。

四是社会参与及合作。白俄罗斯积极鼓励并强化与社会各方的广泛合作，通过共同承担提升全社会教育文化道德水平的重任，实现了教育资源的共享与互补，有效促进了教育事业的全面发展。

五是重视师资队伍建设。尽管面临人才流失的挑战，白俄罗斯仍不遗余力地致力于提升教师队伍的整体素质。通过改善薪酬待遇、提升社会地位等举措，白俄罗斯成功吸引并留住了诸多优秀教育人才，为教育事业的持续发展注入了强劲动力。目前，白俄罗斯 12 所大学（4 所专业大学和 8 所古典大学）的 31 个专业中有对受过高等教育的教师进行再培训的课程。白俄罗斯还为高等教育本科和硕士阶段的所有专业制定了新的教育标准、示范课程和教学大纲，这些标准、示范课程和教学大纲与俄罗斯的相关文件一致，并在一些理念和方法上与欧洲发达国家保持一致。2022—2023 学年，高等教育机构的教职员工中有博士 1 117 人，副博士 7 339 人，教授 922 人，副教授 6 424 人，院士、通讯院士 38 人。[1]

整体而言，白俄罗斯在教师教育领域展现出了体系健全、政策扶持以及专业化突出的特点。其一体化人才培养、国际合作交流以及严格的质量监控和持续改进机制等经验，对于其他国家和地区在优化和完善教师教育体系方面具有重要的借鉴和参考价值。

---

[1] 资料来源于白俄罗斯教育部官网。

第三节 教师教育的挑战和对策

一、教师教育的挑战

在教育领域，教师的个性一直被视为保障教育质量的关键因素之一。当前国家教育发展的进程特点进一步凸显了心理与教育科学同教师个性、活动及其专业能力之间的紧密联系。这主要源于对教育质量的新要求、教育范式与方法的革新，以及新一代教育标准的引入。新标准强调了教学内容与学习成果的能力导向。鉴于教育领域的这些变化，特别是在白俄罗斯教育系统乃至整个社会与国家社会经济生活经历深刻变革的背景下，一方面，教师得以积极投身创造性活动，实施创新思维；另一方面，教学在实践中仍面临新旧交织的诸多问题与挑战。这些问题主要体现在以下几方面。

（一）教学内容与实践脱节

教育培训体系未能及时根据市场经济的发展速度进行更新，师范教学的内容与现代社会的需求存在明显的脱节，具体表现为师范学生的实践经验不足，其技能水平难以满足市场需求和教学的实际需要，走上教学岗位后难以适应环境，导致教学质量下降。

（二）教师教育机制不健全

终身学习文化的缺失也是白俄罗斯教师教育中不可忽视的问题。许多教师过早地终止了自我提升与学习的步伐，追求稳定的工作而非持续的职业发展，这在一定程度上影响了教育行业的整体水平。教育系统严格的等级制度和职业晋升方式，也致使教师职业发展缺乏动力，加之工资水平不高，教育职业的吸引力减弱，导致人才外流。

在技术方面，白俄罗斯的教育机构普遍面临着技术装备落后和现代化教学手段培训不足的问题。这不仅影响了教师的教学效率，也制约了教学方法的创新。同时，教师承担的文书工作繁重，挤占了他们用于教学和个性化教育的时间，进一步加剧了教育资源的紧张。

（三）教师队伍老龄化严重，老中青衔接不力

教师队伍的结构问题同样值得关注，包括师资队伍老龄化、男女比例失衡以及特定学科教师的短缺等。教师队伍老龄化现象也比较明显，随着教育成本的上升和市场竞争的加剧，教师薪酬水平相对下降，影响了教师职业的吸引力。社会对教师的认可度也未能与教师的工作量和贡献相匹配，也影响了教师的职业满意度和忠诚度。此外，各类教育机构，特别是在高等教育机构，对教师的学术水平和研究能力提出了更高要求，使得年轻人需要投入更多时间和精力来获得必要的学位和资格。但副博士学位的获取难度日益增加，加之论文答辩期限延长等，也延长了年轻教师进入高校任教的时间线。高等教育和科学领域严格的等级制度和僵化的管理模式也限制了年轻教师的职业发展空间，降低了他们的工作积极性和创造力。教师队伍的老龄化同样也制约了教育系统现代化技术的革新，目前大部分教师不擅长操作电脑及使用现代化数字系统，更倾向于传统教学模式，这在一定程度上也影响了教学质量的提升。

二、教师教育的对策

针对这些挑战，白俄罗斯教育部门制定了一系列的改革策略予以应对。

（一）不断完善法律法规，优化培养方案

依据《2021—2025 年白俄罗斯共和国师范教育发展构想》，结合社会经济对教育专业人员专业能力的新要求，更新了师范教育的目标与内容；基于问题研究、主动学习及集体学习策略，实现教育过程形式、方法及技术的现代化；同时，优化高级研究人员的培养方案。

为了实现白俄罗斯师范教育体系的现代化，政府认为当务之急是制定充分体现专业教学活动的现代要求的教师职业标准，并在国家资格框架内纳入教师的信息技术技能。基于该教师职业标准，白俄罗斯计划制定新一代的教育标准，以及以能力为基础的各级教师继续教育培训模式。

为达到继续教育的高质量标准，师范大学在研究和科学方法论工作中设定了优先任务，首先是在心理学和教育学领域开发专题研究问题，基于此制定各级学位论文的题目。目前，关于白俄罗斯教育领域科学学校和教育实践创新经验的综合信息数据库正在大力建立，以促进最佳的人才交流和学术流动，为学生尤其是本科生、研究生和青年科学家提供资源和实践基地。

白俄罗斯正为教师继续教育系统的学术流动和联网创造组织和方法条件，学生、教师和科学家的教育研讨会和实习活动均在此框架内进行。

（二）提升师范教学的实践质量

政府认为未来教师的培养质量直接取决于教学实践的组织质量。为了提升这一质量，首要任务是实现学生教学实践的现代化，确保其实践的连

续性和生产性。为此，白俄罗斯国立师范大学制定了"优化学生教学实践措施计划"，由学校所有院系负责实施。在计划框架下，物理与数学系和自然科学系进行了实验，为二年级学生安排了"中小学上课日"，确保他们每周有一天完全在中小学实践观摩学习。实验结果证明，让学生更早地参与学校教育过程是有益的，因此该实验已在其他院系中推广。白俄罗斯总统直属学院已向教育部提交建议，建议修改教学大纲，并从二年级开始在所有高等院校中对学生进行专业培训，以实施教学实践。

（三）鼓励教师持续学习，以应对数字化时代带来的挑战

白俄罗斯国内的继续教育体系历来涵盖对中等专业教育背景教学人员的培训。目前，已有14所师范院校的七千余名教学人员掌握了学前教育、小学教育、体育运动、外语教育等多个领域的教师职业技能。值得注意的是，随着中等普通教育机构的蓬勃发展，对教师及其他教育专家也提出了更多新要求，这些需求需及时甚至提前满足实践需要。此外，师范院校与高等教育机构的专业设置相互衔接、融合，保障了师范教育的连贯性；国家也正实施针对师范院校毕业生的高等院校短期培训项目。

为提高师范教育质量，各大学已制定并正在实施信息化战略，包括数字大学、数字教育、数字教育人才、数字管理、数字集群等，旨在进一步推动数字教学环境的深入建设，实现数字化学习。此外，教师培训将基于发展数字学习教学理论和方法、引入云技术下的移动学习模式，以及组织教育过程中参与者进行网络互动开展。

（四）为青年教师提供法律和物质支持

政府为新就业的师范毕业生提供权益保障，如制定法律禁止用人单位

无理由拒绝毕业生的劳动合同，限制用人单位随意解雇或调岗，工作地点变更须经协商等。政府还为青年教师提供薪资津贴和住房补贴，并适当延长其休假时间，以此提升教师岗位的吸引力。

第十章 教育行政与教育政策

第一节 教育行政

在白俄罗斯，教育行政管理严格遵循《白俄罗斯共和国教育法典》（以下简称《教育法典》）所确立的规范和指导原则，并积极引入公众参与，实现了国家主导与公众参与的有效结合，充分展现了国家在教育领域的主导作用。为了确保教育行政管理的效率和合理性，政府坚持合法性、民主性、透明度、尊重民意以及系统性管理的基本原则。这些原则的实施，为白俄罗斯教育事业的持续健康发展提供了坚实保障。

一、中央教育行政

白俄罗斯的教育行政管理结构具有国家、公共性质，立法、执法和直接管理相互协调、相互配合。国民议会在立法层面为教育管理提供法律保障，内阁和教育部则负责法律法规的执行和直接管理教育机构，地方教育当局则负责具体实施和监督。这种多层次的管理体系确保了教育政策的连贯性和有效性。

白俄罗斯各级教育行政管理机构致力于有效地执行国家教育政策，推动教育系统的深入改革和全面发展，以及各类教育计划和项目的全面实施。在国家层面，教育行政管理由总统、中央政府、教育部、白俄罗斯国家科学院、其他隶属于政府的行政机关和组织，以及地方执行和管理机构共同负责。

总统在教育领域扮演着至关重要的角色。作为公民受教育权利的捍卫者，总统负责制定国家教育政策的总体方向，确保教育系统内部的连续性和协调性，并根据《宪法》和《教育法典》等相关法律法规行使在教育领域的各项法定权力。根据《教育法典》规定，白俄罗斯共和国总统是落实公民受教育权的保证人，确定教育领域的国家政策，保证教育领域国家政策主要方向的实施，确保教育领域国家组织的连续性和互动性。实际上，总统是唯一的一级独立决策者，教育质量监管机构的设立、其运行程序和周期，以及高等院校校长委员会的权限、成员构成及活动组织流程均由总统确定，白俄罗斯国立大学校长也由总统亲自任命。

中央政府确保教育领域国家政策的贯彻执行，并进行系统的总体管理。其职责包括明确白俄罗斯国家管理机构、隶属于白俄罗斯政府的其他国家级组织以及地方执行和管理机构在教育领域的角色和定位等。

教育部确保国家教育政策的实施和监督，确保教育系统的运作，监督教育质量，执行国家人事政策，发放教育活动许可证，组织制定教育标准、教科书和其他教育方案的教学文件、教育方案并予以批准，参与起草法规、教育系统发展方案，批准关于组织、协调地方教育执行和管理机构的结构划分条例等。教育部各职能部门分工明确又相互协作，共同构成了高效运转的教育管理体系。此外，教育部还直接管辖着多个重要机构，这些机构在各自领域内发挥着不可替代的作用，如共和国监督研究所负责教育质量监督，主要情报分析总中心提供教育政策制定所需的数据支持。这些机构的设立和运行，进一步强化了教育部在教育管理方面的能力和效果。

其他隶属于中央政府和对白俄罗斯总统负责的国家机构如白俄罗斯国家科学院、共和国国家管理机构也参与教育管理，它们参与制定教育系统发展方案和教育领域不同机构委员会的工作，根据社会经济发展方案预测分支机构的人员编制需求。这些机构还向教育部和对培训感兴趣的组织通报定向培训的教育名额。

二、地方教育行政

（一）州政府教育部门和明斯克市教育委员会

在白俄罗斯的教育体系中，地方政府机构扮演着至关重要的角色，它们既是执行机构也是管理机构。教育部通过六个州的教育部门以及明斯克市执行委员会下属的教育委员会，在州级层面落实并管理教育工作。与此同时，州级部门也承担着协调区级教育部门工作的职能，形成了一个上下联动、高效协同的教育管理体系。

地方政府在其行政区域内承担着教育领域的全面管理职责，涵盖制定教育发展规划并提交至地方议会以供审议，实施有效措施以推进规划的执行，以及及时向教育部和相关教育机构报告定向培训名额的分配情况。地方政府既是教育政策的执行者，也是地方教育发展的积极推动者，职权范围主要包括在地方贯彻执行国家的教育政策法规，制定和实施符合区域社会经济、文化、人口等特点的地方教育发展规划；根据国家授权机构和其他国家相关机构规定设置、改组、撤销地方各类教育机构；编制地方教育经费预算，包括教育部门的预算和用于发展教育的相应基金，制定和批准教育部门的地方资助标准；为地方教育机构的发展提供物质和技术支持；负责地方教育统计并向上级部门提交等。

州级执行委员在确保实施国家政策原则、制定战略规划、保障教育质量、监督教育活动、促进地区协调与合作等方面也发挥着重要作用。

通过上述职责的履行，白俄罗斯的地方政府机构在推动教育事业发展、保障教育质量、促进学生健康成长等方面发挥着不可替代的作用。

（二）地方教育管理机构

地方层级的国家教育管理架构，主要由州政府教育部门及明斯克市执行委员会下设的教育委员会和区、市执行委员会所管辖的教育行政部门构成。这些机构的核心使命在于贯彻实施国家教育政策于各级行政区划之内，其法定地位和职能范围则依据地区执行委员会、明斯克市执行委员会及区执行委员会所制定并批准的教育管理部门条例予以明确界定。

州政府教育部门或明斯克市执行委员会下设的教育部门与区、市执行委员会所辖的教育行政部门既须向对应的执行委员会负责，又隶属于国家行政系统内的上级同类机构。具体而言，州执行委员会和明斯克市执行委员会的教育部门直接受白俄罗斯教育部领导，而区级执行委员会及其他地方行政机关的教育部门则分别隶属于所在州执行委员会的教育部门或明斯克市执行委员会。

地方教育管理机构的主要职责包括：在各自的行政区域内行使管理和调控权，确保教育工作的有序进行；对区域人力资源需求进行科学预测与分析，为教育发展提供有力支撑；确保公民享有免费接受学前教育、基础教育、特殊教育、职业教育和技术教育的权利，创造良好的教育环境；组织教育专家及下属机构工作人员的进修培训和再教育，提升教育队伍的整体素质；及时向教育部、教育机构及其他关心人才培养的组织通报定向培训名额，促进人才培养与需求的对接；积极参与规划毕业生、青年专业人才及雇员的就业安置工作，推动人才资源的合理配置；特别关注孤儿、无父母照顾儿童等特殊群体，为他们预留就业机会，并提供必要的支持与帮助；负责创建、重组和撤销国家教育组织，优化教育资源配置，提升教育系统的运行效率；参与构建教育文件数据库，推动教育信息化发展；积极开发国家自动化信息系统资源，参与国家信息与教育环境建设，提升教育现代化水平；合理规划并分配小学、中学等普通基础教育设施，满足不同地区的教育需求；实施严格的教育质量监控措施，确保教育质量的稳步提升；依法行使《教育法典》及其他相关法律规定的其他职权，维护教育领域的法治秩序。

（三）区级管理机构

白俄罗斯教育领域的区执行委员会的职责主要包括：为确保国家教育政策的执行与保护儿童权益，制定并实施相应战略措施；监督《教育法典》及相关法律法规在相关地区的执行情况；确保相关地区学前教育、普通教育、补充教育和特殊教育机构的有效运作与发展；监督宪法规定的公民受教育权的落实情况；协调国家机构和组织在教育、未成年人权益保护和监护方面的活动；采取措施促进经济实体在教育发展方面的活动；制定和实施地区教育发展方案，并执行国家方案的相关措施；为从事教育活动的经济实体、社会团体和组织提供必要的援助。

白俄罗斯教育机构治理坚持权威统一与自治相结合的治理原则，结构严谨、规范，负责人权力明确并依法行使，确保了教育机构高效运转。教育机构负责人作为机构的直接领导，其任免必须按照《教育法典》及其他相关法律条文所规定的程序进行，以确保权力交接的合法性和规范性。在管理活动中，教育机构负责人需与机构内部的自治机构紧密配合，共同推动教育机构的健康发展。

各类教育机构根据其性质和功能，拥有不同的自治机构，这些自治机构均需在负责人的领导下开展工作，其设立和运作规则须由教育部或其他相关部门依法确定和审批。依据《教育法典》的规定，教育机构可依法设立教学委员会、理事会、科学与方法委员会、董事会、家长委员会、学生委员会、学生会、教练委员会等多种自治组织，并严格按照相关规定开展活动，以促进教育教学的创新与发展。

教育机构内部的管理由《教育法典》确定，并以单一制（一长制）管理原则为基础。私立高等教育机构的负责人由创始人任命，并经教育部或国家主管部门同意。公立高等教育机构负责人的任命在教育部与白俄罗斯总统办公厅达成协议后，最终由总统确定。

教育机构的自我管理机构是由教育机构负责人领导的理事会。理事会的组成和活动的组织由《教育机构理事会条例》决定。理事会的决议经教育机构负责人批准后生效。理事会是一个选举产生的机构，其代表的数量构成和准则实际上是由机构负责人决定的，包括对选举结果的批准。

第二节 教育政策

面对全球经济和社会变革带来的挑战，白俄罗斯将教育视为创新型经济发展的基石，并致力于培养具备道德素养、进取精神和决策能力的人才。其教育体系遵循国家–社会管理模式，强调人类共同价值观、人权以及教育人文性优先和公平性原则，积极推动全民教育，致力于提高全民的教育质量。

联合国 2030 年教育可持续发展目标为全球教育改革设定了明确方向，白俄罗斯亦据此对其教育政策进行完善，其教育体系涵盖基础教育、补充教育及特殊教育等多个层级，并严格依据《国际教育资格标准》进行等级划分，确保教育质量的标准化与规范化。[1]

在教育资金的筹措上，白俄罗斯主要依赖于预算投入，充分彰显了政府对人力资本这一关键要素的重视，将教育投入视为一项重要的公共投资。此举确保教育事业的可持续发展，为国家的长远发展奠定坚实的人才基础。

白俄罗斯现阶段教育政策的核心原则包括但不限于教育优先、人权保障、全纳教育实践、普通中等义务教育、融入世界教育领域、环境保护和生命安全教育内容的纳入、终身教育权利的保障以及国家与公众共同参与教育管理。此外，还特别关注特殊需求学生的教育支持与个性化发展，以及教育设施和技术资源的提供。国家教育政策的主要方向在于确保公民受教育的权利，实现各级教育之间的连续性和衔接性，促进教育内容与个人特点、能力和兴趣相匹配，同时创造条件满足个人和社会对高素质人才的需求。国家通过建立完善的教育机构网络、资助教育机构运营、确定年度招生规模等方式保障公民受教育权的实现。

总之，白俄罗斯的教育政策体现出对宪法赋予公民受教育权的尊重与落实，以及在全球化背景下提升教育质量与实现教育体系现代化的坚定决心。其教育政策分类涵盖了从教育理念、原则到具体实践措施的全方位内容，展现了国家在教育领域的长远战略规划与务实行动。

一、政策与规划

自1991年独立以来，白俄罗斯教育体制发生了显著变化，强调以个人需求和兴趣为导向，推动了普通中等教育和高等职业教育的革新，国家通过制定政策法规、教育发展理念和规划以及教育战略，构建起完善的教育政策体系。

---

[1] 资料来源于白俄罗斯共和国部长理事会《关于2030年前白俄罗斯共和国教育体系的发展构想》。

（一）政策法规

1991 年，白俄罗斯颁布了《教育法》，此法律文件作为该国首部确立国家教育政策原则、教育系统结构、参与者权利义务及资金筹集原则的基本法规，具有里程碑意义。随后，一系列教育政策法规相继出台，为各级各类教育的有序发展提供了坚实的理论指导。

在教育体系构建的基础上，白俄罗斯进一步明确了教育领域国家政策的基本原则。这些原则包括从宪法层面保障公民受教育权、确保公民接受教育的平等性、强调基础普通教育的义务性、突出人文主义价值的优先性，以及紧密对接国家发展目标。同时，国家与公共力量共同参与管理，始终将公民的受教育权放在首位，确保教育体系的开放性和包容性。

白俄罗斯一直致力于构建全面而系统的国家教育体系法律框架，并为此倾注了诸多努力。尽管多年来通过发布一系列规范性法律文件，对教育关系进行了不同程度的调整，然而这些文件并未能够全面覆盖并妥善解决从学前教育到基础教育到高等教育以及各类教育机构组织工作和教育参与者法律地位等诸多层面的复杂问题。鉴于此，2011 年，白俄罗斯政府正式颁布《教育法典》，旨在通过该法典实现对各级教育过程法律规范的全面梳理和系统化管理。此举不仅有效精简了涉及教育关系的法规体系，而且显著减少了现行分散的法律文件数量，从而为国家教育体系的健康发展提供了更为坚实而有力的法律保障。

作为白俄罗斯教育领域重要规范性法律文件的集中体现，《教育法典》奠定了国家教育政策和法规的基础，不仅汇集了所有相关法规条款，还全面、系统地规范了从学前教育至成人补充教育各阶段的教育关系，为白俄罗斯教育事业的发展提供了有力的法律保障。

《教育法典》吸纳了一系列文件的内容，包括确定国家教育政策方向的框架文件，针对特定时期发展目标的理念、方案和战略文件，以及反映教育系统投资重点和大型项目的文件。《教育法典》还明文规定了针对学业成绩卓越、健康状况亟待改善、面临风险以及需要特殊教育条件的各类儿童的法律保障举措，同时对教育过程中涉及的各种关系进行了规范化处理，涵盖教育保健机构、社会教育机构和特殊教育中心之间的关系。此外，《教育法典》还设有专门章节，详尽阐述了学生在校期间的纪律责任，以及涉及学生安置、开除和复学等问题的处理机制。

总之，通过独立以来数十年的持续努力，白俄罗斯颁布了超过 50 项涉及各级教育的法律文件，构建了一个较为完整的教育法律框架，除《教育法典》外，还包括《教育法》《职业技术教育法》《特殊发育障碍者教育法》《普通中等教育法》《高等教育法》等法律法规。

（二）战略规划

国家战略层面的规划从宏观角度把握教育领域的发展趋势，为未来的教育改革与发展设定了明确的基准和指标。这些战略规划的实施，一起有力地推动着白俄罗斯教育事业的持续健康发展。

以《2030 年前社会经济可持续发展国家战略》为例，该战略强调了教育领域在国家整体发展规划中的核心地位，明确了白俄罗斯教育体系的核心目标与发展导向，提出首要任务在于构建一个覆盖全年龄段、各类教育阶段的公平且高质量的教育环境：学前教育阶段致力于提供均等的学习起点，促进儿童的全面发展与社会化进程；普通中等教育阶段则聚焦于提升学生的数字化社会适应能力和社会责任感，为其未来的职业选择和终身学习奠定坚实基础；特殊教育领域则特别关注残疾人的个性化教育需求，致力于创造无障碍学习环境。

在职业技术教育与中等专业教育领域，战略规划致力于优化教育结构、更新教育标准、增强教育实践导向，并扩大与企业的合作，以满足创新经济对技术工人持续职业教育的需求。在高等教育领域，则追求科研创新能力的提升、国际竞争力的增强，并吸引更多年轻人才投身于科研创新活动，以提升白俄罗斯在全球经济和科技发展潮流中的地位。

在儿童和青年补充教育领域，将致力于提升教育质量与效率，激发学生的创新能力与自我实现潜力，拓宽优质教育资源，并加强与高科技和创新领域的联系。成人教育则要求紧密贴合社会变迁和教育发展趋势，确保教育内容的与时俱进，采用实践导向的教学方法，并明确非正规教育在终身教育体系中的重要作用。

在师资队伍建设领域，战略规划强调根据教育体系变革与需求，更新教师培训目标与内容，提升教师的专业素质与科研能力，特别是在心理学和教育学等关键领域。同时，教育系统还将全面推进数字化转型，优化基础设施，引入远程教育平台，以科技手段提升教育质量与效率。

此外，该战略还将通过改善教育工作，培养学生的公民素养、爱国主义精神，保障其面对现代社会挑战的社会化进程，并积极引导其参与体育运动与养成健康生活习惯。为确保上述目标的实现，该战略将根据国家教育系统五年计划，分为 2021—2025 年第一阶段和 2026—2030 年第二阶段逐步实施。通过这两阶段的努力，旨在全方位打造一个具有竞争力、包容性和前瞻性的教育体系，以适应白俄罗斯共和国乃至全球未来的经济社会发展需求。

教育领域针对各个方面所制定的专项规划与理念方案，不仅进一步丰富和深化了《教育法典》的内涵，更为教育改革与发展确立了具体、可衡量的基准与目标。例如，《2030 年前白俄罗斯共和国教育体系发展构想》等战略文件，提出了优质教育、教育效率提升和国际竞争力增强等核心发展目标，并详细规划了分阶段实施的具体步骤;《白俄罗斯共和国商业教育体系的形成和发展构想》《2021—2025 年学生继续教育计划》《2019—2025 年白俄罗斯共和国教育系统流程数字化转型构想》《2021—2025 年教学教育发展构想》等一系列文件，均明确提出了教育改革的具体路径与发展方向。

在教育理念层面，诸如《白俄罗斯的培养和教育构想》及《普通教育学校改革方针》等文件，深刻体现了国家对教育目的和任务的深刻思考，强调教育的人文主义价值取向，并致力于构建与社会经济发展需求相适应的教育体系。

在国家教育计划与方案方面，一系列规划蓝图涵盖了从学前教育至高等教育各个阶段的全面发展规划，涉及数字化转型、教学创新、学生继续教育等多个方面。这些计划与方案不仅为各级教育提供了明确的发展导向，也为实现教育现代化奠定了坚实基础。

通过一系列的法规制定、发展理念创新、发展规划布局以及战略执行，白俄罗斯正在逐步构建起一个适应 21 世纪社会经济发展需求的现代化教育体系，从而培养出具有全球视野、创新精神和社会责任感的人才，为国家长远的社会经济可持续发展提供强大的智力支持和人才保障。

二、实施与挑战

（一）政策规划的实施

进入 21 世纪以来，白俄罗斯在教育领域实施了一系列的政策与规划，这些政策取得了良好的效果：教育机构类型呈现多样化，教育覆盖率不断提高，教育质量不断提升，师资结构不断优化，教育经费投入逐年增加，教育国际化进程也不断加深。依据白俄罗斯政府制定的明确构想及国家规划，教育政策在各个方面均取得了良好的完成度，并基本实现了预期效果。[1]

---

[1] 资料来源于教育及科学资源网。

2021 年，通过对 2016 年 3 月 28 日通过的白俄罗斯共和国部长理事会决议《2016—2020 年"教育与青年政策"国家计划》的总结性评估报告，我们得以一窥白俄罗斯在教育领域所取得的显著成果。

在教育设施建设方面，白俄罗斯积极扩大教育资源配置，新增 72 所学前教育机构和 20 所普通中等教育机构，并对现有教育设施进行全面升级；通过装备 852 间科学实验室和提供 2 902 套交互式传感器系统，有效提升了 74% 的普通中等教育机构的教学条件，为广大学生提供了更加优质的学习环境。[1]

在教材更新与数字化方面，白俄罗斯高度重视教材内容的更新与数字化进程。2016—2020 年共更新并出版了 217 本教科书，值得一提的是，所有教材均通过国家教育门户网站提供电子版，方便师生随时查阅和学习。[2]

在教育质量提升与特色课程设置方面，为提高教育质量，白俄罗斯推出了十至十一年级的类型班和概况班，针对高级程度的学科进行深化学习。同时，结合国家发展需求和市场需求，设立职业导向课程，涵盖教学、农业、体育等多个领域。此外，持续开设基础班并结合职业培训课程，强化学生的劳动教育实践能力，培养具备实践能力和创新精神的复合型人才。

在特殊教育与适应性环境建设方面，白俄罗斯对特殊教育给予充分关注和支持。特殊教育覆盖率高达 99.9%，远超原定目标的 95%。同时，为 3 405 个设施创设了适应性教育环境，包括无障碍设施等，为残疾人提供了更加友好和包容的教育环境。[3]

在教育资源投入与师资培训方面，为确保教育事业的持续发展，白俄罗斯在教育资源投入和师资培训方面进行了大量工作。一方面，大量投资购置现代化教学设备，包括电脑教室和实训设备等，为教育机构提供了先

---

[1] 资料来源于白俄罗斯国家教育部官网。

[2] 资料来源于白俄罗斯国家教育部官网。

[3] 资料来源于白俄罗斯国家教育部官网。

进的教学工具。另一方面，对 15 个资源中心进行设备升级，并对教育机构建筑进行维护和改造，投入资金达 4 420 万卢布。此外，在职业教育和技术教育领域，成功培训了 14.43 万名具备职业技术教育背景的员工，为经济部门输送了大量合格人才。[1]

在高等教育与继续教育扩展方面，白俄罗斯积极拓展高等教育和继续教育领域。新设 406 个组织和企业高等教育分支机构，更新 218 个专业的教育标准和课程内容，以满足市场需求和人才培养需要。同时，在"大学 3.0"项目下，建立创新基础设施以促进知识成果商业化，并显著提高了研究生和博士生在规定时间内完成论文答辩的比例，提升了高等教育质量和水平。

在补充教育与青少年活动参与度提高方面，白俄罗斯注重补充教育在青少年成长中的重要作用，通过扩大补充教育覆盖面和提高教育质量，使得补充教育的覆盖率增至 62%。同时，积极组织各类公民和爱国活动，鼓励青少年参与社会实践和志愿服务等活动。青年参与公民和爱国活动的比例从 2016 年的 74.4% 增长到 2020 年的 89.9%，展现出良好的社会责任感和爱国情怀。[2]

《2016—2020 年"教育与青年政策"国家计划》在实施过程中取得了显著成效，其中绝大多数设定的目标指标已经实现或超额完成，这极大地推动了白俄罗斯教育事业的全面发展。尽管在个别地区和具体指标方面仍存在一定的完成不足情况，但从整体上看，白俄罗斯的教育体系在质量和效率方面均实现了显著提升。

综上所述，白俄罗斯在教育领域所取得的多项重大进展充分彰显了该国对教育事业的重视与投入。这些成果不仅提升了国民的整体教育水平，也为国家的未来发展奠定了坚实的基础。展望未来，白俄罗斯将继续加大教育投入力度，推动教育事业持续健康发展。

---

[1] 资料来源于白俄罗斯国家教育部官网。

[2] 资料来源于白俄罗斯国家教育部官网。

（二）挑战与对策

尽管白俄罗斯的多数教育政策和战略得到了有效的实施，然而，还有其中一些并未能取得预期效果，教育改革的步伐仍在继续。

1991—1996年，一系列价值观如民族文化基础、人本主义、个人自由以及教育体系与社会实践和生产的紧密联系等，在白俄罗斯教育系统中逐渐淡化。尽管这些价值准则对非国家行为者（包括社会团体、倡议组织及社区）依然具有重要意义，但在实际教育政策和实践中并未得到充分体现。

首先，教育发展的目标着重于实践导向，特别是在职业教育、高等教育以及部分中等教育和专业教育领域尤为强调这一点，这一趋势在《关于2030年前白俄罗斯共和国教育体系的发展构想》以及世界银行的高等教育现代化项目中均有提及。虽然教育发展目标强调实践导向，但在改进教材和技术基础、强化课程的专业培训内容方面，并未伴随相应的机制来确保与企业和社会的有效对接，例如未能让实习组织和实践培训专家广泛参与，这使得实现实践导向的目标面临挑战。

其次，国家政策将教育的普及性作为优先事项，尤其是实现全民接受中等义务教育的权利，同时特别关注有特殊需求的学生群体。然而，正如PISA 2018研究显示，白俄罗斯的问题并不在于覆盖面不足，而是在于优质教育资源分配不均。包容性的概念仅停留在物理层面的无障碍环境建设上，缺乏对其他需要支持的社会群体的关注，且相关文件并未明确提出改善优质教育获取机会的任务。

最后，教育系统的另一重点是为经济提供合格人才的职业培训。然而，在规划文件中，职业培训的侧重似乎压制了个人全面发展和批判性思维能力培养的需求。劳动力市场导向虽成为主导态度，但对现代资格标准和市场需求的准确评估仍有待完善。尽管已加入博洛尼亚进程，但白俄罗斯在此方面的发展仍显滞后，国家资格体系和框架并未得到有效构建和实施。

综上所述，白俄罗斯教育系统的发展在某种程度上未能与全球重要教育趋势同步，如无障碍环境、全纳教育、实践导向以及公共管理等方面虽被宣布为政策目标，但在具体实践和机制保障上尚存欠缺。教育政策应当寻求平衡，既要满足经济发展对人力资源的需求，也要注重培养具备创新思维和人文素养的全面人才，同时确保教育公平性和包容性得以有效落实。

近年来，为了应对教育政策实施过程中遇到的挑战，白俄罗斯在教育系统现代化方面采取了相应措施，体现了其对适应现代社会发展需求的坚定决心。这些措施不仅着眼于当前的教育需求，更着眼于培养能够应对未来挑战的新一代人才。

第一，整合信息技术是教育现代化的关键步骤。通过在教育过程中引入数字技术，如电子教科书和教育平台，白俄罗斯能够极大地提高教育资源的获取效率，同时为学生提供更加丰富、多样的学习体验。这种变化不仅使得学习过程更加灵活、便捷，也为学生提供了更多个性化的学习选择。

第二，更新课程以满足现代要求和劳动力市场需求，是白俄罗斯教育系统适应社会发展的又一重要举措。随着科技的快速发展和产业结构的不断调整，劳动力市场对人才的需求也在不断发生变化。白俄罗斯通过修订课程，确保学生所学内容与市场需求相匹配，为他们未来的就业提供了有力保障。

第三，在提高教育质量方面，白俄罗斯通过采用新的教学和知识评估方法，使得教育过程更加科学、规范。这种变化不仅提高了学生的学习效率，也使得教育质量得到了显著提升。同时，扩大受教育机会也是白俄罗斯教育现代化的重要目标之一。通过确保各阶层人民平等获得教育资源，包括远程教育等形式，白俄罗斯努力为每一个公民提供接受优质教育的机会。

第四，支持青年教师成长也是白俄罗斯教育现代化的重要一环。青年教师作为教育事业的未来和希望，他们的成长和发展对于整个教育系统的进步至关重要。白俄罗斯通过实施支持和激励青年教育专家的计划，为他们的成长提供了有力保障，同时也为整个教育系统注入了新的活力。

第五，国际合作也是白俄罗斯教育现代化的重要战略之一。通过发展国际教育，与国外大学和研究机构建立伙伴关系，白俄罗斯能够引进先进的教育理念和教学方法，同时也可以分享自己的教育资源和经验。这种互利共赢的合作模式，不仅有助于提升白俄罗斯教育的国际影响力，也有助于推动全球教育事业的共同发展。

总之，白俄罗斯在教育系统现代化方面所采取的一系列措施，旨在建立一个可持续的、适应性强的教育体系，从而应对现代化的挑战，为青年在各个领域成功就业做好准备。这些举措的实施不仅有助于提升白俄罗斯教育的整体水平，也为全球教育事业的发展提供了有益借鉴。

第十一章 中白教育交流

1992 年中国与白俄罗斯建交，标志着中白友好交往历史的开始。自 2000 年开始，两国在教育领域的合作日益密切，涵盖了高等教育、基础教育、职业教育和语言教育等多个方面。

中国与白俄罗斯的教育体系各具特色，双方在教育领域的互补性显著。白俄罗斯以其世界一流的大学及教育资源而著称，为中国留学生提供了更为广阔的学习机会。在白俄罗斯，中国学子可以深入学习专业领域的尖端知识和技术，并有机会接触到多样化的艺术和科学研究成果。同时，在中国，留学生则能够领略到中华文化的博大精深以及现代经济发展的丰富经验。

随着"一带一路"倡议的深入实施和中白关系的日益紧密，两国在教育领域的交流与合作展现出巨大的发展空间和潜力。双方应继续深化合作，携手推进两国教育事业的蓬勃发展，为两国的经济社会进步做出更大贡献，并为两国友好关系注入新的活力与动能。

第一节 交流历史

中国和白俄罗斯的教育交流合作可以追溯到苏联时期。在 20 世纪初，中国的教育体系受到了苏联教育模式的影响，许多中国学生前往苏联留学。

这也为后来中国和白俄罗斯的教育合作奠定了基础。

在苏联时期，苏联政府曾经向中国派遣了一批留学生和专家，帮助中国建立和发展教育体系。同时，中国也向苏联派遣了一些留学生和进修教师，学习苏联的教育理念和教学方法。这一时期的教育交流对于中国教育的发展起到了一定的推动作用。

中国与白俄罗斯在苏联时期共同经历了教育历史的相互借鉴与协同发展。在中华人民共和国成立初期，中苏两国签订了多项教育合作协议，这些协议包括派遣苏联教师到中国以及培训中国学生等项目。这也为中国教育体系的发展提供了重要支持。在苏联时期，白俄罗斯不仅是关键的教育基地，还是重要的教育、科学与文化中心。当时苏联的高等教育质量在世界上位居前列，科研工作者占世界的1/4，其中白俄罗斯的科研工作者又占苏联科研工作者总数的1/4。20世纪50—90年代，白俄罗斯一直是中国培养留学生的重点国家之一。众多中国学子远赴白俄罗斯深造，接受高等教育，获益良多。

1991年8月25日，白俄罗斯正式宣告独立，随后于同年12月19日更名为"白俄罗斯共和国"。在1992年1月20日，中国成为率先承认白俄罗斯共和国地位的国家之一，此举标志着中白两国友好交往的历史篇章正式拉开帷幕。自此之后，两国政府在教育领域展开了一系列的合作与交流。自两国建交以来，双方在教育领域的合作与交流不断得到深化与拓展。

中白两国的教育交流历史可以概括为以下几个阶段：接触探索期、发展推进期和深化拓展期

一、接触探索期（1992—1994年）

在1992—1994年，白俄罗斯在独立后遭遇了一系列动荡和复杂局势。政治的不稳定、经济的波动以及社会秩序的混乱，都对该国政府构成了严

峻挑战，尤其是在重建国家秩序和构建新国家体系方面。然而，正是在这样的背景下，中白两国政府对加强双边友好关系和教育合作表现出了极大的重视，并积极促进了相关事务的发展。

1992 年 11 月，中白两国政府在北京正式签署了首份具备法律约束力的文化合作协议——《中华人民共和国和白俄罗斯共和国政府文化合作协定》，此举为后续双边教育合作协议的制定与实施奠定了坚实的基础，并提供了重要的指导依据。[1]

1993 年 6 月 5—17 日，国家教委副主任柳斌率团访问白俄罗斯，其间与白方教育部门就双边教育交流与合作事宜进行了深入交流，并成功签署了首份教育合作协议——《中国国家教委与白俄罗斯教育合作协议》。此举标志着中白两国在教育领域的合作正式启航。[2]

1993 年 10 月 15 日，白俄罗斯教育部部长盖肖诺克率团访华，与国家教委副主任柳斌举行了工作会谈，双方就进一步推动中白教育交流与合作进行了深入探讨。

此外，1993 年白俄罗斯还在中国设立了使馆，这一举措极大地促进了双方在教育、文化、经济以及信息处理等领域的交流与合作，为两国关系的深入发展奠定了坚实基础。

二、发展推进期（1995—2000 年）

在这一时期，两国教育合作逐步发展并进入规范化阶段。双方签署了多项合作协议和备忘录，为教育领域的长期合作奠定了基础。

1996 年 12 月，白俄罗斯总理林克对中国进行了正式访问，其间中白双

---

[1] 资料来源于 110 法律咨询网。

[2] 资料来源于中国教育与科研计算机网。

方共同签署了《1997—2000 年白俄罗斯教育科学部与中国国家教育委员会合作协议》。根据该协议，两国教育部积极推动教师与学生的互动交流，并涉及了对双方学历的相互认可问题。[1]

1998 年 10 月 28 日，白俄罗斯教育部长斯特拉热夫率领代表团访华，此次访问对于提升两国教育合作的水平起到了积极的推动作用。教育部部长陈至立在北京会见了白俄罗斯代表团，并代表中国政府与斯特拉热夫部长正式签署了《中华人民共和国政府和白俄罗斯共和国政府关于相互承认学历证书的协议》。该协议明确规定了两国相互承认中学、职业技术学校、中专以及大学的学历证书，标志着两国教育合作正式迈入务实合作的新阶段。[2]

自 1998 年起，白俄罗斯国立大学、明斯克国立语言大学等白俄罗斯知名院校陆续开设了与汉语相关的专业，为两国在语言教学领域的合作奠定了坚实的基础。

2000 年 5 月，中国教育部部长陈至立对白俄罗斯进行了访问。双方教育部再次签署了新的合作协议——《2001—2005 年中华人民共和国教育部和白俄罗斯共和国教育部教育合作协议》。中方政府奖学金留学名额从每年 10 人增加至 15 人，进一步拓宽了双方教育领域的合作与交流。[3]

此后，双方继续深化合作，签署了《2006—2010 年中华人民共和国教育部和白俄罗斯共和国教育部教育合作协议》。双方互派留学生和访问学者，加强了人员往来和学术交流。同时，两国高校之间的合作也逐步深入，共同培养人才、开展科研合作等方面取得了显著成果。这一时期，中国在白俄罗斯的影响力逐渐提升，中文教学在白俄罗斯得到了更为广泛的推广和应用。[4]

---

[1] 资料来源于中国社会科学院俄罗斯东欧中亚研究网。

[2] 资料来源于中国社会科学院俄罗斯东欧中亚研究网。

[3] 资料来源于中国社会科学院俄罗斯东欧中亚研究网。

[4] 资料来源于中国社会科学院俄罗斯东欧中亚研究网。

三、深化拓展期（2001—2010 年）

随着中国经济的飞速发展和国际地位的显著提升，白俄罗斯对中国的关注持续加深，两国在教育领域的合作规模和层次也实现了显著的提升。

中国已经成为白俄罗斯重要的留学生来源国之一，与此同时，越来越多的白俄罗斯学生也选择前往中国深造。两国高等教育机构之间的交流与合作日益频繁，合作领域持续扩大并不断深化。

中文教学在白俄罗斯得到了进一步的普及。众多高等教育机构纷纷开设了中文课程，同时，孔子学院和孔子课堂在白俄罗斯相继成立，这为推广中国文化以及促进中白两国的文化交流奠定了坚实的基础。

2001 年，白俄罗斯重点高校校长代表团曾访华，并与中国高校达成了七项合作备忘录，标志着双方教育合作迈入新纪元。此外，白俄罗斯共和国代表团亦曾访问中国国家行政学院和上海行政学院，进一步推动了双方在行政管理领域的交流与合作。

2002 年，近千名中国学子在白俄罗斯的高等教育机构深造学习。[1]

2006 年，白俄罗斯教育部与中国国家汉语推广领导机构签署了《中华人民共和国国家汉语国际推广领导小组办公室与白俄罗斯共和国教育部关于在汉语教学领域开展合作的协议》，白俄罗斯第一家孔子学院正式在白俄罗斯国立大学落成。[2]

2009 年 9 月 8 日，中国国家外国专家事务局同白俄罗斯教育部签署《关于职业培训、提高专业技能及专家交流的合作协议》[3]，两国互邀专家学者来访和进行短期培训。

---

[1] 托济克. 白俄罗斯驻华大使回忆录 [M]. 贝文力，余源，崔传江，等译. 北京：当代世界出版社，2021：75-76.

[2] 寿家睿，杨丽萍. "一带一路"背景下的中白教育交流与合作 [J]. 浙江树人大学学报，2023，23（5）：73-81.

[3] 资料来源于白俄罗斯教育部官网。

自 2011 年起，中国与白俄罗斯的合作在国家机构与组织的各级层面均得以深入展开，呈现出鲜明的层次性与多元化的特点。

第二节　现状与思考

一、教育交流现状

（一）政府层面

随着"一带一路"倡议的深入实施，中国和白俄罗斯在教育领域的合作迎来了新的历史契机。双方通过签署多项教育合作协议，共同致力于推动教育领域的高质量发展。

2013 年，中白关系正式升级为全面战略伙伴关系。伴随着中国提出的"一带一路"倡议及中白工业园项目的启动，两国教育合作步伐明显加快。白俄罗斯政府颁布的《中白合作发展中短期发展战略》中，明确将教育合作列为未来 5—8 年双方合作的重点领域之一，并提出了具体的目标和任务。

为进一步加强两国在经贸、科技、安全、教育和文化等领域的合作，2014 年双方设立了政府合作委员会。在这一框架下，中国和白俄罗斯签署了涉及教育和联合培养的合作备忘录及政府间协议等一系列重要文件，为双方学术合作提供了坚实的法律基础和实践指南。

2015 年 4 月，中白政府间委员会下设的教育分委会首次会议在明斯克成功召开。与会代表就中白教育合作的现状和未来发展趋势进行了深入讨论，并就教育合作的法律基础、高等教育机构间的交流合作以及孔子学院在白俄罗斯的发展前景等问题达成了广泛共识。同年 5 月 10 日，在习近平主席和卢卡申科总统的共同见证下，中国教育部副部长郝平与白俄罗斯教育部部长茹拉科夫签署了《中华人民共和国政府和白俄罗斯共和国政府教育合作协定》。根据该协定，中方将向白方提供政府奖学金留学名额，名额增至 40 人。[1]

2015 年 8 月至 9 月，首届中白人文科学论坛在北京成功举办。该论坛通过白俄罗斯国家科学院与中国社会科学院的紧密合作，推动了双方在社会人文学科领域的联合学术项目开展。

2016 年 9 月 29 日，卢卡申科总统访华期间，教育部部长陈宝生与白俄罗斯教育部部长茹拉夫科在人民大会堂共同签署了《中华人民共和国教育部和白俄罗斯共和国教育部关于联合培养人才的备忘录》。这一举措进一步加深了两国在教育领域的合作与交流。同年，中文被正式纳入白俄罗斯国家考试科目，标志着两国文化交流与合作的进一步深化。

2017 年 6 月，中白教育合作分委会第三次会议于明斯克举行，双方就当前与未来中白教育合作态势、留学生和青少年交流互动、高等教育机构的合作进展、语言教学实践以及合作文件的具体落实等议题进行了深度讨论。

2019 年，白俄罗斯在中国启动了"教育年"系列活动，在教育合作分委会的支持下，两国在学术交流与联合教育项目方面展开了密切协作。直至 2022 年 7 月，中白教育合作分委会第六次会议召开，双方围绕教育数字化的深化、高等教育合作、职业教育提升、双向留学项目的拓展、语言教学质量的提高以及产学研一体化等方面的合作展开了深入磋商，并最终达成共识。

2022 年 7 月 26 日，中白政府间合作委员会教育合作分委会第六次会议召开，教育部副部长田学军与白俄罗斯教育部部长伊万涅茨共同总结了近两年中白教育合作进展，并就进一步深化教育数字化、高等教育、职业

---

[1] 中华人民共和国教育部. 中白（俄罗斯）签署政府间教育合作协定[EB/OL]．（2015-05-11）[2024-04-22]. http://www.moe.gov.cn/jyb_xwfb/gzdt_gzdt/moe_1485/201505/t20150511_187972.html.

教育、双向留学、语言教学、产学研用等领域合作进行了磋商，达成了共识。会议审议通过了《中白（俄罗斯）政府间合作委员会教育合作分委会2022—2023年活动计划》，签署了《中白（俄罗斯）政府间合作委员会教育合作分委会第六次会议纪要》。[1]

2023年11月21日，"中国—白俄罗斯大学联盟"正式宣告成立，这一大学联盟是在两国教育部的积极推动与精心组织下顺利组建的。在联盟成立之初，便已有来自两国的共计81所高等学府参与，成为联盟的首批成员。

2023年5月22日，中白政府间合作委员会教育合作分委会第七次会议在大连召开。与会双方总结了第六次会议以来的主要工作，并就数字教育、青少年交流、双向留学、高校合作、语言互通等重点领域合作进行交流。会上，双方签署了《中白政府间合作委员会教育合作分委会第七次会议纪要》。[2]

中国和白俄罗斯在教育领域的交流历程从起初的接触与探索阶段，逐步发展至新时代合作阶段，两国在教育领域的合作日益加深与拓宽，为双方的文化交流与教育事业的繁荣发展注入了积极的动力。

（二）高校层面

在大学层面，中白两国的合作尤为活跃。目前，白俄罗斯已与中国近四百所大学建立了合作关系，共同实施了一系列联合培养计划，并持续拓展合作项目的广度与深度。中国大学也积极与白俄罗斯的高等教育机构建立伙伴关系，通过合作办学取得了显著成果。

自2019年起，中白两国在教育领域的合作进入了新阶段。这一年，白俄罗斯以"白俄罗斯教育年"（在中国举办）为契机，组织了一系列大型

---

[1] 中华人民共和国教育部. 中白（俄罗斯）签署政府间教育合作协定[EB/OL].（2015-05-11）[2024-04-22].
http://www.moe.gov.cn/jyb_xwfb/gzdt_gzdt/moe_1485/201505/t20150511_187972.html.

[2] 中华人民共和国教育部. 中白（俄罗斯）签署政府间教育合作协定[EB/OL].（2015-05-11）[2024-04-22].
http://www.moe.gov.cn/jyb_xwfb/gzdt_gzdt/moe_1485/201505/t20150511_187972.html.

教育合作活动，极大地推动了双方教育合作的深入发展。同年，两国教育代表团互访超过 70 次，高校间达成了 30 余项合作协议。[1] 尤为重要的是，中白教育部正式签署了互认学历学位证书的协定，这一举措具有深远影响。

在中国"白俄罗斯教育年"的推动下，国内多所高等院校成立了"白俄罗斯研究中心"。目前，白俄罗斯已在全国设立 6 所孔子学院和 2 所孔子课堂，成功运营 8 个孔子汉学班。以此为基础，孔子学院在白俄罗斯拓展出 50 多个教育分支机构（孔子课堂和中国语言文化研究中心）。在中文教学方面，截至 2022 年，白俄罗斯共有 35 所学校开设中文课程，其中 11 所大学将中文作为单科，明斯克国立语言大学还设有专门的中国语言文化系。此外，白俄罗斯的其他孔子学院也通过编纂中文教材、词典及举办汉语竞赛等方式，积极促进两国教育合作的深化。

随着中白合作关系的日益紧密，白俄罗斯高校在中国的知名度显著提升，成为众多中国学生海外求学的优选之一。据白俄罗斯官方统计，截至 2023 年 3 月，已有约 8 000 名中国公民在白俄罗斯教育机构深造，其中高等学府尤为热门。同时，白俄罗斯青年也展现出对中国教育的浓厚兴趣，目前已有近 500 名白俄罗斯学生来华学习。两国间留学生规模的扩大，不仅加深了高校间的合作与交流，还拓宽了提升双方高校国际影响力的途径。

为加深两国青年对彼此教育资源的认知，2019 年中国"白俄罗斯教育年"期间，成功举办了超过 30 场活动，涵盖学术研讨、圆桌对话、创意科学竞赛及多场主题展览。白俄罗斯教育部部长伊戈尔·卡尔边科强调，此活动极大地促进了教育科技领域的双边互动，并强化了高校间的直接联系，还催生了一系列互利合作项目，为中白关系的深化注入了强劲动力。

---

[1] 刘乐源. "一带一路"倡议下的中国与白俄罗斯教育交流与合作 [J]. 非通用语研究，2023（00）：157-164.

（三）中国境内的白俄罗斯研究和白俄罗斯语教学

过去十年来，中国与白俄罗斯在教育领域的交流与合作显著增强，表现为双向流动的增长：一方面，越来越多的中国教师赴白俄罗斯从事教学工作；另一方面，白俄罗斯学生赴华深造的人数也呈现上升趋势。在此期间，特别值得关注的是白俄罗斯研究中心在中国各大高校内的建立与发展，它们与主要面向对外汉语教学与文化交流的孔子学院有所不同，其定位更偏向于服务于中国高等教育体系内部的研究与合作需求，致力于提升我国高等教育的国际化水平和学术研究质量。

据统计，截至 2020 年 9 月 22 日，中国已经设立了多达 11 个中白（白俄罗斯—中国）研究中心（见表 11.1）、1 个中白发展分析中心、1 个中白哲学文化研究中心和 1 个研究院。在众多白俄罗斯研究中心中，北京外国语大学、天津外国语大学和西安外国语大学均设立了白俄罗斯语本科专业，而北京第二外国语学院则开设了白俄罗斯语选修课，以满足学生对白俄罗斯语言学习的需求。这些研究中心不仅有效地促进了两国教育领域的双边关系，而且通过实证研究，凸显了这类学术机构在提升本土大学教育质量以及深化国际学术合作方面所发挥的不可或缺的作用。

表 11.1　白俄罗斯研究机构名单（截至 2020 年 9 月 22 日）

序号	单位	中心名称	成立时间
1	华东师范大学	白俄罗斯研究中心（教育部国别和区域研究备案中心）	2012.4.27
2	北京第二外国语学院	白俄罗斯研究室（教育部国别和区域研究备案中心）	2014.10.23
3	中国社会科学院	中白发展分析中心	2016

序号	单位	中心名称	成立时间
4	玉林师范学院	白俄罗斯研究中心（教育部国别和区域研究备案中心）	2017.3
5	浙江树人学院	白俄罗斯研究中心（教育部国别和区域研究备案中心）	2017.6
6	岭南师范学院	中白哲学文化研究中心	2017.10.19
7	安徽大学	白俄罗斯研究中心	2018.9.14
8	西安外国语大学	白俄罗斯中心	2018.11.12
9	大连理工大学	白俄罗斯研究中心	2019.1.10
10	北京外国语大学	白俄罗斯研究中心	2019.1.12
11	四川外国语大学	白俄罗斯研究中心	2019.3.21
12	南京理工大学	白俄罗斯研究中心	2019.5.28
13	天津外国语大学	白俄罗斯研究中心	2019.9.25
14	兰州财经大学	甘肃省白俄罗斯研究院	2019.10.16

（四）白俄罗斯境内的中文教学

中白两国自建交以来，教育和文化领域合作日渐深入。中文及中国文化在白俄罗斯逐渐受到了广泛关注，并由此催生了对中文教育环境从零起点建设的迫切需求。

在初期阶段，由于缺乏本土的优质教师资源、适宜的教材以及科学的教学方法论指导，白俄罗斯在中文教育的推进上遭遇了显著挑战。面对困难，明斯克国立语言大学勇担重任，于1993年率先开设了首个中文班，但这个时期中文学科的设置只是为了研究中国国情与文化，并没有真实的中文教学安排和中文教师，学习者主要是通过俄语等其他语言来了解汉语言文化，因此这个时期白俄罗斯的中文学习主要是对语音、汉字等基本语言知识和中国文化的了解，缺乏正式的汉中文教学。[1] 从 1998 年开始，白俄罗斯国立大学和明斯克国立语言大学开设了中文翻译专业训练，2001 年 4 月白俄罗斯总统亚历山大·卢卡申科在对中国访问期间，签署了白俄文化教育部和中国文化部之间的合作协议，以及白俄罗斯友好及文化关系协会和中国人民对外友好协会的合作协议。[2] 白俄罗斯的汉语和学习从此得到发展。至 2006 年，明斯克国立语言大学进一步扩展了教育范围，开始培养中文教师，并逐步调整了招生周期。2018 年明斯克国立语言大学中文系成立，这是白俄罗斯国内首个中文系。同时，该校主导编写的白俄罗斯中学生中文教材也面向全国出版，进一步带动了白俄国内的中文教学。目前，该系有约 500 名本科生和研究生在此深入研习中文，将其作为第一或第二外语。

与此同时，白俄罗斯国立大学语文系也在积极投身于汉语教育师资的培养之中，自 2001 年 9 月起启动了相应的培养计划。目前，约有 150 名学生正在接受专业的汉语教育师资培训。2006 年 12 月，白俄罗斯国立大学的教育中心成立了白俄罗斯第一家孔子学院。孔子学院承担了"中白教育文化经济体育合作信息咨询服务中心"的重要任务，为两国多领域合作提供全方面服务。孔子学院与白俄罗斯国家图书馆合作，在馆内设立了中国文化图书室，为白俄市民和科研学者提供了全新的信息渠道。此后，先后有 6 所孔子学院和 2 所孔子课堂在白俄罗斯成立，覆盖多个地区并设有众多分支教室和中文学习中心。孔子学院与孔子课堂在促进中文及中国文化在白俄罗斯的普及上发挥了重要作用。

同时，白俄罗斯也在一些中小学设立了中文课，有些中小学生还将中文作为第一外语进行教学。2016 年白俄罗斯学习中文的中小学生已经有

---

[1] 资料来源于白俄罗斯教育部官网。

[2] 娜吉亚. 白俄罗斯小学初级汉语教学的调查与分析 [D]. 天津：天津大学，2013：2.

1 600 多人，为了满足将中文作为第一外语的学生的考试的需求，白俄罗斯教育部已于 2016 年将中文列为高考外语科目之一。为了适应中白两国合作和民众学习汉语的需求，2017 年白俄罗斯教育部制定了未来 5 年中文教学发展战略，计划将在白俄罗斯各州的相关中小学把中文作为外语必修课来学习，并逐步在其他学校推广中文教学。[1]

此外，白俄罗斯还积极推动汉语在高等教育领域的发展。2016 年，中文被列入高等院校入学考试科目清单，进一步提升了中文在高等教育体系中的地位。同年，首届对外汉语专业的高中与中专毕业生崭露头角，部分优秀学生赴中国知名大学继续深造，其余大部分毕业生则选择在白俄罗斯大学内继续研习中文。

总体来看，中文教育在白俄罗斯共和国教育体系中的发展具有重要意义。每年越来越多的人群表现出对中文学习的热情，这对于加强与中国之间的友好关系和经贸往来起到了积极作用。未来，双方应继续加强合作，不断改进教学策略、拓展实习和文化交流机会，以巩固和发展中文在白俄罗斯教育中的地位。同时，通过加强学术交流、联合教育、语言文化研究以及共同科研项目等领域的合作，进一步推动中国和白俄罗斯高等教育的国际化进程，为两国之间的友好合作关系注入新的活力。

二、教育交流的合作策略与前景

中白两国在高等教育领域的合作策略，既契合"一带一路"倡议的宏伟蓝图，又满足了两国人民对高质量教育资源的共同渴望。

---

[1] 农雪梅，李允华. 白俄罗斯 [M]. 2 版. 北京：社会科学文献出版社，2021：280.

（一）深化校企合作，促进产学研深度融合

强化中白工业园的合作平台作用，推动高校与企业建立深度合作关系，共同推进科研项目、技术创新和人才培养，加速科研成果的转化与应用。共建联合实验室与科研中心，聚焦信息技术、新材料、生物医药等领域，促进学术研究与产业发展的紧密结合。优化人才培养方案，根据企业需求调整专业设置和课程内容，培养具有国际视野和创新能力的高素质人才。

（二）加速教育信息化进程，共享优质教育资源

推动数字化教学合作，利用在线教育平台、虚拟实验室等现代技术手段，实现教学资源的远程共享和实时互动，提升教学效率与质量。加强教师交流与培训，通过线上线下项目促进学术与教学经验的分享，提升教师的专业素养和国际化教学能力。共同开发高质量、国际化的在线课程和教材，丰富学生的学习资源，拓宽国际视野。

随着双边关系的深化及"一带一路"倡议的推进，中白高等教育合作已步入崭新阶段。在创新驱动与科研合作方面，两国通过整合资源、加速成果转化，为经济社会发展注入了新动力。在人才培养与交流方面，联合培养、互派留学生等措施有效缓解了人才短缺问题，特别是俄语及多语种翻译人才的培养，为经贸合作提供了坚实支撑。

未来，中白两国将继续通过教育数字化与网络化的方式，打破地域界限，促进师生交流，提升教育资源效率与质量。中国–白俄罗斯大学联盟的成立，为深度合作提供了政策与机制保障，优化了教育资源配置。同时，高等教育合作也加深了人文交流，为经贸合作奠定了人文基础，并为"一带一路"共建国家提供智力与人才支持。

　　总之，中白高等教育合作前景广阔，意义深远。双方坚持开放合作、互利共赢的原则，加强政策沟通，深化务实交流，共同推动高等教育事业的繁荣发展，为两国关系的全面深入发展贡献力量。

结 语

在全球经济与社会格局深刻变革的浪潮中，白俄罗斯的教育体系正经历着一场广泛而深远的变革，这场变革不仅是对未来的深刻洞察，更是对国家长远发展蓝图的精心布局。其根本目的在于培养具备核心竞争力的高素质人才，为创新经济的发展提供坚实的智力支撑。为此，白俄罗斯正积极优化教育体系，致力于培养能够引领未来社会发展的精英力量，这些精英将以其卓越的才能和广阔的视野，为国家的发展注入不竭的动力。

在教育改革的进程中，白俄罗斯尤为注重创新教育和职业教育的协同发展。创新教育致力于发掘个体的潜能和软技能，而职业教育则强调实用化、数字化和个性化的趋势，两者相辅相成，共同构成了白俄罗斯教育体系的核心竞争力。面对传统教育与现代需求之间的挑战，白俄罗斯正通过加强合作、制定长远发展规划等举措，努力实现教育体系的平衡与升级。

尤为值得一提的是，白俄罗斯将 2024 年定为"教育质量年"，并明确了五大核心任务，这一举措不仅彰显了国家对教育质量的高度重视，更为教育体系的未来发展指明了方向。通过这些努力，白俄罗斯的教育质量得到了显著提升，为国家的未来发展奠定了坚实的基础，同时也为全球教育的创新与进步提供了有益的借鉴。

在全球视野下审视，白俄罗斯的文化与教育不仅是国家软实力的核心体现，更是推动国际交流与合作、促进全球文明互鉴的重要力量。凭借深厚的历史底蕴、独特的文化魅力和前瞻的教育理念，白俄罗斯正以其开放的姿态拥抱全球教育变革，积极参与国际教育合作与交流，为构建人类命运共同体贡献着独特的智慧与力量。

中白两国之间的深厚友谊和坚实合作为两国关系的持续发展奠定了坚实的基础。在"一带一路"倡议的推动下，中白两国在教育和文化领域的合作更是取得了显著成果。相信随着双方合作的日益深化和"一带一路"倡议的不断推进，中白教育合作将取得更加丰硕的成果，为两国人民的友好交往和共同发展注入新的活力。

参考文献

一、中文文献

陈逢华，靳乔. 阿尔巴尼亚文化教育研究 [M]. 北京：外语教学与研究出版社，2021.

董丹，张媛，邢建国. 意大利文化教育研究 [M]. 北京：外语教学与研究出版社，2022.

冯增俊，陈时见，项贤明. 当代比较教育学 [M]. 2 版. 北京：人民教育出版社，2015.

顾明远. 顾明远教育演讲录 [M]. 北京：人民教育出版社，2014.

顾明远. 教育大辞典 [M]. 上海：上海教育出版社，1998.

国家信息中心"一带一路"大数据中心."一带一路"大数据报告（2017）[M]. 北京：商务印书馆，2017.

贺国庆，朱文富，等. 外国职业教育通史 [M]. 北京：人民教育出版社，2014.

科瓦列尼亚. 白俄罗斯简史 [M]. 赵会荣，译. 北京：社会科学文献出版社，2016.

李丛，张方方. 葡萄牙文化教育研究 [M]. 北京：外语教学与研究出版社，2023.

刘捷．教育的追问与求索 [M]．北京：人民出版社，2021．

刘捷．专业化：挑战 21 世纪的教师 [M]．北京：教育科学出版社，2002．

刘进，张志强，孔繁盛．"一带一路"高等教育研究（2019）：国际化展望 [M]．北京：北京理工大学出版社，2020．

卢晓中．比较教育学 [M]．北京：人民教育出版社，2020．

农雪梅，李允华．白俄罗斯 [M]．2 版．北京：社会科学文献出版社，2021．

秦惠民，王名扬．高等教育与家庭流动 [M]．北京：科学出版社，2019．

秦惠民．教育法治与大学治理 [M]．北京：人民出版社，2021．

任钟印．东西方教育的覃思 [M]．北京：人民教育出版社，2017．

单志斌，涂浩．卢森堡文化教育研究 [M]．北京：外语教学与研究出版社，2024．

石筠弢．学前教育课程论 [M]．2 版．北京：北京师范大学出版社，2014．

孙有中．跨文化研究论丛 [M]．北京：外语教学与研究出版社，2019．

滕大春．教育史研究与教育规律探索 [M]．北京：人民教育出版社，2019．

托济克．白俄罗斯驻华大使回忆录 [M]．贝文力，余源，崔传江，等译．北京：当代世界出版社，2021．

王承绪，顾明远．比较教育 [M]．5 版．北京：人民教育出版社，2015．

王定华，等．全球教育治理方略 [M]．北京：教育科学出版社，2023．

王定华，秦惠民．北外教育评论：第 2 辑 [M]．北京：外语教学与研究出版社，2021．

王定华，杨丹．人类命运的回响——中国共产党外语教育 100 年 [M]．北京：外语教学与研究出版社，2021．

王定华．教育路上行与思 [M]．北京：人民出版社，2020．

王定华．美国高等教育：观察与研究 [M]．2 版．北京：人民教育出版社，2021．

王定华．美国基础教育：观察与研究 [M]．2 版．北京：人民教育出版社，

2021.

王定华. 新时代高品质学校建设方略 [M]. 长春：东北师范大学出版社，
2019.

王定华. 中国基础教育：观察与研究 [M]. 北京：人民教育出版社，2021.

王定华. 中国教师教育：观察与研究 [M]. 北京：人民教育出版社，2020.

王名扬. 美国公立研究型大学内部质量改进的实证研究 [M]. 北京：中国社
会科学出版社，2020.

吴式颖，李明德. 外国教育史教程 [M]. 3 版. 北京：人民教育出版社，2015.

习近平. 论坚持推动构建人类命运共同体 [M]. 北京：中央文献出版社，
2018.

习近平. 习近平谈"一带一路" [M]. 北京：中央文献出版社，2018.

谢维和. 我的教育觉悟 [M]. 北京：人民教育出版社，2016.

杨汉清. 比较教育学 [M]. 3 版. 北京：人民教育出版社，2015.

杨鲁新，王乐凡. 北马其顿文化教育研究 [M]. 北京：外语教学与研究出版
社，2021.

苑大勇. 国际高等教育协同创新与人才培养比较研究 [M]. 北京：知识产权
出版社，2020.

张弘，陈春侠. 乌克兰文化教育研究 [M]. 北京：外语教学与研究出版社，
2021.

郑通涛，方环海，陈荣岚. "一带一路"视角下的教育发展研究 [M]. 广州：
世界图书出版公司，2017.

二、外文文献

ВЫСОЦКИЙ С. А. Средневековые надписи софии киевской: По материалам граффити XI-XVII вв[M]. Киев: Наукова думка, 1976.

ДРОЗДОВА С. И. Основы управления дошкольным образованием: курс лекций для студентов специальности 1-01 01 02-03 «Дошкольное образование. Иностранный язык (английский)»[M]. Новополоцк: ПГУ, 2015.

ЕМЕЛЬЯНОВА М. В, ЖУРЛОВА И. В. История педагогики: Учебно-методическое пособие для студентов педагогических университетов[M]. Мозырь: Мозырский государственный педагогический университет, 2005.

ЖУК А. И, КАЗИМИРСКАЯ И. И, ЖУК О. Л. и др. Основы педагогики: учеб. пособие[M]. Минск: Аверсэв, 2003.

ЖУК А. И, КОШЕЛЬ Н. Н. Активные методы обучения в системе повышения квалификации педагогов: учеб. пособие для системы повышения квалификации и переподгот. кадров образования[M]. 2-е изд. Минск: Аверсэв, 2004.

ЖУК А. И. и др. Академия последипломного образования: история, традиции, современность[M]. Минск : АПО, 2005.

Национальная академия Наук Беларуси. История развития дружественных отношений Беларуси и Китая[M]. Минск: Беларуская навука, 2022.

КАПРАНОВА В. А. История педагогики: учеб. пособие[M]. 2-е изд., испр. и доп. Минск: Новое знание, 2005.

КАРОПА Г. Н. Физическая география Беларуси[M]. 2-е изд., перераб. и доп. Гомель: ГГУ им. Ф. Скорины, 2010.

МАРКОВА Т. Л. Образовательный процесс в учреждении дошкольного образования : учебное пособие[M]. Минск: АПО, 2023.

МАЦЕЛЬ В. М. Становление и развитие дружественных белорусско-китайских отношений[M]. Барановичи:Барановичская укрупненная типография, 2004.

САДОВСКАЯ И. И. Профессиональное мастерство учителя в теории и практике среднего образования в Беларуси: первая треть XX века[M]. Минск: Зорны Верасок; М.: Изд-во «Скрипторий 2003», 2011.

СИВАШИНСКАЯ Е. Ф, ПУНЧИК В. Н. Педагогические системы и технологии: курс лекций для студентов педагогических специальностей вузов[M]. Минск: Экоперспектива, 2010.

СИВАШИНСКАЯ Е. Ф. Педагогика: практикум[M]. Брест: Изд-во БрГУ имени А.С. Пушкина, 2010.

СТАРЖИНСКАЯ Н. С, ДУБИНИНА Д. Н, ГОРБАТОВА Е. В. и др. История развития методик дошкольного образования в Республике Беларусь: учеб.-метод. пособие[M]. Минск: БГПУ, 2011.

СМОЛЯКОВ Д. А, СКРИБА Н. Н. Белорусско-Китайское взаимодействие в сфере образования и университетской науки[M]. Минск: Институт философии Национальной академии наук Беларуси, 2017.

ТОЗИК А. А. Белорусско-китайские отношения в воспоминаниях белорусских послов: к 25-летию установления дипломатических отношений[M]. Минск: Звязда, 2017.

ЧЭЧАТ В. У. Педагогіка. Беларуская энцыклапедыя: у 18 т[M]. т.18. Кн. 2. Мінск: БелЭн, 2004.

ЮДИНА Н. П. Педагогика в лицах : учебное пособие[M]. Хабаровск: Изд-во Тихоокеан. гос. ун-та, 2016.